新能源电动客车维修图解教程

瑞佩尔　主编

化学工业出版社

·北京·

内 容 简 介

本书共分十个模块。模块1简要介绍了新能源汽车的分类与特点、高压作业安全的注意事项；模块2讲述了混合动力客车与纯电动客车的构造与原理；模块3介绍新能源客车维护与保养的作业规范；模块4~模块6重点讲解"三电"——电池、电机、电控系统的构造、原理、总成拆装与检测数据及故障诊断；模块7介绍电动助力转向系统的维修技术；模块8讲述气压系统的原理与维修；模块9讲解电动空调与暖风系统原理与故障排除；模块10介绍车载网络系统的原理与维修。各个模块既有构造、功能与原理的说明，又有部件拆装检测介绍；既整理了常见的控制器端子定义、故障码解释，又提供了典型的维修案例。

本书内容图文并茂，简洁易懂，集原理、技术、资料于一体，既适合各汽车院校与培训机构作为专业辅助教材使用，也可供广大新能源客车驾驶员与售后技术人员作为自学读物或参考资料使用。

图书在版编目（CIP）数据

新能源电动客车维修图解教程/瑞佩尔主编．—北京：化学工业出版社，2021.2（2024.5重印）
ISBN 978-7-122-38140-8

I.①新… II.①瑞… III.①新能源-客车-车辆修理-图解 IV.①U469.107-64

中国版本图书馆CIP数据核字（2020）第243417号

责任编辑：周　红　　　　　　　　　文字编辑：赵　越
责任校对：宋　夏　　　　　　　　　装帧设计：王晓宇

出版发行：化学工业出版社（北京市东城区青年湖南街13号　邮政编码100011）
印　　装：北京科印技术咨询服务有限公司数码印刷分部
787mm×1092mm　1/16　印张15　字数385千字　2024年5月北京第1版第7次印刷

购书咨询：010-64518888　　　　　　售后服务：010-64518899
网　　址：http://www.cip.com.cn

凡购买本书，如有缺损质量问题，本社销售中心负责调换。

定　价：99.00元　　　　　　　　　　　　　　　　　　　版权所有　违者必究

前言

新能源客车包括混合动力客车（HEV）[又分为不可外接充电的油电混动车型和可外插充电的插电混动车型（PHEV）]、纯电动客车（BEV）、燃料电池电动客车（FCEV）、其他新能源（如高效储能器、二甲醚）客车等各类别产品。

混合动力客车是当前客车市场的主导车型。对于我国客车行业来说，混合动力主要是柴油-电混合，可以降低30%以上的燃油消耗，排放可以达到国家标准水平。纯电动客车由蓄电池作为动力源，以电机代替发动机，噪声低、无污染，使用单一的电能源。而且，纯电动车的蓄电池可在夜间利用电网的廉价"谷电"进行充电，可以平抑电网的峰谷差。从2011年到2016年，纯电动客车销量呈现出连增之势，尤其是2014年和2015年，销量分别同比增长6.63倍和6.39倍，且年销量基数在不到三年内从上千辆提高至十万辆以上。

近年来，新能源客车和国家的相关补贴政策越来越受到产业和资本市场的重视，2015年受新能源客车销量爆发影响，客车销量大幅增长。虽然在2016年之后，中国客车市场逐渐回落，但不可否认的是，新能源客车的出现将为客车行业注入一剂催化剂。

新能源客车相比传统客车，具有价格实惠、绿色环保的优势，因与当前国际可持续发展的理念相吻合而受到诸多国家的重视。随着绿色环保时代的到来，国家越来越关注能源领域，汽车行业对清洁能源的渴望也愈发强烈，由此而推动了大量科技人员投身于新能源汽车领域。

与传统燃油客车相比，新能源客车很多系统及总成部件的构造原理、拆装检测及维修方法都是相同的，比如插电混动的发动机，变速箱，底盘传动、行驶、转向及制动系统，车身电器及车身构件等。

纯电动客车相比传统客车，其结构更加简单，取消了发动机与变速器总成，换上一套高压系统，而插电混动客车则是在燃油车型的基础上加上了一套高压系统，成为燃油车加电动车的混合体。这样的结构看起来比燃油汽车更复杂，但只要我们区别对待，将高压系统单独理解和处理，事情也就没有那么复杂了。

新能源汽车方兴未艾，相关维修及售后支持的指导及数据资料也很少，这给我们维修这部分车型带来了极大不便。为此，我们特地组织编写了《新能源电动客车维修图解教程》。该书不仅介绍系统结构原理，而且围绕高压系统及电动客车特有的结构部件的拆装、检修与诊断方法展开编写，并融入大量的一线维修数据与典型案例作为参照。希望这些内容可以为广大有志于新能源汽车售后市场的人士提供有利的借鉴和较大的帮助。

本书由瑞佩尔主编，参加编写的人员还有彭启凤、黄中立、彭斌、刘振容、彭益均、胡荣添、彭启红、张鹏、张昌华、除金美、满进波、彭达吾、刘振华、刘正宜、向旦、胡前明、胡雪飞、肖冬明、彭明惠、朱胜强、张建平、朱雄丰、曾永贵、刘艳、万成华、钟金秀、黄贵福、刘笃清、李丽娟、徐银泉。在编写过程中，参考了相关文献和网络信息资料，在此，谨向这些资料信息的原创者们表示衷心的感谢！

由于涉及资料诸多，技术新颖，加上编者水平有限，疏漏之处在所难免，还请广大读者批评指正，以使本书再版修订时更为完善。

编者

目录

模块 1 概述 /1

项目1 新能源汽车定义与特性 /1

    1.1.1 新能源汽车 /1

    1.1.2 纯电动汽车 /1

    1.1.3 混合动力汽车 /1

    1.1.4 燃料电池电动汽车 /2

项目2 新能源汽车高压安全 /2

    1.2.1 新能源车辆维修安全注意事项 /2

    1.2.2 涉电作业安全操作规范 /3

    1.2.3 高压电池维修警告与提示 /3

    1.2.4 充电机安全注意事项 /4

    1.2.5 空气压缩机维修安全 /4

    1.2.6 混合动力高压系统相关操作 /4

模块 2 新能源客车类型与原理 /6

项目1 混合动力客车类型与原理 /6

    2.1.1 混合动力客车类型 /6

    2.1.2 ISG混联混合动力系统结构 /6

    2.1.3 混合动力客车工作模式 /6

项目2 纯电动客车类型与原理 /11

    2.2.1 纯电动客车类型 /11

    2.2.2 纯电动客车结构 /12

    2.2.3 纯电动客车工作模式 /14

模块 3

新能源客车维护与保养 / 17

项目 1　维修开关与高压线束 / 17
　　3.1.1　手动维修开关（MSD） / 17
　　3.1.2　高压线束 / 19

项目 2　混合动力客车维护与保养 / 22
　　3.2.1　保养、维护专业工具 / 22
　　3.2.2　维护作业规范 / 24

项目 3　纯电动客车保养与维护 / 27
　　3.3.1　保养、维护专业工具 / 27
　　3.3.2　维护作业规范 / 28

模块 4

电源系统原理与维修 / 31

项目 1　动力电池类型结构与特性 / 31
　　4.1.1　动力电池 / 31
　　4.1.2　比亚迪动力电池位置与连接方式 / 32
　　4.1.3　动力电池的拆装 / 34
　　4.1.4　常见故障诊断方法 / 40

项目 2　动力电池管理系统（BMS） / 41
　　4.2.1　动力电池管理系统功能与原理 / 41
　　4.2.2　电池管理器连接端子定义 / 43
　　4.2.3　比亚迪电池管理系统模块位置与故障代码 / 47

项目 3　充电系统原理与维修 / 51
　　4.3.1　充电系统组成部件与电路原理 / 51
　　4.3.2　中通新能源客车充电控制端子定义 / 52
　　4.3.3　充电系统故障排除案例 / 53

项目 4　高压配电箱 / 58
　　4.4.1　高压配电箱结构与功能 / 58
　　4.4.2　比亚迪高压配电箱位置与接口信息 / 59

项目 5　高压电源系统故障排除案例 / 61
　　4.5.1　动力电池损坏导致车辆无动力 / 61
　　4.5.2　新能源客车车辆无法行驶，不显示"ready" / 63

4.5.3 新能源客车车辆无法行驶,高压无显示 / 64

4.5.4 新能源客车突然丢高压电,无法行驶 / 65

4.5.5 新能源客车无法上高压 / 65

模块 5
电驱动系统原理与维修 / 67

项目 1 驱动电机 / 67

 5.1.1 驱动电机结构与原理 / 67

 5.1.2 电机拆装步骤及注意事项 / 68

 5.1.3 比亚迪轮边驱动桥 / 69

 5.1.4 比亚迪轮边电机的拆卸与维修 / 72

 5.1.5 常见故障诊断及排除方法 / 74

项目 2 电机控制器 / 75

 5.2.1 驱动电机控制器功能与原理 / 75

 5.2.2 电机控制器安装与拆卸 / 76

 5.2.3 比亚迪电机控制器位置与故障代码 / 77

 5.2.4 常见故障诊断及排除方法 / 84

项目 3 电驱系统冷却系统 / 85

 5.3.1 冷却系统原理 / 85

 5.3.2 冷却系统维护 / 85

 5.3.3 常见故障诊断及排除方法 / 87

项目 4 变速系统 / 88

 5.4.1 减速器 / 88

 5.4.2 电子换挡器 / 92

 5.4.3 常见故障诊断及排除方法 / 93

项目 5 动力系统常见故障分析与排除 / 94

 5.5.1 ISG 混合动力系统常见故障排除 / 94

 5.5.2 纯电动客车常见故障排除 / 97

项目 6 电驱动系统故障排除案例 / 99

 5.6.1 新能源客车行驶中断高压故障 / 99

 5.6.2 新能源客车无法上高压,仪表不显 READY 信号 / 100

 5.6.3 新能源客车行驶中掉高压电 / 101

 5.6.4 新能源客车无法起步 / 103

 5.6.5 新能源客车仪表显示电机控制器过热 / 104

5.6.6 新能源客车仪表高温报警 / 105

模块 6
整车控制器原理与维修 / 107

项目 1 整车控制器功能与原理 / 107

项目 2 整车控制器拆装与故障排除 / 108
 6.2.1 整车控制器拆装 / 108
 6.2.2 常见故障原因及排查方法 / 110

项目 3 常见车辆整车控制器端子数据 / 112
 6.3.1 海格客车混合动力车型整车控制器 / 112
 6.3.2 海格纯电动客车整车控制器 / 114
 6.3.3 常隆新能源客车整车控制器 / 116
 6.3.4 常隆新能源客车辅助控制器 / 117

项目 4 整车控制器安装位置与故障代码 / 119
 6.4.1 比亚迪电动客车整车控制器 / 119
 6.4.2 安凯插电混动客车整车控制器 / 122
 6.4.3 常隆新能源客车整车控制器 / 126

项目 5 整车控制器故障排除案例 / 128
 6.5.1 车辆无法行驶 / 128
 6.5.2 加速踏板故障排除 / 129
 6.5.3 车辆加速发梗后无法行驶 / 130

模块 7
电动助力转向系统原理与维修 / 132

项目 1 电动助力转向系统结构与原理 / 132

项目 2 电动转向油泵拆装及注意事项 / 133
 7.2.1 电动转向油泵结构 / 133
 7.2.2 电动转向油泵安装说明 / 133
 7.2.3 电动转向油泵维修规程 / 133

项目 3 电动助力转向系统常见故障排除 / 134
 7.3.1 转向管路系统加油与转向盘调整方法 / 134
 7.3.2 电动助力转向油泵故障排除 / 135
 7.3.3 动力转向器故障排除 / 135

项目 4 电动助力转向系统故障排除案例 / 137

7.4.1 转向驱动电机不工作 / 137

7.4.2 车辆行驶中转向没有助力 / 139

7.4.3 车辆行驶中转向丢失 / 140

7.4.4 电动转向系统维修经验 / 141

模块 8
气压系统原理与维修 / 142

项目 1 电动空气压缩机 / 142

8.1.1 总成结构原理 / 142

8.1.2 拆装及使用 / 143

8.1.3 维修与故障排除 / 145

8.1.4 空压机控制器系统故障代码 / 153

项目 2 气压制动系统 / 158

8.2.1 系统结构原理 / 158

8.2.2 制动踏板 / 159

8.2.3 前制动器 / 160

8.2.4 后制动器 / 165

项目 3 空气悬架系统 / 172

8.3.1 系统结构 / 172

8.3.2 部件拆卸与更换 / 172

8.3.3 常见故障分析与排除 / 176

项目 4 气动门 / 178

8.4.1 客车用气动门类型 / 178

8.4.2 气动外摆门 / 179

8.4.3 气动内摆门 / 187

8.4.4 电动或气动折叠门 / 191

模块 9
电动空调与暖风系统 / 195

项目 1 电动空调 / 195

9.1.1 结构功能与原理 / 195

9.1.2 常见故障分析与排除 / 200

9.1.3 电动空调系统故障代码 / 201

项目 2 暖风系统 / 203

9.2.1　暖风系统类型　/ 203

9.2.2　燃油加热系统　/ 204

模块 10
车载网络系统原理与维修　/ 211

项目 1　CAN 总线　/ 211

10.1.1　总线概念　/ 211

10.1.2　总线信号分类与传输　/ 211

10.1.3　总线电路检测与故障分析　/ 212

10.1.4　威帝总线仪表故障排除　/ 213

10.1.5　汉纳森总线仪表故障排除　/ 214

项目 2　网关　/ 219

10.2.1　功能与原理　/ 219

10.2.2　控制器检测　/ 221

10.2.3　网关故障快速排查步骤　/ 222

项目 3　故障诊断与排除案例　/ 223

10.3.1　新能源客车仪表显示 CAN 通信故障　/ 223

10.3.2　新能源客车仪表提示 CAN 通信干扰严重　/ 225

10.3.3　新能源客车行驶中跳高压频繁　/ 226

10.3.4　仪表数值显示异常　/ 228

模块 1　概述

项目 1　新能源汽车定义与特性

1.1.1　新能源汽车

新能源汽车英文全称为"new energy vehicles"。我国 2009 年 7 月 1 日正式实施了《新能源汽车生产企业及产品准入管理规则》。该规则明确规定：新能源汽车是指采用非常规的车用燃料作为动力来源（或使用常规的车用燃料、采用新型车载动力装置），综合车辆的动力控制和驱动方面的先进技术，形成的技术原理先进、具有新技术、新结构的汽车。

新能源汽车包括的范围较广，根据我国新能源汽车政策，对纯电动汽车、混合动力汽车、氢燃料汽车有相应的购车补贴。

近年来，我国新能源汽车产业取得了重大的发展，自主研制的纯电动、混合动力和燃料电池三类新能源汽车整车产品相继问世；混合动力和纯电动客车实现了规模化生产；燃料电池客车研发进入世界先进行列。

1.1.2　纯电动汽车

纯电动汽车是以电池为储能单元，以电动机为驱动系统的车辆；混合动力电动汽车是指同时装备两种动力源［热动力源（由传统的汽油机或者柴油机产生）与电动力源（电池与电动机）］的汽车；燃料电池电动汽车是采用燃料电池作电源的电动汽车。

纯电动汽车是指以车载电源为动力，用电机驱动车轮行驶，符合道路交通、安全法规各项要求的车辆。一般采用高效率充电蓄电池为动力源。纯电动汽车无需再用内燃机，因此，纯电动汽车的电动机相当于传统汽车的发动机，蓄电池相当于原来的油箱，电能是二次能源，可以来源于风能、水能、热能、太阳能等多种方式。

纯电动汽车与传统燃油汽车相比，具有以下优点：

① 无污染，噪声低。纯电动汽车不产生排气污染，对环境保护和空气的洁净是十分有益的，有"零污染"的美誉；电动汽车无内燃机产生的噪声，电动机噪声小。

② 能源效率高，多样化。电动汽车的能源效率已超过汽油机汽车，特别是在城市运行方面。电动汽车停止时不消耗电量，在制动过程中，电动机可自动转化为发电机，实现制动减速时能量的再利用。

③ 电动汽车的应用可有效地减少对石油资源的依赖，可将有限的石油用于更重要的方面。

1.1.3　混合动力汽车

混合动力汽车（hybrid electrical vehicle，HEV）是目前技术比较成熟的新能源汽车，系同时装备两种动力源［热动力源（由传统的内燃机产生）与电动力源（驱动电动机）］的汽车。

混合动力汽车是将内燃机、驱动电动机与动力储能装置相结合,通过控制系统,驱动电动机可补充提供车辆爬坡、加速时所需动力,又可以吸收并存储内燃机富余能量和车辆制动能量,从而降低车辆油(气)耗,减少污染物排放的汽车。

1.1.4 燃料电池电动汽车

燃料电池电动汽车只有燃料电池一个动力源,汽车的所有功率负荷都由燃料电池承担。燃料电池汽车驱动形式如图 1-1 所示。

图 1-1 燃料电池电动汽车驱动形式

由于受续驶里程的影响,纯电动汽车向超微型、充电过程便捷化方向发展,以适合于对车速、动力性、续驶里程要求不高的市内或社区小范围内使用。

混合动力汽车是内燃机汽车和纯电动汽车之间的过渡产品,既充分发挥了现有内燃机技术优势,又尽可能发挥电机驱动无污染的优势。目前城市客车混合动力系统的平台技术基本成熟。

燃料电池汽车在成本和整体性能上,特别是续驶里程和补充燃料时间上明显优于其他电池的电动汽车,并且燃料电池所用的燃料来源广泛,又可再生,并可实现无污染、零排放等环保标准。因此,燃料电池汽车已成为世界各大汽车公司 21 世纪激烈竞争的焦点。燃料电池及氢动力发动机车型被看作是新能源汽车最终的解决方案。

项目 2 新能源汽车高压安全

1.2.1 新能源车辆维修安全注意事项

① 在新能源车辆维修作业时,需将车辆停放在指定区域,并树立高压警示牌,以警示相关人员,避免发生安全事故。

② 新能源系统维修人员必须经过专业培训,须持有汽车维修电工中级以上职业资格证书。

③ 高压系统电压可达 600 多伏,在维修操作过程中需要注意高压安全。进行维护和维修高压系统时,务必两人以上配合作业。

④ 对高压部分做任何操作时,都要先切断 24V 低压电源,然后断开高压维修开关,等待 5min 后,戴绝缘手套、绝缘胶鞋,使用绝缘工具,方可操作。

⑤ 对超级电容组进行维护时,要先切断高压维修开关,然后对超级电容放电至 36～10V,方可操作。

⑥ 发动机舱、混合动力舱、电动助力转向泵舱、驱动电机等严禁用水冲洗,可用压缩空气或抹布清除污物,以防电器部件、高压线路进水,洗车与涉水行驶时务必要注意。

⑦ 在对车辆进行焊接时一定要将各控制单元插接件断开,否则会损坏控制单元。

⑧ 一定要使用符合规定的润滑油和各种滤芯,并定期更换。

⑨ 在熔断器熔断后和继电器损坏后,务必要更换同等容量和规格的熔断器和继电器。

⑩ 新能源车辆维修车间需严格执行安全操作规范,避免发生安全事故。

1.2.2　涉电作业安全操作规范

① 从事新能源高压维修作业的电工必须持有安全生产监督管理局颁发的《特种作业操作证》(作业类型:电工),电工作业证必须在有效期内按要求定期复审合格。

② 进行车载高压带电作业时必须穿戴无破损的绝缘胶鞋和绝缘手套,作业用的操作工具(螺丝刀、扳手等)必须带有绝缘手柄;作业前必须切断电源开关,并悬挂"严禁动车有人作业""高压危险请勿靠近"等安全警示牌。

③ 车载高压带电作业必须至少两人进行,其中一人工作一人监护;多人同时作业时应有一人为工作负责人,工作负责人应向工作人指出现场危险源及防护注意事项。

④ 车载高压电气作业时须判断所要进行维修的部位是否为断电状态并用万用表进行测量确定安全后再进行作业(作业前必须用万用表测量电机控制器直流输入端电压,以确保低于 36V,并等待 5min)。

⑤ 车载高压带电作业期间发现有危险情况或不可预料情况时应及时停止作业,切断电源,并马上报告上级管理人员,同时做好现场监护,防止其他人员在不明情况下操作。

⑥ 所有高压零部件,必须注意防护(包括高压零部件存放的防护、操作时人员的防护以及现场操作环境的安全防护),严禁随意触摸,更不能用导电的金属敲打。

⑦ 其他未说明地方遵循电工作业规范要求。

1.2.3　高压电池维修警告与提示

高压电池故障处理时,请勿破坏橙色高压线。请勿对箱体内单体电池进行造成其扎伤或其他形变的操作。高压电池维修前请配备干粉或二氧化碳灭火器及绝缘手套。高压电池总成上标识及含义如表 1-1 所示。

表 1-1　警告标识及提示含义

标识图案	标识含义	标识图案	标识含义
(高压警告图案)	高压警告 此标识用来表示存在遭到电击的危险。设备上的所有电气工作均只能由具备资格的专业人员执行,严禁擅自拆卸	(爆炸图案)	当心爆炸
(质检图案)	质检标识 此标识表示本产品已通过质量合格检测	(火焰图案)	当心火灾
(垃圾桶图案)	不可随意丢弃标识 此标识表示本产品可重新利用,不得随意丢弃	(雨伞图案)	防潮标识
(禁止烟火图案)	禁止烟火 此标识表示在本产品附近区域内禁止烟火		

1.2.4 充电机安全注意事项

① 操作人员应随时监控充电站的设备运行状况，包括充电电压、充电电流和电池温度等，发现异常情况应及时上报并详细记录。

② 充电前若接触器、液晶显示器工作不正常，严禁开机，需等待维修处理。

③ 开始充电前需验明充电桩插头和车辆车体插座两端均无电压，并确认该型号充电机与车辆是否匹配，再将充电机与充电车辆的连接插头进行可靠连接。

④ 非充电站人员未经许可不得擅自操作运行设备，所有操作及维修人员需专业培训后才能上岗。

⑤ 充电机外壳应用电缆线良好接地，禁止在充电过程中突然断开电源或充电电缆。

⑥ 如遇雷雨天气，为保护充电机不受损坏，应立即停止充电。

⑦ 充电过程中，如发现充电机内部异响、电池电压显示异常、液晶屏显示异常等需立即停机处理，记录故障现象并及时反馈充电机技术人员，待相关人员处理，严禁非专业人士拆卸充电机。

⑧ 为避免充电机危害人身安全，应切断该设备电源 15min 后才能对充电机进行维修且应做好防静电措施。

⑨ 如果设备长时间不用，请将外接电源断开，防止瞬间高压损坏设备。

1.2.5 空气压缩机维修安全

为了保证维修者的人身安全，请务必遵守以下安全须知：

① 压缩气体和电都具有危险性。在确保电源已经切断，整个压缩机系统里的压缩空气都已放空的情况下方能进行检修或维护保养。

② 在机器运转时，不允许进行松动、拆掉任何管路附件、接头等动作。管路内充满带压的热气体，会引起严重的人身伤害事故。不能直接接触正在运转或刚停机的压缩机排气管或缸盖等，以免烫伤。

③ 电动机、冷却风扇都接有 380V（220V）电源，在进行任何机械修理工作之前及电气系统调试、检修之前，务必切断压缩机的供电电源。与此同时取走钥匙并关闭 24V 手柄开关，防止压缩机的电源意外接通。

1.2.6 混合动力高压系统相关操作

(1) 高压电开关操作方法

① 按下高压开关手柄锁片并拔出，如图 1-2 所示。

(a) 压下锁片　　　　　　　　(b) 拔出锁片

图 1-2　取出开关手柄锁片

② 按下锁片，将开关手柄向外翻转 90°，拔出高压开关，见图 1-3。

(a) 外翻手柄　　　　　　　(b) 取出手柄

图1-3　取出高压开关手柄

(2) 超级电容放电方法

① 系统放电法：超级电容放电插件在车辆后部、整车控制器旁。放电前，先断开锂电池高压线。

a. 启动发动机后，短接放电插件914与H25（914：电源；H25：放电信号线），如有放电请求开关，则按下放电请求开关即可。

b. 这时超级电容正在放电，等仪表显示电容电压达到280V时，关闭发动机，在电容正负极接上电压表，再把钥匙转到ON挡进行静态放电，放电至安全电压（36V）以下，断开放电信号线。操作图示如图1-4所示。

注：因为超级电容静止时有回电趋势，可能会使电压上升。因此尽可能拉低电压，或者断开放电信号线。采用简易放电至36V以下时就可停止放电。

(a) 放电请求信号　　(b) 短接放电插件　　(c) 检测放电电压

图1-4　系统放电法操作图解

② 简易放电：

a. 将高压开关拔出，切断高压电源，并且应断开锂电池高压线。

b. 用放电电阻箱或4个1000W烤灯，并联作为用电专用工具，见图1-5。

c. 把放电工具接在电容组总正负极上，然后打开开关，接通高压进行放电。

d. 等万用表显示电容电压小于20V时，停止放电。

 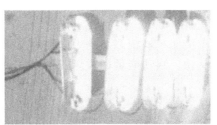

(a) 放电电阻箱　　　　　　(b) 4个1000W烤灯

图1-5　简易放电操作图解

模块 2　新能源客车类型与原理

项目 1　混合动力客车类型与原理

2.1.1　混合动力客车类型

根据混合动力驱动的联结方式不同，分为串联式混合动力客车、并联式混合动力客车和混联式混合动力客车。

（1）串联式混合动力

串联式混合动力客车由发动机、发电机和驱动电机三大动力总成组成，发动机、发电机和驱动电机采用"串联"的方式组成驱动系统。

（2）并联式混合动力

并联式混合动力客车由发动机、驱动电机两大动力总成组成，发动机、驱动电机采用"并联"的方式组成驱动系统。

（3）混联式（串、并联式）混合动力

混联式混合动力汽车综合了"串联"和"并联"结构的优势，由发动机、发电机和驱动电机三大动力总成采用"混联"方式组成驱动系统。

根据发电机驱动形式不同分为 BSG（皮带轮驱动高压发电机）与 ISG（飞轮直接驱动高压发电机）系统。

在混合动力车辆上，配置外接充电插口（与纯电动车一样），可外接电源为高压电池充电，可进一步降低油耗，提高车辆运营效益。

2.1.2　ISG 混联混合动力系统结构

在发动机曲轴飞轮上连接 ISG 高压发电机、驱动电机，并设有高压发电机控制器、电机控制器、超级电容、锂电池、整车控制器、电动转向泵、变压器、逆变器，选配打气泵等。系统组成部件如图 2-1 所示。

ISG 混合动力系统控制原理框图如图 2-2 所示。

2.1.3　混合动力客车工作模式

混合动力客车根据车辆状态、动力电池电压等条件状态，有怠速充电、纯电驱动、混合驱动、纯内燃机驱动、制动能量回收等工作模式，其工作模式的选择和匹配由控制系统自动控制。

（1）纯电串联驱动（离合器接合之前）

当车辆起步和低速行驶（不超过 40km/h），离合器处于分离状态时，如果电容电量充足，发动机停机，为纯电驱动模式；当 SOE 低于 40%，发动机带动发电机发电，为串联模式。此时，车辆只由驱动电动机驱动，加速踏板信号只控制驱动电机，而发动机会根据电容电压值、加速踏板开度处于停机、怠速或怠速提升等状态。该模式动力能量流向如图 2-3 所示。

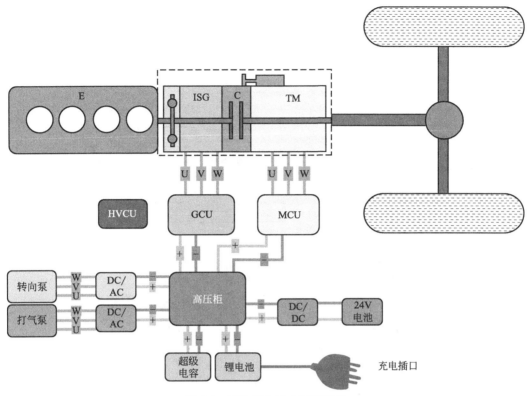

图 2-1　ISG 混合动力系统结构

E—发动机；ISG—高压发电机；TM—驱动电机；HVCU—整车控制器；
GCU—发电机控制器；MCU—驱动电机控制器；DC/DC—直流变压器；DC/AC—直流变交流逆变器

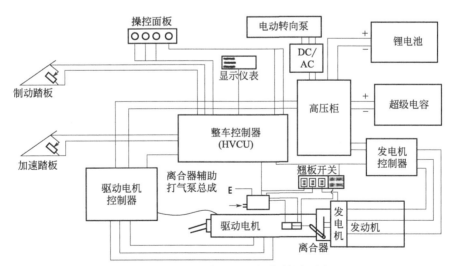

图 2-2　混联混合动力系统控制原理图

(2) 油电（气电）混合驱动（离合器接合后）

当车速在 22km/h 以上，离合器根据车况处于接合状态时，为油电/气电混合驱动模式，车辆由发动机和驱动电动机共同驱动。加速踏板信号同时控制驱动电机、发动机，ISG 发电机不发电。该模式下动力能量流向如图 2-4 所示。

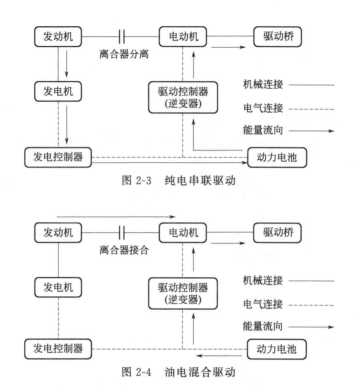

图 2-3　纯电串联驱动

图 2-4　油电混合驱动

(3) 纯发动机驱动（车辆高速，且电量不足）

当离合器处于接合状态且电量不足时，电机停止工作，只有发动机驱动后桥，为纯发动机驱动模式，加速踏板信号只控制发动机。该模式下动力能量流向如图 2-5 所示。

注：当车速超过 50km/h 时，发动机转速超经济转速，不宜长时间在此区间行车。

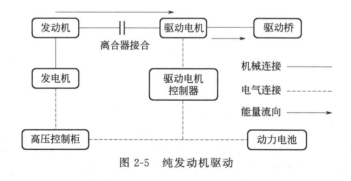

图 2-5　纯发动机驱动

(4) 轻载发电

离合器接合后，如果发动机轻载（即发动机输出功率有富余），且动力电容电量低于 40%，则发动机将富余部分为动力电池充电，充至 SOE 为 90% 时停止充电。该模式下动力能量流向如图 2-6 所示。

(5) 制动能量回收

当松开加速踏板，车辆滑行或制动时，驱动桥带动驱动电机发电，为超级电容充电（即能量回收），同时产生电制动力。具体如下：

① 松开加速踏板，车辆自由滑行，驱动电机进行较轻微制动回收，超级电容电量 SOE 到 70% 停止回收。

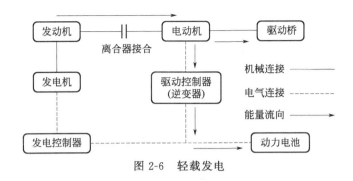

图 2-6 轻载发电

② 松加速踏板,踩制动踏板;驱动电机进行制动回收,超级电容电量 SOE 到 95% 停止回收。

制动能量回收模式能量流向如图 2-7 所示。

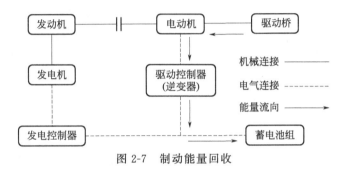

图 2-7 制动能量回收

(6) 怠速启停功能

为减少发动机怠速油耗,海格 ISG 系统设有发动机怠速启停功能。同时满足下列条件,发动机自动熄火(只要一个条件不满足,发动机就自动启动):

① 发动机水温高于 60℃;

② 电容电量高于 40%;

③ 制动气压高于 0.65MPa;

④ 离合器分开;

⑤ 车内温度低于设定温度(开空调状态)。

注意:

① 当发动机舱门打开时,启停功能失效。

② 行驶中怠速启停功能下的发动机自动熄火,勿用钥匙启动(具备相应条件发动机会自动启动)。

③ 怠速启停功能下发动机熄火,空调风机可以送风,但不制冷。

(7) 跛行功能(选装)

混合动力系统发生故障,不能正常工作时,可以用跛行功能,操作如下:

① 拧松离合器踏板锁紧螺母,放下离合器踏板;

② 按下跛行开关,钥匙开至 ON 挡,部件见图 2-8。

③ 踩下离合器踏板并启动发动机;

④ 踩加速踏板,松离合器踏板,车辆前行。

注: 该功能相当于直接挡起步,应当谨慎使用。

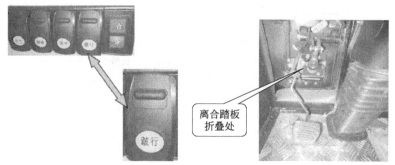

图 2-8　跛行功能主要部件位置

ISG 混联系统实物结构如图 2-9 所示。

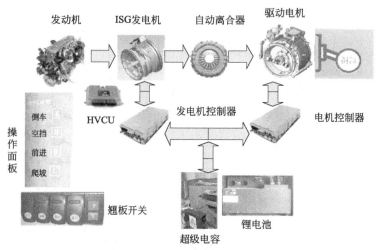

图 2-9　ISG 混联系统实物结构图

混合动力系统高压接线原理如图 2-10 所示。

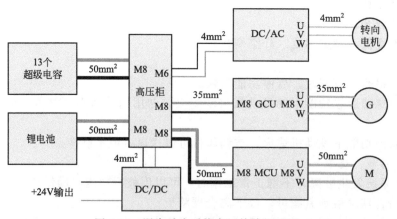

图 2-10　混合动力系统高压接线原理图

混合动力系统高压系统实物结构如图 2-11 所示。

新能源客车高压系统主要组成部件功能如表 2-1 所示。

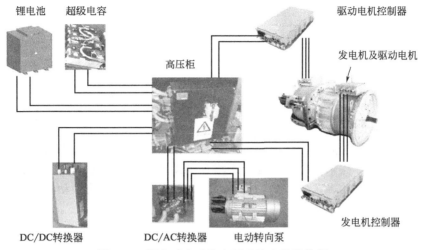

图 2-11 混合动力系统高压系统实物结构图

表 2-1 新能源客车组件功能

部件名称	部件功能
驱动电机总成	动力驱动、能量回收
驱动电机控制器	控制驱动电机动力驱动、能量回收
高压发电机总成	为超级电容充电,驱动发动机启动
高压发电机控制器	控制高压发电机发电与驱动发动机启动
超级电容	储能及能量转换
锂电池	储能及能量转换
离合器总成	395 膜片弹簧离合器
低压充电系统	补充 24V 低压电,防止蓄电池亏电
高压柜	分配高压电,控制高压上电
充电接口(插电式)	为动力电池外接高压电源充电
打气泵(纯电式)	在纯电动驱动模式下给整车管路充气
液压转向助力电机	发动机怠速停机时,提供助力转向动力
仪表总成	显示车辆运行、故障信息
翘板开关及指示灯总成	特定状态操控车辆,观察车辆状态
操控面板总成	操控车辆前进、后退

项目 2 纯电动客车类型与原理

2.2.1 纯电动客车类型

纯电动客车可分为两种类型,即用高压电池作为动力源的纯电动客车和装有辅助动力源的纯电动客车。

(1) 用高压电池作为动力源的纯电动客车

用单一蓄电池作为动力源的纯电动客车,只装置了蓄电池组,它的电力和动力传输系统如图 2-12 所示。

图 2-12　用单一蓄电池作为动力的纯电动客车组成形式

（2）装有辅助动力源的纯电动客车

用单一蓄电池作为动力源的纯电动客车，蓄电池的比能量和比功率较低，蓄电池组的质量和体积较大。因此，在某些纯电动客车上增加辅助动力源，如超级电容器、发电机组、太阳能等，由此改善纯电动客车的启动性能和增加续驶里程。装有辅助动力源的纯电动客车的电力和动力传输系统如图 2-13 所示。

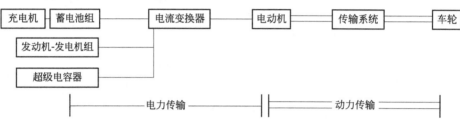

图 2-13　带辅助动力源的纯电动客车组成形式

2.2.2　纯电动客车结构

传统的燃油汽车主要由发动机、底盘、车身和电气部件四大部分组成，纯电动客车的结构与燃油汽车相比，主要增加了电力驱动控制系统，而取消了发动机，电力驱动控制系统的组成与工作原理如图 2-14 所示，它由电力驱动主模块、车载电源模块、系统控制模块和辅助模块组成。当汽车行驶时，由蓄电池输出电能（电流）通过控制器驱动电动机运转，电动机输出的转矩经传动系统带动车轮前进或后退。

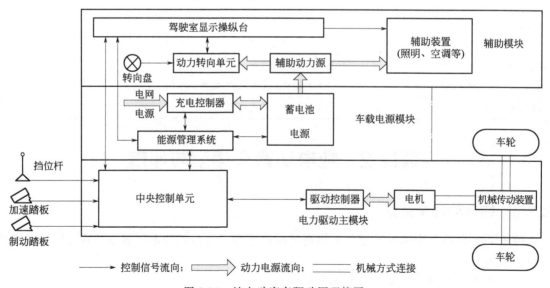

图 2-14　纯电动客车驱动原理简图

电动客车的驱动系统是电动客车的核心部分,其性能决定着电动客车运行性能的好坏。电动客车的驱动系统布置取决于电机驱动系统的方式,可以多种多样。常见的驱动系统布置形式如图 2-15 所示。

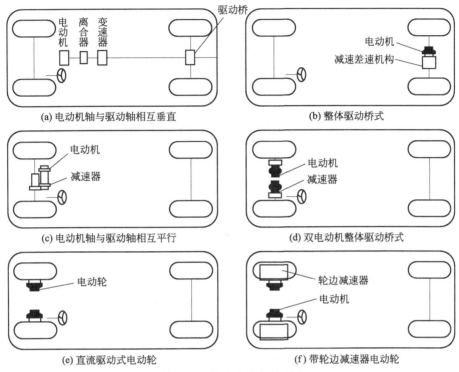

图 2-15　驱动系统布置形式

图(a)与传统汽车驱动系统的布置方式一致,带有变速器和离合器(有的没有变速器),只是将发动机换成电动机,属于传统的驱动模式电动汽车。这种布置可以提高电动汽车的启动转矩,增加低速时电动汽车的后备功率。

图(b)和(c)取消了离合器和变速器,但具有减速差速机构,由一台电动机驱动两车轮旋转,称为电动机-驱动桥组合式驱动模式。优点是可以继续沿用当前发动机汽车中的动力传动装置,只需要一组电动机和逆变器。这种方式对电动机的要求较高,不仅要求电动机具有较高的启动转矩,而且要求具有较大的后备功率,以保证电动汽车的启动、爬坡、加速超车等动力性。

图(d)是将电动机装到驱动轴上,直接由电动机实现变速和差速转换,称为电动机-驱动桥整体式驱动模式。这种传动方式同样对电动机有较高的要求,需具有较大的启动转矩和后备功率,不仅要求控制系统有较高的控制精度,而且要具备良好的可靠性,从而保证电动汽车行驶的安全、平稳。

图(e)和(f)同图(d)布置方式比较接近,将电动机直接装到了驱动轮上,由电动机直接驱动车轮行驶,称为轮毂电机驱动模式。

纯电动整车动力系统由驱动电机、锂电池组成,并设有整车控制器、电机控制器、BMS 等控制系统,并配置电动空调、电动转向泵、DC/DC、DC/AC、电动打气泵、电动除霜器等辅助设施。系统组成部件如图 2-16 所示。

低压控制系统原理框图如图 2-17 所示。

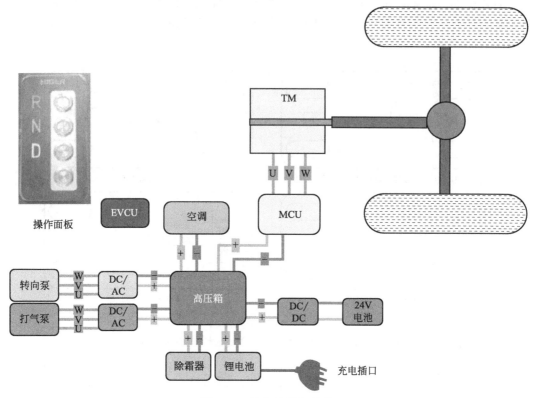

图 2-16 纯电动客车组成

TM—驱动电机；EVCU—整车控制器；MCU—驱动电机控制器；DC/DC—直流变压器；DC/AC—直流变交流逆变器

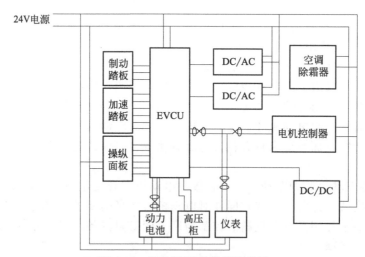

图 2-17 纯电动客车低压原理图

高压控制系统原理框图如图 2-18 所示。

2.2.3 纯电动客车工作模式

根据车辆状态，纯电动客车有电机驱动、制动能量回收两个工作模式，其工作模式的选择和匹配由控制系统自动控制。

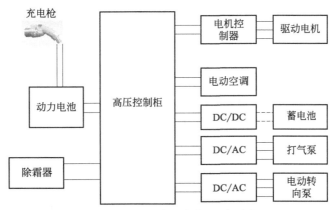

图 2-18　纯电动客车高压原理图

(1) 电机驱动

当车辆起步、加速运行时，为纯电驱动模式，此时，车辆由驱动电机驱动，加速踏板信号开度控制驱动电机、动力电池放电。该模式下能量流转换如图 2-19 所示。

图 2-19　电机驱动模式

(2) 制动能量回收

当松开加速踏板踩制动踏板时，驱动桥带动驱动电机发电，为动力电池充电（即能量回收），同时产生电制动力。该模式下能量流转换如图 2-20 所示。

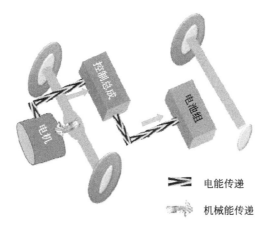

图 2-20　制动能量回收模式

纯电动客车实物组成结构如图 2-21 所示。

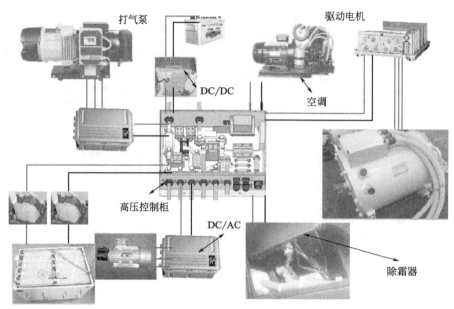

图 2-21 纯电动客车实物结构

模块 3　新能源客车维护与保养

项目 1　维修开关与高压线束

3.1.1　手动维修开关（MSD）

整车用 MSD，即手动维修开关，是一种通过手动操纵相应的插合元件连接和分离，实现高压电气回路连接和断开，起到安全防护的器件。但在分离状态时，触头间有负荷规定要求的绝缘距离和明显的断开标志；在插合位置时，能够承载正常回路条件下的电流及在规定时间内异常条件（如短路）下的电流。

如图 3-1 所示是一种手动维修开关基座和手动维修开关插头，一般手动维修开关基座固定在整车上，在车辆检修时将手动维修开关插头拔出并随身携带，确保断电安全。

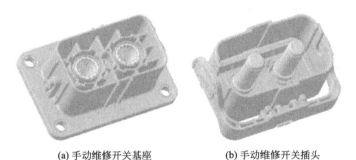

(a) 手动维修开关基座　　　(b) 手动维修开关插头

图 3-1　手动维修开关

手动维修开关在新能源客车上使用非常普遍，但严禁带电插拔。其主要安装在高压柜或高压线路上，用来接通和断开高压回路，为车辆的维修与保养提供断电保护。

（1）MSD 的插装和拔取

在车辆维修保养时，MSD 开关插装如图 3-2 所示，拔取过程如图 3-3 所示。

(a) 垂直插入　　　(b) 旋转把手　　　(c) 按下红色CPA

图 3-2　MSD 开关插装过程

① 插入时把手需处于垂直位置，以防把手未到位造成产品损坏；

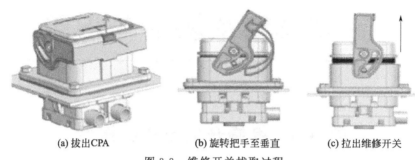

(a) 拔出CPA　　　　(b) 旋转把手至垂直　　　　(c) 拉出维修开关

图 3-3　维修开关拔取过程

② 旋转把手至水平位置，此时会有一声"咯哒"响；
③ 将红色 CPA 按下，与把手贴合；
④ 在拔出 CPA 后，下压 CPA 同时带出把手；
⑤ 旋转把手至垂直位置；
⑥ 拉出产品的公端。

（2）MSD 插拔注意事项

① 在操作 MSD 前，必须保证整车 24V 手柄开关处于关断状态。
② 安装过程中黑色密封垫不仅起防水作用，同时也可以起减震作用，请务必安装。
③ 高压互锁对整个系统起保护作用，使用时请务必安装并确认其正常工作。
④ 安装完成后，请确认 CPA 处于压入状态，避免 CPA 未压或压一半影响产品的功能。
⑤ 本产品禁止拆卸、重新安装或进行其他可能对产品功能造成影响的行为。

（3）维修拆装步骤

① 若 MSD 开关集成在 BMS 等高压电气部件上，则先拆下高压电气部件，再从其上拆取 MSD 开关。
② 若 MSD 开关单独存在，且模型接线端为螺栓固定（如图 3-4 所示），则按照下方步骤操作：

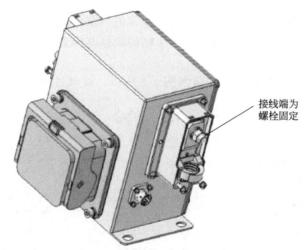

接线端为螺栓固定

图 3-4　维修开关接线端子螺栓

a. 保证整车 24V 手柄开关断开，同时断开电池箱体 MSD；
b. 拔下该手动维修开关的插头；

c. 用螺丝刀取下接线盒紧固螺栓；
d. 用扳手从推出方向拧掉线束的紧固螺母，取出高压线束；
e. 用一个扳手固定螺栓，用另一个扳手从推出方向拧掉紧固螺母，拧掉 MSD 的 4 个 M8 螺栓；
f. 在安装过程中必须保证工作环境整洁，严禁碰撞及划伤；
g. 采用 4 个 M8 螺栓固定，螺栓拧紧力矩以压平弹簧为准；
h. 安装线束，并用螺栓固定；
i. 用螺丝刀装上接线盒紧固螺栓。

3.1.2 高压线束

高压线束是新能源客车的关键零部件，新能源客车的动力电源系统及电气设备依靠高压线束进行连接与能量传输，使之成为一个完整的高压电气系统，满足整车电气功能的要求，高压线束外观如图 3-5 所示。

高压线束通常由高压电缆、连接器、屏蔽线、波纹管、热缩管、标签等构成，高压线束结构示意图见图 3-6。

高压电缆剖面结构示意图如图 3-7 所示。

插接器结构示意图如图 3-8 所示。

高压线束通过绝缘线码固定在车身，使其与车身分离。常用绝缘线码的结构示意如图 3-9 所示。

单孔 Ω 型绝缘线码用于固定单根高压线束，用自攻螺钉或螺栓将其固定在型材、封板、支架上。图 3-10 为单孔 Ω 型绝缘线码固定示意图。

图 3-5 高压线束实物外观

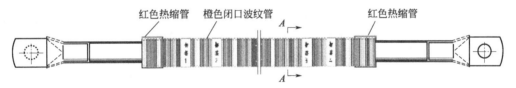

图 3-6 高压线束结构

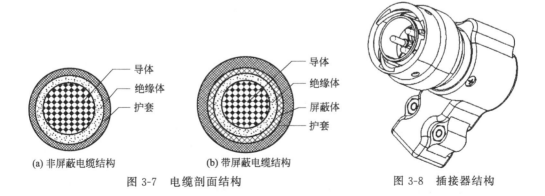

图 3-7 电缆剖面结构

图 3-8 插接器结构

U 型绝缘线码常用于固定多根高压线束，U 型绝缘线码的固定需要依附线码支架。图 3-11 为 U 型绝缘线码与线码支架的装配关系示意图。

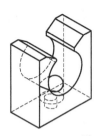 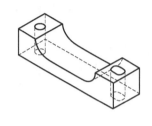 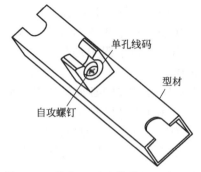

图 3-9　绝缘线码结构　　　　　图 3-10　单孔 Ω 型绝缘线码固定示意

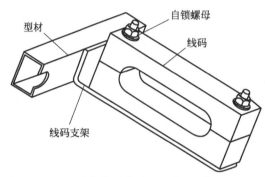

图 3-11　U 型绝缘线码与线码支架的装配关系示意

(1) 高压线束更换步骤

① 连接器 OT 端子的高压线束：

a. 根据高压线束连接电气设备接线盒固定螺钉，选取合适工具打开电气设备接线盒；

b. 使用 M8 或者 M10 套筒拆下高压线束 OT 端子固定螺栓；

c. 使用合适的扳手将接线盒后端的锁紧头松开，将高压线束从接线盒内部拆出；

d. 使用 M8 或 M6 扳手松掉车身固定高压线束的固定线码，对整根高压线进行更换。

② 连接器为接插件的高压线束：

a. 逆时针旋转接插件卡环，将线束接插件从电气设备底座脱开；

b. 使用 M8 或者 M6 扳手松掉车身固定高压线束的固定线码，对整根高压线束进行更换。

(2) 常见故障及排除

① 高压线束断路、短路。使用万用表测量单根线束两端是否连续导通，若不连续则说明高压线束存在断路故障，更换高压线束；使用万用表测量两根高压线束，若导通则说明线束之间短路，更换高压线束。

② 单点绝缘失效。拔出快断器，关低压手柄开关，将高压线束拆下，使用绝缘表 1000V 挡测量高压线束铜导线与电缆绝缘层、护套层之间的绝缘阻值，如果绝缘电阻值小于 5MΩ，则需更换高压线束。

(3) 比亚迪电动客车高压线束分布

① K9FE 电动客车。高压线束装配在左右风道和后舱处，通过线夹和扎带辅助固定。固定线束的螺母为六角法兰面螺母。高压线束连接部件接口如图 3-12 所示。

② 比亚迪 K8A 电动客车。高压线束装配在左右风道和后舱处，通过线夹和扎带辅助固定。固定线束的螺母为六角法兰面螺母。高压线束连接部件接口如图 3-13 所示。

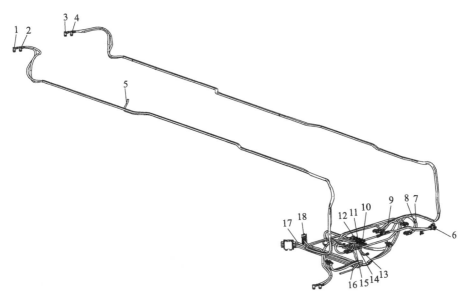

图 3-12 整车高压线束分布

1—2#电池正极高压电缆总成；2—2#电池串联高压电缆总成；3—1#电池正极高压电缆总成；4—1#电池串联高压电缆总成；5—空调驱动器高压电缆总成；6—直流充电口总成；7—2#电机控制器正极高压电缆总成；8—2#电机控制器负极高压电缆总成；9—1#电机控制器正极高压电缆总成；10—1#电机控制器负极高压电缆总成；11—1#电池负极高压电缆总成；12—2#电池负极高压电缆总成；13—DC/DC变换器高压电缆总成；14—DC/DC变换器2高压电缆总成；15—转向电机控制器高压电缆总成；16—空压机控制器高压电缆总成；17—右轮边电机控制器三相线；18—左轮边电机控制器三相线

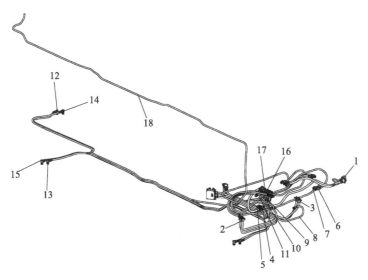

图 3-13 高压线束总成图

1—直流充电口总成；2—左轮边电机三相线；3—右轮边电机三相线；4—1#电机控制器正极高压电缆总成；5—1#电机控制器负极高压电缆总成；6—2#电机控制器正极高压电缆总成；7—2#电机控制器负极高压电缆总成；8—空压机控制器高压电缆总成；9—转向电机控制器高压电缆总成；10—DC/DC变换器高压电缆总成；11—DC-DC变换器2高压电缆总成；12—1#电池串联高压电缆总成；13—2#电池串联高压电缆总成；14—1#电池正极高压电缆总成；15—2#电池正极高压电缆总成；16—1#电池负极高压电缆总成；17—2#电池负极高压电缆总成；18—空调高压电缆总成

项目 2　混合动力客车维护与保养

3.2.1　保养、维护专业工具

新能源混合动力客车维护保养必备防护用品与专业工具如表 3-1 所示。

表 3-1　新能源混合动力客车维护保养所用防护用品与专业工具

名称	摇表	钳形电流表	万用表
图样	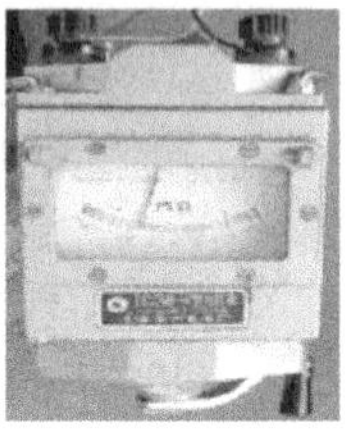		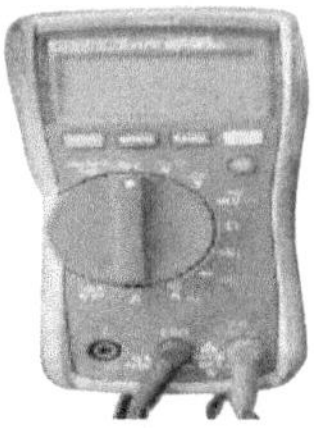
名称	绝缘手套	绝缘鞋	恒压充电机
图样			
名称	混合动力诊断仪	DC/AC 诊断仪	放电工具
图样	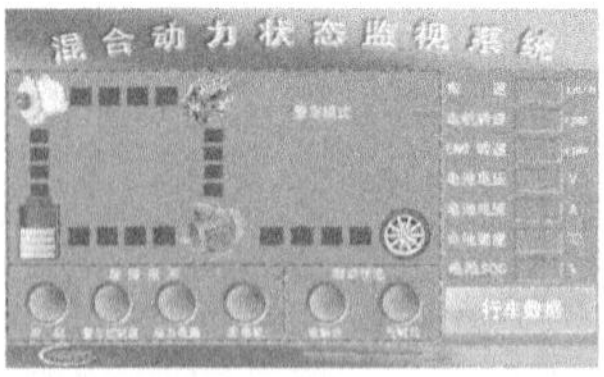		

（1）混合动力诊断仪

功能：通过 CAN 总线连接到整车 CAN 网络，用来诊断整车行车状态、能量流向以及电池数据参数等，并将这些信息显示在 HSM 产品的液晶屏上，形成一个人机界面，如图 3-14 所示。

显示屏指示灯的显示有 3 种颜色，分别为灰色、绿色和红色。

① 制动状态。电制动指示灯：电制动起作用时，点亮显示绿色，否则显示灰色。气制动指示灯：气制动起作用时，点亮显示绿色，否则显示灰色。

② 故障指示。有电机、整车控制器、动力电源、发电机四个故障指示灯：有故障信息时点亮，显示红色，无故障显示绿色。当某一个总成显示红色表现为有故障时，可通过点触该红色亮点查看具体故障信息。如图 3-15 所示为进入整车控制器的故障清单。

③ 行车数据名称与定义见表 3-2。

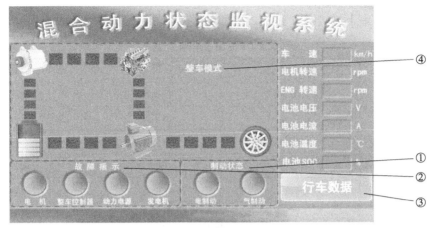

图 3-14 诊断显示屏界面

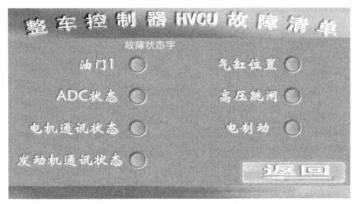

图 3-15 详细故障显示清单

表 3-2 行车数据名称与定义

名称	定义	名称	定义
电池 SOC/%	电池 SOC（电容 SOE）剩余电量的百分比	车速/(km/h)	车辆车速
电池电流/A	电池（电容）充、放电电流	电机转速/(r/min)	驱动电机转速
电池电压/V	电池（电容）总电压	整车模式	整车当前运行状态、模式
ENG 转速/(r/min)	发动机转速	能量流向	各动力之间的能量流动关系

④ 整车模式定义见表 3-3。

表 3-3 整车模式定义

模式数字	行车状态	模式数字	行车状态
0	点火钥匙打开	5	发动机驱动
1	待机	6	电机发动机联合驱动
2	停止	7	滑行
3	爬行	8	制动
4	电机驱动		

⑤ 显示屏针脚定义（表3-4）。

显示屏与整车线束上的接插件相连，接插件共有8根线。

表3-4 显示屏针脚定义

线号	线径/mm²	定义	备注
K29	0.5	CAN0	输入输出
K30	0.5	CAN0	输入输出
K7G	0.5	CAN0	屏蔽
120	0.5	电源线	输入输出
35	0.5	地线	输入输出
TBD	0.5	CAN1	输入输出
TBD	0.5	CAN1	输入输出
TBD	0.5	CAN1	屏蔽

（2）摇表

摇表又叫兆欧表、绝缘电阻测试仪，实物如图3-16所示，是一种简便、常用的测量高电阻的直读式仪表，可用来测量电路、电机绕组、电缆、电气设备等的绝缘电阻。

① 测量前先将兆欧表进行一次开路和短路试验，检查兆欧表是否正常。具体操作为：将两连接线开路，摇动手柄指针应指在无穷大处，再把两连接线短接一下，指针应指在零处。

② 被测设备必须与其他电源断开（约5min），然后将兆欧表正、负极分别与被测设备单独连接。

③ 摇测时，将兆欧表置于水平位置，摇把以120r/min转动时读出被测设备电阻值。摇测电容器、电缆时，必须在摇把转动的情况下才能将接线拆开，否则反充电将会损坏兆欧表。

④ 摇测时手不能碰电极，测量完毕一定要将被测设备充分放电。

图3-16 兆欧表实物

3.2.2 维护作业规范

混合动力客车维护分新车走合维护、日常维护、一级维护、二级维护、重点维护，除混合动力系统外的其他维护项目参照常规车辆执行。

（1）日常维护

一般在车辆出车前、行车中、收车后执行。日常维护项目及内容见表3-5。

表3-5 日常维护

序号	维护项目	作业内容	技术要求
1	清洁	清洁混合动力各部件	高压发电机、驱动电机、电动助力转向泵、辅助打气泵、超级电容、控制柜等不能有水、灰尘

续表

序号	维护项目	作业内容	技术要求
2	检查	检查混合动力舱	①舱门锁止有效,舱内无灰尘、不漏水 ②高压线端子不露铜、不松脱、不磨蹭 ③超级电容桩头橡胶套不松脱、无变形;有独立电容冷却系统的电容组件,风扇无破损、工作正常 ④通风风扇工作正常
		电机水冷系统检查	①检查水箱是否充满,不足应添加 ②管路无弯曲、折叠、漏水现象
		检查驱动电机、高压发电机、转向助力电机	①电机无异响、无故障 ②转向泵不漏油
		检查仪表、挡位操纵面板	显示正常,无故障显示

（2）一级维护

一级维护每行驶 3000～5000km 进行一次,混合动力系统走合维护作业内容与一级维护作业内容相同。一级维护项目及内容如表 3-6 所示。

表 3-6 一级维护

序号	维护项目	作业内容	技术要求
1	日常维护	所有日常维护项目	符合维护作业要求
2	混合动力舱	检视	①门锁是否完好有效 ②换气设备工作是否正常 ③高压安全警示标记是否完好
3	高压柜	检视、紧固	①高压柜固定牢固、不松动 ②用吸尘器除尘,保持干燥、干净
4	驱动电机控制器 发电机控制器	①检查接线情况 ②检视、清洁 ③电机控制器壳体接地检测 ④检查低压接插口 ⑤电机冷却水管	①接线牢固、不松动 ②用吸尘器除尘,保持干燥、干净 ③电机控制器壳体与车体之间的电阻应小于 0.01Ω ④低压接插口接线牢固,端子不松动 ⑤电机冷却水管无老化、变形、渗漏现象
5	DC/DC 转换器 DC/AC 逆变器	①检视各接线桩 ②检视、清洁 ③检查输出电压	①要求各接线桩头不松动、不允许裸露 ②用吸尘器除尘,保持干燥、干净 ③输出电压符合要求
6	电容和 锂电池组	①检视各接线桩 ②检视保护罩 ③视检、清洁 ④电池、电容支架	①要求各接线桩头不裸露 ②线束自带保护罩应安装到位 ③用吸尘器除尘,保持干燥、干净 ④支架无松动变形
7	驱动电机 发电机	①检查 U、V、W 端子接线与屏蔽层接地情况 ②检视电机输入线及接线盒 ③检查驱动电机表面灰尘情况 ④检查低压接插口 ⑤检查电机工作情况	①U、V、W 端子接线牢固、无松动,线电阻近似相等;检查屏蔽层接地电阻小于 0.01Ω ②输入电线的绝缘层无破损,接线盒完好 ③驱动电机表面除尘(用吸尘器吸),保持干燥、干净,散热筋的沟槽内无异物 ④低压接插口无破损,旋变线接线、高温传感器线固定可靠、有效 ⑤试车,电机工作时无异响

续表

序号	维护项目	作业内容	技术要求
8	离合系统	①检查摇臂轴铜套紧固情况 ②检查摇臂轴铜套清洁润滑情况 ③检查离合分泵紧固情况 ④分离轴承及轴承座外观 ⑤分离轴承间隙 ⑥润滑	①摇臂轴铜套紧固,无松动 ②清洁润滑摇臂轴铜套 ③离合分泵紧固,无松动。 ④分离轴承及轴承座外观无磨损 ⑤调整分离轴承间隙到2~3mm ⑥加注润滑黄油(2#锂基脂)
9	电动打气泵总成	①检视打气泵电源线和搭铁线插头情况 ②检查打气泵滤清器情况 ③检查减压阀滤芯情况 ④检查离合系统管路压力传感器 ⑤检查电磁阀	①打气泵电源线接线盒搭铁线牢固,无松动 ②清洁滤芯 ③清洁减压阀滤芯,管路无泄漏 ④检查传感器接线及工作是否正常 ⑤电磁阀线路、气路固定可靠,工作正常
10	电机水冷系统	①管路 ②水泵 ③冷却水箱	①管路无老化、变形、渗漏 ②水泵工作正常 ③水箱表面清洁、无损伤、无渗漏,风扇工作正常
11	绝缘检查	驱动电机,高压发电机,助力泵高压线,DC/DC、DC/AC高压输入线	高压线与地之间电阻高于2MΩ

（3）二级维护

二级维护每行驶9000~15000km进行一次,二级维护项目及内容见表3-7。

表3-7 二级维护

序号	维护项目	作业内容	技术要求
1	一级维护	所有一级维护项目	符合维护作业要求
2	高压柜	①检查、复紧 ②清除接线柱氧化层 ③测量接线柱间电压 ④检测维修开关、熔断器及断路器	①接线柱铜排的连接链紧固无松动 ②检查、清除接线柱表面的氧化层 ③测量高压线电压正常 ④维修开关可正常断开,熔断器无高温变色,断路器工作正常
3	锂电池	①检查高压插件 ②检查单体电池电压 ③检查电池箱风扇	①锂电池各高压航空插件插接到位、不松动 ②用专业仪器测单体电池电压差不超过80mV ③风扇工作正常
4	超级电容	①复紧正极(M8)及负极(M10)的接线柱 ②检查单体电容模块电压	①确保接线柱连接紧固。正极(M8)拧紧力矩在19~20N·m之间;负极(M10)拧紧力矩在29~30N·m之间 ②单体电容模块电压差不超过1V
5	驱动电机控制器、发电机控制器	①检查、复紧接线端子螺栓 ②清除灰尘 ③测量电压 ④检查低压插件	①接线柱连接链紧固无松动 ②清除接线柱表面的氧化层。用吸尘器除尘,保持干燥、干净 ③测量U、V、W三相电压正常;接地完好 ④电机与控制器低压接插件接触良好
6	驱动电机高压发电机	①检查、紧固U、V、W端子 ②清除接线柱氧化层 ③清洁 ④检测位置、温度传感器阻值与绝缘电阻值	①检查U、V、W端子,紧固无松动,输入电线绝缘层无破损,接线盒完好 ②检查、清除接线柱表面的氧化层 ③驱动电机表面用干布去尘或用吸尘器吸尘,保持干燥、干净,散热筋的沟槽内无异物 ④各传感器阻值正常,各信号线的绝缘电阻应大于100kΩ

续表

序号	维护项目	作业内容	技术要求
7	离合器	①检查离合器片磨损与间隙情况 ②检测分离轴承运转情况	①视磨损情况更换离合器片 ②支起后桥驱动轮空转,当离合器闭合时,检查分离轴承运转情况,看是否有异响,外观、润滑是否良好

（4）重点维护

重点维护是混合动力系统特有的一个保养项目,一般在行驶至10万~15万千米时需对驱动电机和电池、电容进行检查。重点维护项目及内容见表3-8。

表3-8 重点维护

序号	维护项目	作业内容	技术要求
1	驱动电机发电机	①拆下电机 ②清洁 ③检查线圈绕组 ④导向轴承 ⑤电机轴	①确保电机无损伤 ②清除电机壳体内、外表面油污,保持线圈干燥 ③定子线圈绝缘电阻大于20MΩ。输入线绝缘层无破损,接线盒完好 ④更换电机轴导向轴承(发动机飞轮上轴承) ⑤电机轴无变形、磨损
2	电容	①电容放电 ②测量单体电容电压 ③极柱检查、复紧	①电容总电压低于36V,高于5V ②每个电容压差超过1V,对电压低的电容充电 ③极柱螺栓力矩符合要求
3	锂电池	①检查电池箱绝缘电阻 ②检查单体电池电压	①电池箱绝缘电阻大于20MΩ ②单体电池电压压差不超过80mV

（5）电容补充电量、更换

如果电容电压异常,则需将电容拆下补充电量。

① 将钥匙打到OFF挡,断开高压维修开关,断开锂电池输出正、负极航空插件（如果采用系统放电,则只需先将锂电池断开）;

② 采用放电工具将超级电容放电至36V以下,检查单个电容电压并记录;

③ 断开模块通信插件,断开故障电容正极线,再断开故障电容负极;

④ 拆下故障电容4个固定螺栓,拆下故障电容;

⑤ 采用恒压充电机将故障电容电压充至与其他电容一致;

⑥ 将充好电的电容（或新电容）固定在支架上;

⑦ 先接电容负极线,再接电容正极线,连接模块通信插件;

⑧ 启动发动机,按下实验开关,将电压充至310V,关闭实验开关,将电容电量充至90%;

⑨ 检测新安装的电容电压是否与其他电容一致。

注意：安装电容电缆线时,使端子与极柱下方的两个固定十字螺钉之间保持90°布置,将铜线端朝上布置,使其远离电容表面。

项目3 纯电动客车保养与维护

3.3.1 保养、维护专业工具

纯电动客车保养维护用到的防护用品与专用工具和混合动力客车一样,这里重点介绍一下绝缘检测仪。

图 3-17　绝缘检测仪实物

绝缘检测仪可用来测量电路、电机绕组、电缆、电气设备等的绝缘电阻。实物如图 3-17 所示。它可带电测量，测量步骤如下：

① 开启电源开关；

② 选择所需电压等级，开机默认为 500V，选择之后对应指示灯亮；

③ 轻按一下高压"启停"键，高压指示灯亮；

④ 测量绝缘电阻时，线路"L"与被测物同大地绝缘的导电部分相接，接地"E"与被测物体外壳或接地部分相接，屏蔽"G"与被测物体保护遮蔽部分相接或与其他不参与测量的部分相接，以消除仪表泄漏所引起的误差，LCD 显示的稳定数值即为被测的绝缘电阻值。

3.3.2　维护作业规范

纯电动客车维护分新车走合维护、日常维护、一级维护、二级维护、重点维护，除纯电动系统外的其他维护项目参照常规车辆执行。

（1）日常维护

一般在出车前、行车中、收车后执行。日常维护项目及内容见表 3-9。

表 3-9　日常维护

序号	维护项目	作业内容	技术要求
1	清洁	清洁纯电动系统各部件	电动助力转向泵、打气泵、DC/DC、DC/AC、高压柜等不能有水、灰尘
2	检查	检查纯电动系统高压舱	①舱门锁止有效，舱内无灰尘、不漏水 ②各部件高压线端子不露铜、不松脱、不磨蹭
		动力电池	①箱体固定可靠，箱体表面无明显灰尘、锈蚀、变形；电池通风管无凹瘪、破损、固定不牢现象；电池舱内干燥、清洁 ②各箱间高低压连接正常，固定可靠，无松动现象
		电机水冷系统检查	①检查水箱是否充满，不足应添加 ②检查管路无弯曲、折叠、漏水现象
		检查驱动电机、转向助力电机、电动打气泵	①电机运行无异响，温度正常，无故障显示 ②检查转向泵、打气泵无漏油、漏气现象
		检查仪表、挡位操纵面板	显示正常，无故障显示

（2）一级维护

一级维护每行驶 3000～5000km 进行一次，不超 1 个月，纯电动系统走合维护作业内容与一级维护作业内容基本相同。一级维护的项目及内容见表 3-10。

表 3-10　一级维护

序号	维护项目	作业内容	技术要求
1	日常维护	所有日常维护项目	符合维护作业要求
2	动力电池	检查电压、温度	仪表显示电压、温度在正常范围内
3	高压柜	检视、紧固	①高压柜固定牢固、不松动 ②除尘，保持干燥、干净

续表

序号	维护项目	作业内容	技术要求
4	驱动电机控制器	①检查接线情况 ②检视、清洁 ③电机控制器壳体接地检测 ④检查低压接插口 ⑤电机冷却水管	①接线牢固、不松动 ②除尘,保持干燥、干净 ③电机控制器壳体与车体之间的电阻,应小于 0.01Ω ④低压接插口接插牢固,无端子松动现象 ⑤电机冷却水管无老化、变形、渗漏
5	驱动电机	①检查驱动电机固定情况 ②检视电机输入线及接线盒 ③检查驱动电机表面灰尘情况 ④检查低压接插口 ⑤检查电机工作情况	①驱动电机连接、固定可靠 ②输入电线的绝缘层无破损,接线盒完好 ③驱动电机表面除尘,保持干燥、干净 ④低压接插口无破损,旋变线接线、高温传感器线固定可靠、有效 ⑤试车,电机工作时无异响
6	DC/DC	①视检各接线柱 ②检视、清洁 ③检查输出电压	①要求各接线柱头不松动,不允许裸露 ②保持干燥、干净 ③输出电压符合要求
7	DC/AC	①视检各接线柱 ②检视、清洁 ③检查输出电压	①要求各接线柱头不松动,不允许裸露 ②保持干燥、干净 ③输出电压符合要求
8	电动打气泵总成	①检查打气泵固定情况,清洁打气泵表面 ②检查打气泵高低压线束 ③检查打气泵油位 ④清洁打气泵滤芯	①打气泵固定可靠 ②表面保持干燥、清洁;需清理散热器以及翅片上的灰尘 ③高低压线束走向、固定可靠,线束无铜丝裸露 ④打气泵润滑油位正常,空滤器滤芯清洁,无漏油、漏气现象
9	纯电动控制模块	检查各模块	①模块固定可靠;表面保持干燥、清洁 ②低压线束走向、固定可靠,线束无拉扯过紧现象
10	电机水冷系统	①管路 ②水泵 ③冷却水箱	①管路无老化、变形、渗漏 ②水泵工作正常 ③水箱表面清洁、无损伤、无渗漏,风扇工作正常

（3）二级维护

二级维护间隔 9000～15000km,不超过 3 个月,二级维护项目及内容见表 3-11。

表 3-11 二级维护

序号	维护项目	作业内容	技术要求
1	一级维护	所有一级维护项目	符合维护作业要求
2	动力电池	①检查高压绝缘情况 ②检查高压接线螺栓紧固情况	①箱体高压总正/总负对壳体绝缘值大于 200MΩ（1000V 挡） ②箱体低压 24V 电源线束对壳体绝缘值大于 15MΩ（500V 挡） ③对于模组间采用螺栓连接的高压线,需检查螺栓紧固状况
3	高压柜	①检查、复紧 ②清除接线柱氧化层 ③检测维修开关、熔断器及断路器	①接线柱铜排的连接链紧固无松动 ②检查、清除接线柱表面的氧化层 ③维修开关可正常断开,熔断器无高温变色,断路器工作正常
4	高压线及设备绝缘检查	助力泵高压线、打气泵高压线、DC/DC、DC/AC 等高压输入线	高压线与地之间电阻高于 2MΩ

续表

序号	维护项目	作业内容	技术要求
5	驱动电机控制器	①检查、复紧接线端子螺栓 ②清除灰尘	①接线柱连接链紧固无松动 ②清除接线柱表面的氧化层。除尘,保持干燥、干净
6	驱动电机	①清洁检查 ②清除接线柱氧化层,紧固 U、V、W 端子 ③三相线与电机壳体绝缘电阻 ④检查位置、温度传感器电阻值与绝缘电阻值 ⑤紧固电机接线盒内三相线螺栓	①打开电机接线盒盖,检查高压线束无磨蹭。检查内部防水防尘情况,并清理 ②高压线接线柱无变色、无松脱,如果氧化需清除 ③用兆欧表测量三相线与电机壳体绝缘电阻应大于 20MΩ ④各传感器阻值正常,各信号线的绝缘电阻应大于 100KΩ ⑤检查、紧固电机接线盒内三相线螺栓
7	转向泵、打气泵电机	高低压线绝缘检查;紧固电机接线盒内三相线螺栓	①用兆欧表测量三相线与电机壳体绝缘电阻应大于 20MΩ ②各信号线的绝缘电阻应大于 100kΩ ③检查、紧固电机接线盒内三相线螺栓
8	电动打气泵总成	①更换空气滤芯 ②清洁、更换回油阀滤芯; ③更换润滑油 ④更换油气分芯	①每 3 个月,根据实际运营情况更换空气滤芯 ②每 6 个月,清洁回油阀滤芯 ③每 12 个月,换油(Rotoroil 8000F2 合成油)并更换回油阀滤芯 ④每 24 个月,更换油气分芯

(4) 重点维护

重点维护是纯电动系统特有的一个保养项目,一般在行驶至 10 万～15 万千米时需对动力电池和驱动电机进行检查。重点维护项目及内容见表 3-12。

表 3-12 重点维护

序号	维护项目	作业内容	技术要求
1	动力电池	开箱检查电池箱内部状况	①检查电池包底部是否有电解液、积水等异常情况,如果存在这些异常,需清理干净 ②检查各电芯是否有损坏、漏液、严重变形等现象,对这些电池进行标记,并按故障电池的更换方法进行更换 ③模组内电芯无松动现象;继电器紧固正常,无松动现象 ④风扇继电器工作正常,各箱体散热风扇工作正常 ⑤使用万用表测量每个单体电池的电压。对低压和零压电池进行标记 ⑥对动力电池进行均衡处理,均衡后,电池组充满电后静置 20min,单体电池最低电压与总压符合要求
2	驱动电机	更换轴承	①东风电机:每 15 万千米或 2 年更换电机轴承 ②西门子电机:轴承替换周期为 20000h,或至少 5 年。轴承型号:深槽滚珠轴承 6209-2ZTN9W/C4H GWF ③其他电机厂家无强制更换轴承要求

模块 4　电源系统原理与维修

项目 1　动力电池类型结构与特性

4.1.1　动力电池

动力电池系统是电动客车最重要的核心部件之一，为电动客车提供能量存储和动力输出，通常位于电动客车的底盘和尾部区域。

不同类型的电动客车，其动力电池系统配置存在较大差异，一般情况下，纯电动客车动力电池系统存储电量为 250kW·h 左右，输出电压为 538V，输出电流为 300A 左右。

动力电池系统通常由电池模组、箱体、电池管理系统（简称 BMS）、高压线束、低压线束等部分组成。

根据电动客车能量大小的需要，电池模组由几个到几十个单体电芯串并联组成，见图 4-1，如 390A·h 纯电动客车模组，采用 13A·h 的 1965140 单体电芯则可组成 30 并的模组，模组侧盖电压为 3.2V；如 172A·h 增程式客车模组，采用 21.5A·h 的 20100140 单体电芯则可组成 2 串 8 并的模组，模组电压为 6.4V。

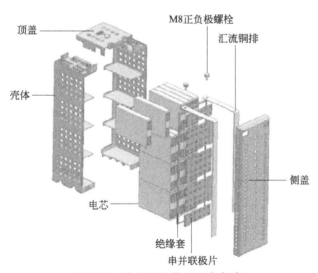

图 4-1　动力电池模组组成方式

根据箱体尺寸大小，箱体内有十几个到几十个串联模组，高压正负极输出端电压由模组电压和串联模组数相乘确定。动力电池箱体模块组成部件如图 4-2 所示。

电池模组由若干个单体电芯通过串联和并联的方式组装而成，为电动客车提供能量存储和动力输出。其中，串联用于提高电压，并联用于增加容量；箱体用于装载电池模组，并与车身固定，一套电动客车动力电池系统通常包括若干个箱体；电池管理系统通常包括从机和主机，从机用于采集各个箱体中模组的电压、温度等信号，主机是动力电池系统的控制中

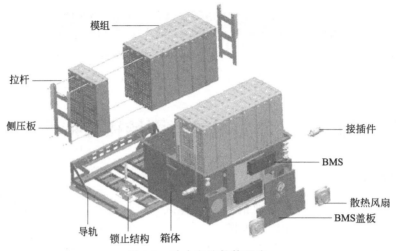

图 4-2 动力电池箱体组成

心；高压线束主要用于将多个箱体中的电池模组串联，并与整车动力部件连接；低压线束主要用于传输电池的电压、电流、温度等信号，以及为电池管理系统提供电源连接。动力电池系统连接如图 4-3 所示。

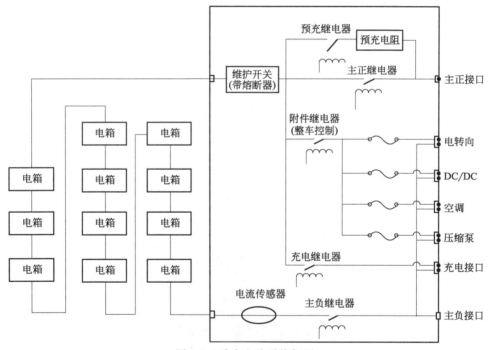

图 4-3 动力电池系统框图

4.1.2 比亚迪动力电池位置与连接方式

（1）K8A 电动客车

动力电池系统共有两组电池，分两部分布置，分别为 Pack1 和 Pack2，Pack1 包括 Pack1-1（HSA6E）和 Pack1-2（HSA8B）；Pack2 包括 Pack2-1（HSA6E）和 Pack2-2

（HSA8B）。电池包分布位置如图4-4所示。

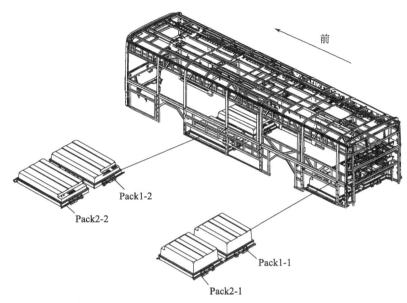

图 4-4　电池包在整车上的分布

单个Pack连接方式：电池包之间通过高压线连接，维修连接线时请佩戴相关的防护用具并注意连接顺序，顺序错乱电池将不能正常工作或发生短路事故。

如图4-5所示为Pack1连接顺序示意（电池包之间通过高压线连接）。

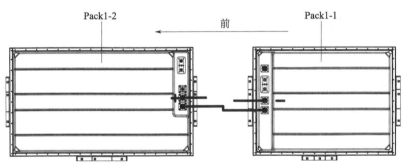

图 4-5　Pack1 连接方式

如图4-6所示为Pack2连接顺序示意（电池包之间通过高压线连接）。

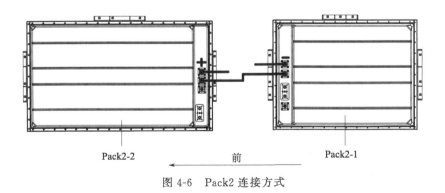

图 4-6　Pack2 连接方式

高压电池连接电路如图 4-7 所示。

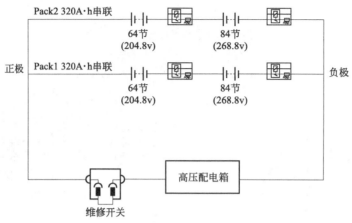

图 4-7　高压电池连接电路

(2) 比亚迪 K9A 动力电池

动力电池系统共有两组电池，分两部分布置，分别为车顶 Pack2（图 4-8 中 1 所示）和后悬底部 Pack1（图 4-8 中 2 所示处）。后悬处 Pack1 共有 8 个 16 节模组和 4 个 15 节模组；车顶处 Pack2 共有 20 个 8 节模组和 4 个 7 节模组。

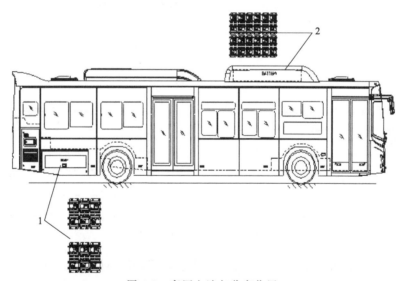

图 4-8　高压电池包分布位置

电池包之间通过动力连接线连接，维修连接线时请佩戴相关的防护用具并注意连接顺序，顺序错乱电池将不能正常工作或发生短路事故。

如图 4-9 所示为 Pack1 后悬底部连接顺序示意（电池包之间通过动力连接线连接）。

如图 4-10 所示为 Pack2 车顶连接顺序示意（电池包之间通过动力连接线连接）。

4.1.3　动力电池的拆装

(1) 拆装工具

全套套筒、转接杆、扭力扳手、扎带、叉车、撬棍。

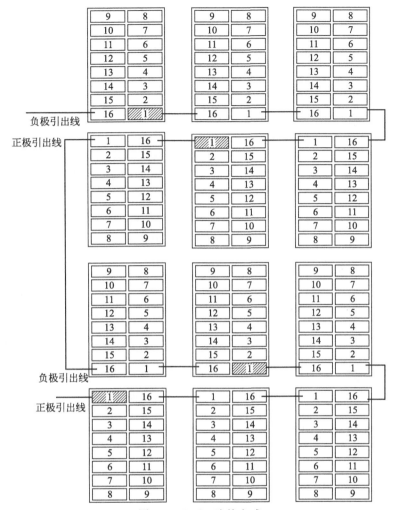

图 4-9 Pack1 连接方式

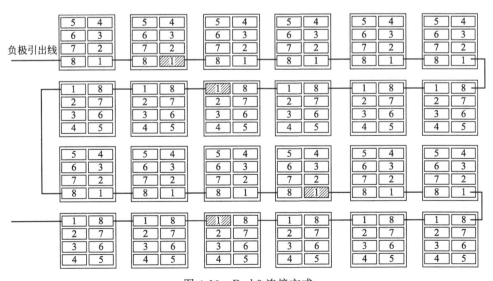

图 4-10 Pack2 连接方式

（2）拆卸步骤

作业前提为关闭整车电源，操作流程如图 4-11 所示。

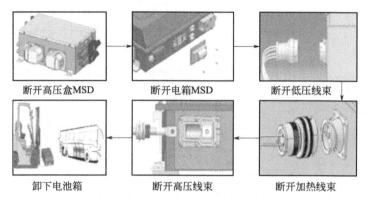

图 4-11　关闭整车高压电源流程

① 断开高压盒 MSD，如图 4-12 所示。

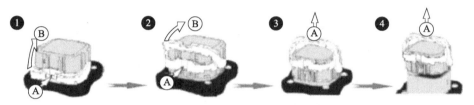

图 4-12　高压盒 MSD 断开流程

② 断开电池箱 MSD，如图 4-13 所示。

使用扭力扳手拆卸 M5×16 六角法兰面螺栓（4 个），扭矩要求：4N·m。

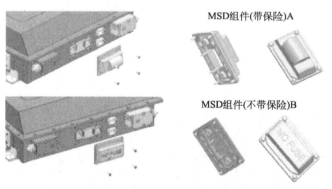

图 4-13　电池盒 MSD 断开流程

③ 断开低压线束（请对应图 4-14 线束版本，按对应版本线束操作）。

按图 4-14 中箭头所示方向，插头端与插座端定位槽位置匹配，然后手握卡扣向外拔出（不要拔线束）。

检查低压连接器是否清洗干净、没有油污等，确保没有金属等粉末掉入连接器内。

④ 断开高压线束（见图 4-15）。

在确定 MSD 断开的情况下，用扭力扳手卡住高压线束旋转螺母，注意在开口处要保证垂直。

图 4-14 断开低压线束

检查高压连接器底座及高压线连接端子表面是否清洗干净、没有油污等,确保没有金属等粉末掉入连接器内。

⑤ 电池拆卸流程及注意事项。

步骤 1:拆卸电箱螺栓,锁紧力矩 80N·m;优先拆卸 2 号和 5 号螺栓,再采用对角拆卸方式依次拆卸 1 号、3 号、4 号、6 号螺栓,见图 4-16;要求使用扭力扳手。

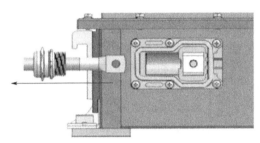

图 4-15 断开高压线束

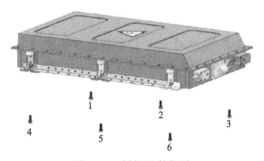

图 4-16 拆卸电箱螺栓

步骤 2:抬起电池箱,缓慢移动至叉车插板上;将电池箱运输至存放位置;通过起吊或搬运方式将电池箱放置在存放位置,见图 4-17。

步骤 3:叉车的叉板贯穿电池箱装整体,电池包装重心位于两叉车中心位置;当电池舱门开度小于 90°时,建议先拆除舱门,后拆卸电池箱。

图 4-17 利用叉车取出电池箱

(3) 装配流程

高压电池装配流程与拆卸顺序相反,如图 4-18 所示。

① 电池箱装车流程及注意事项。

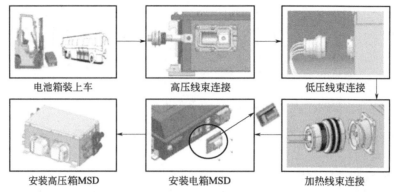

图 4-18 高压电池装配流程

步骤 1：通过起吊或搬运方式将电池箱放置在叉车插板上；将电池箱运输至安装位置，准备装车；抬起电池箱，缓慢移动至车内。

步骤 2：叉车的叉板贯穿电池箱装整体，电池包装重心位于两叉板中心位置；电池箱装底部略高于安装面，并且高度差不超过 5mm；叉板与安装台中间悬空间隙不超过 40mm；保证电池箱至少一侧固定梁完全放置在安装台上，才可改用推动方式移动电池包；当电池舱门开度小于 90°时，建议先装电池箱，后装电池舱门。

步骤 3：电池箱锁紧。调整电池箱位置，使电池箱上焊接螺母对准其车上安装孔；采用 M12 长螺栓、弹垫、大平垫固定电池箱，预拧紧；锁紧螺栓，拧紧力矩 80N·m；优先锁紧 2 号和 5 号螺栓，再采用对角锁紧方式一次锁紧 1 号、3 号、4 号、6 号螺栓；要求使用扭力扳手。

② 连接电箱高压线束盘。

步骤 1：在安装连接器时，需确保线束标签与箱体标签一一对应，如图 4-19 所示。

步骤 2：检查高压连接器安装底座及高压线连接端子表面是否清洁干净，没有油污、黑点等，确保没有金属等粉末掉入连接器内。

步骤 3：将高压线按图 4-20 箭头方向插入高压连接器，高压线出现方向须与连接器开口处垂直。

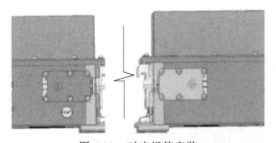

图 4-19 对应标签安装

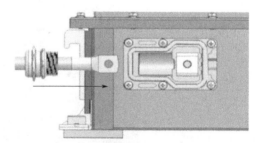

图 4-20 插入高压连接器

步骤 4：高压端子与高压连接器安装，M8×16 组合螺栓（带平垫、弹垫）扭矩要求 23N·m。要求使用扭力扳手。

步骤 5：高压连接器的密封圈，必须保证安装在对应的连接器卡槽内，如图 4-21 所示。

步骤 6：高压连接器上盖安装，M4×12 组合十字盘头螺钉扭矩要求 2N·m，锁紧上盖。要求使用扭力扳手。如图 4-22 所示。

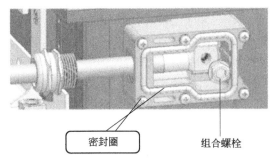

图 4-21　安装组合螺栓与密封圈

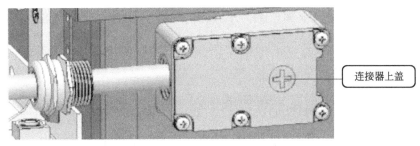

图 4-22　安装连接器上盖

步骤 7：图 4-23 所示为格兰头安装，扭紧力要求：4～4.4N·m。要求使用扭力扳手。

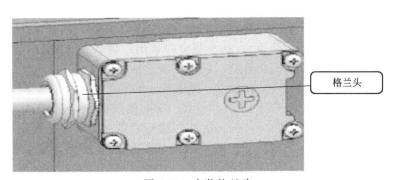

图 4-23　安装格兰头

步骤 8：高压线与低压线分开走线，用合适的扎带或高压线专用绝缘线卡将线束每间隔 150～200mm 左右固定一次。

③ 低压线束连接（对应图 4-24 线束版本，按对应线束版本操作）。

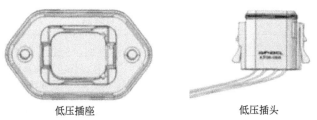

图 4-24　低压线束连接器样式

步骤 1：在安装连接器时，须确保线束标签与箱体连接器标签一一对应。

步骤2：检查低压连接器是否清洁干净、没有油污等，确保没有金属等粉末掉入连接器内。

步骤3：对插前，确定低压连接器定位槽位置，如图4-25所示。

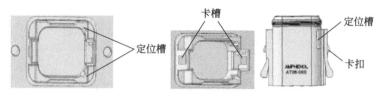

图4-25 低压连接器对插

步骤4：按图4-26箭头所示方向，插头端与插座端定位槽位置匹配，将插头插入。

步骤5：插入后听到"咔嚓"声，代表插头的卡扣已经卡到位，对插完成后如图4-27所示。

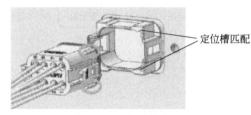

图4-26 定位槽位置

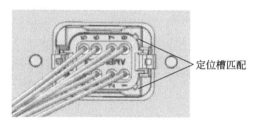

图4-27 安装后图示

图4-28 卡到位图示

步骤6：用不大于20N的力，将插头向外回拔（不要拔线束），插头不会被拔出，确认插入到位，重新将插头垂直向内补插，防止回拔造成接触不良。

步骤7：确保插头端有足够的插拔空间，低压线束的转弯半径为40mm，线束接好后用合适的扎带将线束每间隔150~200mm左右进行固定；插头尾部线束不能因固定而拽得太紧，防止插头内端子针脚退出。线束卡位正常位置如图4-28所示。

④ 安装电箱MSD，用扭力扳手紧固M5×16六角法兰面螺栓（4个），扭矩要求4N·m。

⑤ 安装高压MSD。

4.1.4 常见故障诊断方法

高压电池系统常见故障原因分析与诊断方法如表4-1所示。

表4-1 常见故障分析与诊断

BMS故障描述	可能故障原因	诊断方法
A-CAN通信故障	Pack端和整车端线束故障	检查Pack端和整车端的CAN网络（测量CAN-H、CAN-L，插件连接是否正常导通）
	BMU故障	检查Pack端和整车端的低压供电是否正常（接插件连接、外部低压电源），低压供电为24V
	BMU软件版本不匹配	检查程序版本，更换BMU

续表

BMS故障描述	可能故障原因	诊断方法
单体电压压差故障	—	均衡维护（条件：SOC在低端）
充电故障	BMS通信故障	检查BMS系统通信是否正常
	充电机故障	检查充电机是否存在故障
	整车控制器故障	采集充电报文分析
	MSD未插牢或损坏	检查整车控制器
		检查MSD是否插牢或者损坏
碰撞	—	观察碰撞严重程度
		若挤压电池变形，需要联系4S店检查
高压互锁故障	线束连接故障	检查高压输出连接端子是否松脱
	MSD插接松动	检查前后箱高压连接是否牢固
	MSD损坏	检查MSD是否插牢
绝缘阻抗过低故障	整车绝缘故障	断开电池端与整车高压连接，单独测量电池绝缘值
	充电端绝缘故障	电池端绝缘正常，检查整车用电器绝缘情况
	电池端绝缘故障	若仅在充电时发生，排查充电回路与充电机是否绝缘异常
SOC过低故障	电量不足	及时补充电量
电池温度过高故障	环境温度过高	改善环境温度
	温度传感器故障	更换传感器

项目2　动力电池管理系统（BMS）

4.2.1　动力电池管理系统功能与原理

电池管理系统（BMS）内部采用CAN总线通信方式，与整车控制器、充电机也采用CAN通信，并通过与控制器的配合，完成动力电池系统的充电或放电功能，同时完成电池信息、动力电池系统运行状况及绝缘状况等信息的实时监测，当电池系统发生故障时，能及时将故障信息上传，并能根据控制策略采取相应措施。电池管理系统拓扑结构如图4-29所示。

电池管理系统能够实现对整个动力电池系统的智能化管理和控制，电池管理系统包括电池管理系统采样单元（LECU）和电池管理单元（BMU）。

LECU对电池模块电压及关键点温度进行监测，可同时采集24路电池电压及4路电池温度，并将采集的数据信息上传给BMU。

BMU接收LECU上传的电池组数据信息，对电池系统进行充放电管理、SOC估算，并与充电机控制器进行通信，监测电池系统状态，发送故障信息，根据运行保护策略完成动力电池系统的管理。

电池管理系统具有以下功能：

（1）监测功能

实时监测每个电池组中每串电池的电压及关键点的温度；实时监测电池组充放电电流，

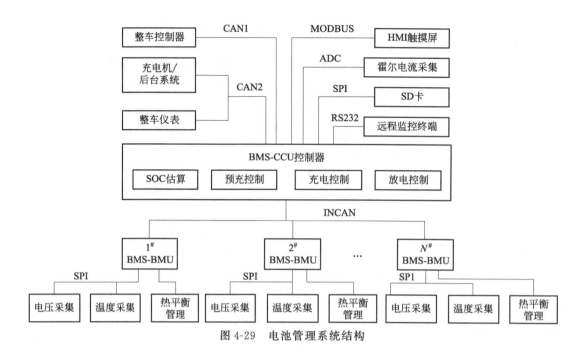

图 4-29 电池管理系统结构

检测电池组动力回路对地的绝缘状态,并判断绝缘等级是否满足系统运行要求,具有采样频率高、能快速跟踪电流变化的特点。

(2) 报警功能

单节电池过压、欠压报警;过流报警;过温报警。

以上报警信号实时上传给充电站监控系统,以及时根据系统控制策略调整系统运行参数。

(3) 保护功能

电池管理系统能够实现系统保护功能,同时向充电站监控系统上报保护信息。充电机根据保护策略调整动力电池系统运行参数或停机;若在规定时间内无响应信息反馈至 BMS,则 BMS 自行控制故障电池组退出运行。

实施的保护类型:过压保护;欠压保护;过流保护;过温保护。

(4) 通信功能

可通过 CAN 或 RS485 通信接口与其他设备进行通信(如 PC、VCU 等),接收和发送电池系统的信息。

(5) 自诊断功能

电池管理系统能够进行自诊断功能,对电池管理系统与外界通信中断、电池管理系统内部通信异常、模拟量采集异常等故障进行自诊断,并能够上报到本地监测单元。

(6) SOC 标定功能

BMS 能够对 SOC 进行预估,并能在 SOC 算法中加入电池组自放电、温度与容量关系等外界因素,并在充电过程结束时根据电池系统状态进行 SOC 标定。

(7) 均衡功能

BMS 采用被动均衡方式实现电池的均衡,最大均衡电流为 100mA。BMS 根据电池组状态信息,控制对应的开关闭合,对电压较高的电池放电,使同一电池组内电池的电压趋于均衡,改善电池的一致性,见图 4-30。

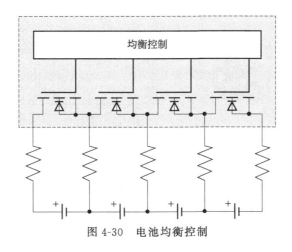

图 4-30 电池均衡控制

（8）热管理功能

电池管理单元通过测量每个电池框内多个点的温度分布情况与各个框之间的温度差异来控制风扇的启动、关闭与转速。采用主动控制风冷的冷却方式，确保大倍率工况下电池工作在合适的温度范围内。

（9）电池管理单元低功耗

当没有接收到充电或放电指令时，电池管理单元进入休眠状态，这时在 24V 电源输入端的功耗低于 1mA，单组电池电压温度采集单元在电池组侧的功耗低于 $200\mu A$。

4.2.2 电池管理器连接端子定义

以比亚迪 K9FE 电动客车电池管理器为例进行讲述。

电池管理控制器 1 通信接插件如图 4-31 所示。

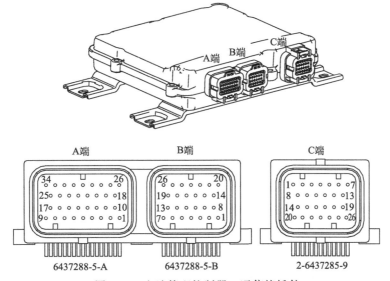

图 4-31 电池管理控制器 1 通信接插件

电池管理控制器 2A/2B 通信接插件如图 4-32 所示。

电池管理控制器 1 通信接插件端子定义如表 4-2 所示。

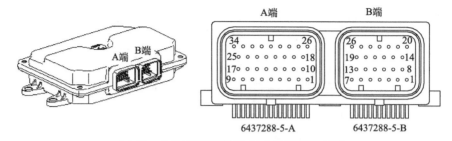

图 4-32　电池管理控制器 2A/2B 通信接插件

表 4-2　电池管理控制器 1 通信接插件端子定义

针脚号	A 端	B 端	C 端
1	空	24V 电源	电池子网 CANL
2	空	空	空
3	空	24V 电源	空
4	空	空	空
5	空	车身 GND	空
6	空	车身 GND	空
7	空	空	12V 电源
8	空	空	电池子网 CANH
9	主接触器	空	空
10	空	空	空
11	空	T1	空
12	空	T1 温度地	空
13	空	T2 温度地	电源地 GND
14	24V 电源	直流充电网 CANH	空
15	空	动力网 CANH	空
16	空	空	空
17	主预充接触器	空	空
18	空	空	空
19	空	维修开关互锁信号	12V 电源
20	空	直流充电网 CANL	空
21	空	空	空
22	空	动力网 CANL	空
23	直流充电接触器	T2	空
24	DC 预充接触器	空	空
25	辅助接触器	空	空
26	空	空	电源地 GND
27	空	—	—
28	空	—	—
29	空	—	—

续表

针脚号	A 端	B 端	C 端
30	空	—	—
31	辅助预充接触器	—	—
32	空	—	—
33	空	—	—
34	DC 接触器	—	—

电池管理控制器 2A 通信接插件端子定义见表 4-3。

表 4-3 电池管理控制器 2A 通信接插件端子定义

针脚号	A 端	B 端
1	电池信息通信器 CANH	12V 电源
2	电池信息通信器 CAN 屏蔽地	电源地 GND
3	电池信息通信器+12V_ISO1	空
4	空	空
5	空	空
6	空	空
7	空	空
8	空	24V 电源
9	分压接触器 2 控制	空
10	电池信息通信器 CANL	空
11	电池信息通信器电源地 GND_ISO1	空
12	空	空
13	空	空
14	空	空
15	空	空
16	空	电池子网 CANH
17	空	电池子网 CANL
18	1# 电流霍尔−15V	空
19	1# 电流霍尔屏蔽地	空
20	空	空
21	空	GND
22	空	空
23	空	空
24	空	空
25	空	空
26	1# 电流霍尔信号	空
27	1# 电流霍尔+15V	—
28	空	—
29	空	—

续表

针脚号	A端	B端
30	空	—
31	空	—
32	空	—
33	空	—
34	负极接触器1控制	—

电池管理控制器2B通信接插件端子定义见表4-4。

表4-4 电池管理控制器2B通信接插件端子定义

针脚号	A端	B端
1	电池信息通信器CANH	12V电源
2	电池信息通信器CAN屏蔽地	电源地GND
3	电池信息通信器+12V_ISO1	空
4	空	空
5	空	空
6	空	空
7	空	空
8	空	24V电源
9	分压接触器4控制	CAN终端电阻
10	电池信息通信器CANL	空
11	电池信息通信器电源地GND_ISO1	空
12	空	空
13	空	空
14	空	CAN终端电阻
15	空	空
16	空	电池子网CANH
17	空	电池子网CANL
18	2#电流霍尔−15V	空
19	2#电流霍尔屏蔽地	空
20	空	空
21	空	GND
22	空	空
23	空	空
24	空	空
25	空	空
26	2#电流霍尔信号	空

续表

针脚号	A端	B端
27	2#电流霍尔+15V	—
28	空	—
29	空	—
30	空	—
31	空	—
32	空	—
33	空	—
34	负极接触器3控制	—

电池管理系统包括电池管理控制器和电池信息采集器。

整车共有3个电池管理控制器，分别为电池管理控制器1、电池管理控制器2A和电池管理控制器2B，电池管理控制器2A和电池管理控制器2B将各电池信息采集器传递过来的电池信息进行汇总发送给电池管理控制器1，电池管理控制器1控制整车充放电等。电池管理控制器均安装在后舱，见图4-33。

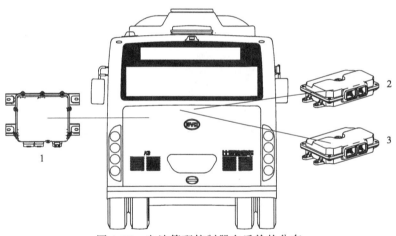

图4-33 电池管理控制器在后舱的分布
1—电池管理控制器1；2—电池管理控制器2A；3—电池管理控制器2B

4.2.3 比亚迪电池管理系统模块位置与故障代码

(1) 比亚迪K9A电动客车

电池管理系统包括分布式BMS控制器和分布式BMS信息采集器。

整车共有3个分布式BMS控制器，分别为电池管理控制器1（图4-34中3）、电池管理控制器2A（图4-34中2）和电池管理控制器2B（图4-34中1）。电池管理控制器2A（图中2）和电池管理控制器2B（图中1）将各组电池采集器采集的电池信息进行汇总发送给电池管理控制器1（图中3），电池管理控制器1（图中3）控制整车充放电等。BMS控制器均安装在后舱。

每个电池模组上装配一分布式BMS信息采集器（图4-35），负责收集该模组信息，并发送给分布式BMS控制器。

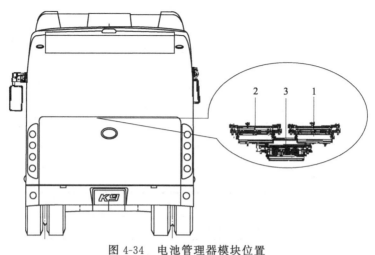

图 4-34 电池管理器模块位置

1—电池管理控制器 2B；2—电池管理控制器 2A；3—电池管理控制器 1

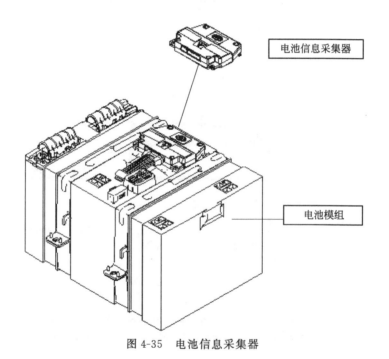

图 4-35 电池信息采集器

电池管理系统故障代码见表 4-5。

表 4-5 电池管理系统故障代码

序号	DTC	故障定义
1	P1A4000	漏电传感器故障
2	P1A4100	预充回路故障
3	P1A4200	充电回路故障
4	P1A4300	放电回路故障
5	P1A4400	动力电池过流故障
6	P1A4500	电池管理系统自检故障

续表

序号	DTC	故障定义
7	P1A4600	一般漏电故障
8	P1A4700	严重漏电故障
9	P1A4800	动力电池电压一致性故障(单节电压≥平均电压0.5V)
10	P1A4900	动力电池温度一致性故障(单节温度≥平均温度)
11	P1A4A00	动力电池温度采样故障(动力网读取)
12	P1A4B00	动力电池电压采样故障(动力网读取)
13	P1A4C00	直流充电口A温度回路故障(预留)
14	P1A4D00	直流充电口B温度回路故障(预留)
15	P1A4E00	温度严重过高报警
16	P1A4F00	电压严重过高报警
17	P1A5000	电压严重过低报警
18	P1A5100	维修开关互锁报警
19	P1A5200~P1A8F00	预留
20	U011000	与电机控制器通信故障
21	U029900	与DC通信故障
22	U013000	与转向电机控制器通信故障
23	U060000	与充电柜通信故障
24	U060100~U060F00	预留

(2) 比亚迪K9FE电动客车

电池管理系统包括电池管理控制器、电池信息采集器和电池信息通信器。

整车共有3个电池管理控制器,分别为电池管理控制器1、电池管理控制器2A和电池管理控制器2B。电池管理控制器2A和电池管理控制器2B将各电池管理控制器传递过来的电池信息进行汇总发送给电池管理控制器1,电池管理控制器1控制整车充放电等。电池管理控制器均安装在后舱,见图4-36。

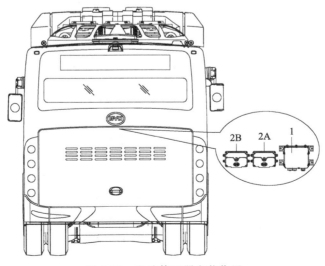

图4-36 电池管理器安装位置

主控故障码列表见表 4-6。

表 4-6 主控故障码及含义

DTC	故障定义
P170000	一般漏电
P170100	严重漏电
P170200	充电过流报警
P170A00	放电过流报警
P170E00	VIN 未写入，BCM 未写入 VIN
P170F00	VIN 不匹配，BMS 与 BCM 的 VIN 不匹配
P171100	SOC 低，SOC 过低
P171200	SOC 跳变，SOC 跳变告警
P171300	SOC 过高
P171400	放电过程中插枪
P171500	充电过程中带电拔枪
P171600	充电过程中上高压
P171700	参数校验失败
P171800	Pack1 总电压过压
P171900	Pack2 总电压过压
P171A00	Pack3 总电压过压
P171B00	Pack1 总电压欠压
P171C00	Pack2 总电压欠压
P171D00	Pack3 总电压欠压
P171E00	Pack1 非正常断开
P171F00	Pack2 非正常断开
P172000	Pack3 非正常断开
P173900	Pack1 辅控数据不更新故障
P173A00	Pack2 辅控数据不更新故障
P173B00	Pack3 辅控数据不更新故障
P173C00	电池子网 CAN 通信故障
P173D00	Pack1 电池子网 CAN 通信故障
P173E00	Pack2 电池子网 CAN 通信故障
P173F00	Pack3 电池子网 CAN 通信故障
P174000	1# 直流充电口正极过温报警
P174400	放电过程中维修开关互锁故障
P174500	充电过程中维修开关互锁故障
P174600	智能充电中维修开关互锁故障
P174700	未标设计里程
P174A00	转向电机预充失败
P174B00	上电时 DC 预充失败

续表

DTC	故障定义
P174C00	智能充电时 DC 预充失败
P174D00	直流充电时 DC 预充失败
P174E00	交流充电时 DC 预充失败
P174F00	交流充电预充失败，车载充电机预充失败
P175500	与 1# 直流充电柜通信故障
P175700	漏电传感器 CAN 断线故障
P175900	漏电传感器阻值故障
P175A00	因故障导致不能智能充电
P175B00	动力电池不满足智能充电条件
P177400	至少一组 Pack 的分压接触器及负极接触器烧结
P177500	Pack1 分压接触器及负极接触器烧结
P177600	Pack2 分压接触器及负极接触器烧结
P177700	Pack3 分压接触器及负极接触器烧结
P177800	Pack1 分压接触器及负极接触器未吸合
P177900	Pack2 分压接触器及负极接触器未吸合
P177A00	Pack3 分压接触器及负极接触器未吸合

辅控故障码列于表 4-7。

表 4-7 辅控故障码及含义

序号	DTC	故障定义
1	P1B0100	温度一致性故障
2	P1B0300	电流霍尔未接
3	P1B0500	采集器网 CAN 通信故障
4	P1B0600	1# 采集器 CAN 通信故障
5	P1B0700	1# 采集器数据不更新
6	P1B0B00	1# 采集器电压采样异常
7	P1B0C00	1# 采集器温度采样异常
8	P1B0E00	1# 采集器模组单节电压过高
9	P1B0F00	1# 采集器模组单节电压低
10	P1B1000	1# 采集器模组温度过高

项目 3 充电系统原理与维修

4.3.1 充电系统组成部件与电路原理

充电枪连接充电座时，充电座 A＋端输出电源正（＋24V），经过充电座保险（20A 线号为 1234）与充电转换继电器线圈 86 脚连接，线圈 85 脚与充电座 A－端低压辅助电源负（－24V）构成回路。充电转换继电器 1234 再给整车控制器和 BMS 及高压配电柜供电，紧接着充电桩、整车控制器、BMS、一体化控制柜进行通信,实施充电。系统控制原理如图 4-37 所示。

车辆充电插座针脚定义:

DC+:高压直流电源正,连接电池正极;

DC-:高压直流电源负,连接电池负极;

A+:低压辅助电源正(+24V);

A-:低压辅助电源负(-24V);

S+:充电通信 CAN-H 高;

S-:充电通信 CAN-L 低;

CC1:充电机充电连接确认;

CC2:BMS 充电连接确认(充电电阻 1kΩ);

PE:保护接地,连接充电机地线和车身地线。

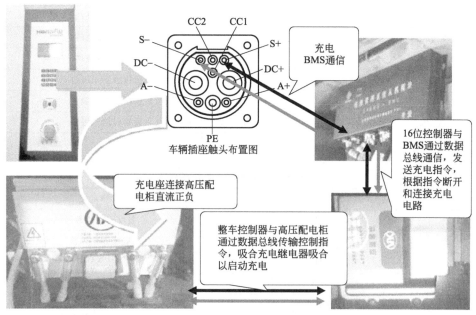

图 4-37 充电控制原理

4.3.2 中通新能源客车充电控制端子定义

充电连接端子如图 4-38 所示,端子定义见表 4-8。

表 4-8 充电连接端子定义

针脚号	针脚定义	信号说明	备注
1	BMS 供电电源 24V+(整车总火)	整车 24V 总火供电(由前台总火开关控制)	在非充电状态下,BMS 供电由整车总火提供
2	整车启动信号,24V	整车启动信号,24V(由钥匙控制)	在下电时,用于 BMS 数据存储和关闭均衡功能
3	交流充电时,BMS 供电电源 24V+	交流充电时,充电机提供 24V	在交流充电时,整车供电电源

续表

针脚号	针脚定义	信号说明	备注
4	直流充电时，BMS供电电源24V+（直流充电时充电机提供）	直流充电时，充电机提供24V	在直流充电时，整车不上电。此状态下BMS触发24V也由直流充电机提供
5	BMS供电电源24V−	整车地	非充电状态下和直流充电状态下，BMS供电24V电源及BMS激活信号24V电源负端均为整车底盘地
6	CC2(2枪)	直流充电时连接确认	BMS检测直流充电时连接确认信号
7	CAN-H	直流充电：充电CAN高	2.5～3.5V
8	无线充电控制	无线充电时，接触器控制信号	低电平有效
9	CAN-L	直流充电：充电CAN低	1.5～2.5V
10	CC2(1枪)	直流充电时连接确认	BMS检测直流充电时连接确认信号
11	CAN-H1	CAN高（整车CAN高进）	2.5～3.5V
12	CAN-L1	CAN低（整车CAN低进）	1.5～2.5V
13	CAN-shield1	CAN屏蔽线	在BMS端与CAN-shield2内接，不接地
14	CAN-H2	CAN高（整车CAN高出）	2.5～3.5V
15	CAN-L2	CAN低（整车CAN低出）	1.5～2.5V
16	CAN-shield2	CAN屏蔽线	在BMS端与CAN-shield1内接，不接地

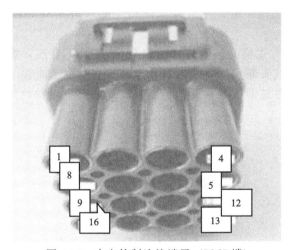

图4-38 充电控制连接端子（BMS端）

4.3.3 充电系统故障排除案例

（1）充电显示未连接，无法充电

故障现象：一台松正系统气电混合动力车辆无法外接充电桩充电，充电桩始终显示充电未连接，无法进行充电。

维修过程：

① 将充电枪插入充电插座，观察仪表有无图4-39所示标志出现。

图4-39 充电连接标志

② 检查充电插座 DC＋与 DC－有无电池电压，充电插座如图 4-40 所示，经检查有电池电压。

图 4-40　检查充电口有无电池电压

③ 检查充电请求信号 CC1 与接地之间是否有 1kΩ 的匹配电阻，经排查为 CC1 与 BMS 接线端子脱落导致，接好后故障修复。

故障排除：修复脱落的连接线束。

（2）车辆无法充电

故障现象：一台 HFF6100G03EV 电动客车出现无法充电的现象。

维修过程：

① 新能源车辆有个充电开启电压值和关断电压值，这辆车的开启值为 3.6V，关断值为 3.9V。当车子单体电压在 3.6V 以下时，车子插上充电枪头，充电枪头检测到整车电压 550V 左右，并且 CAN 通信正常，然后在充电桩上刷卡开始充电，直至电充满，充电桩检测到满电，停止输出。

② 车辆无法充电，首先检查充电口有没有 550V 左右的高压，没有就是高压配电柜内充电接触器未吸合或高压线头断；如果充电口有 550V 左右的直流电，那么不充电的故障源就是充电桩，通常更换充电桩即可正常。经检查没有充电电流显示，见图 4-41。

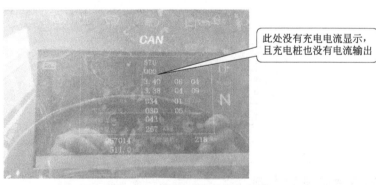

图 4-41　充电口没有充电电流

③ 车辆上高压后，先从充电口查是否有高压电，见图 4-42，如果没有则表示高压配电柜内充电接触器未吸合或者线路故障，打开配电柜发现充电线烧毁，更换后正常。

故障排除：连接断掉的线路。

维修小结：车辆充不上电是常见问题，此问题可先换充电桩试试，以排除充电桩的问题，如果还不行就再检查充电口电压，没电压则是配电柜问题，有电压则是 BMS 与充电桩通信问题。

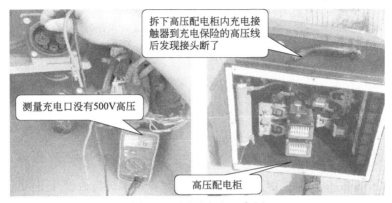

图 4-42　测量充电口高压

（3）混合动力客车无法充电故障

故障现象：一辆西门子混合动力车辆，出现车辆高压可以送上，且能正常行驶，但发电机不启动，无法对电池进行充电的故障，导致车辆的 SOC 过低，如图 4-43 所示。

维修过程：

① 检查调试状态下发动机工作是否正常。

② 如调试状态下发动机可以启动，就检查西门子发电机变频器和发电机。

③ 经检查发动机无故障，然后打开发电机接线盖发现接线柱烧坏，如图 4-44 所示。

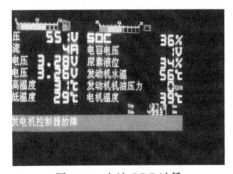

图 4-43　电池 SOC 过低

图 4-44　高压接线柱烧坏

故障排除：更换高压接线柱。

（4）车辆低压蓄电池电压不够

故障现象：车辆停放一晚或者更长时间时再重新启动，无法正常上电，有时在行驶中突然掉高压，有时车子无法启动，仪表低压显示过低（图 4-45）。

维修过程：

① 分析原因：放了一晚上或者更长时间的车辆无法启动是由于低压电池不够，有的是车辆配备的低压 24V 电池损耗严重，要及时更换；还有的是由于车辆配备的 DC/DC 转换器工作故障，无法给低压电池补充电量。

DC/DC 转换器是新能源车辆中的重要组成部分，它把高压直流电转换成低压 24V 直流电，实现低压电池按先恒流再恒压的方式充电并且为整车提供直流 24V 电源。

DC/DC 转换器故障可能原因：

a. 车辆本身 600V 左右的高压电有没有经过高压控制盒到高压配电柜；

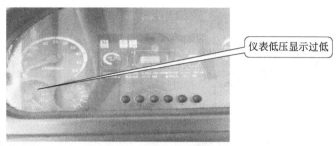

图 4-45　仪表低压显示

b. 通往高压配电柜的高压电有没有从高压配电柜里面输出；
c. 配电柜输出的高压电通过 DC/DC 转换器有没有正常转换成低压 24V；
d. 转换出来的低压 24V 有没有正常输送给低压电池。

② 如图 4-46 所示，检测高压控制盒高压电到高压配电柜里面高压是否正常。

图 4-46　检测配电柜高压输入

③ 如图 4-47 所示，检测高压配电柜 DC/DC 保险是否正常且有没有高压电。

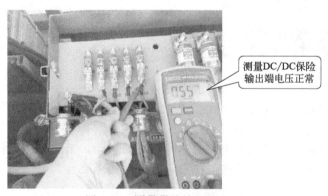

图 4-47　测量保险输出端电压

④ 如图 4-48 所示，检测 DC/DC 输入高压电压是否正常。
⑤ 如图 4-49、图 4-50 所示，检测 DC/DC 输出低压电是否正常。

说明：在用万用表检测 DC/DC 的输出端电压时要把线束拆下来测量，避免低压电池的供电导致检测失误。

故障排除：更换 DC/DC 转换器。

图 4-48 测量 DC/DC 输入端高压电

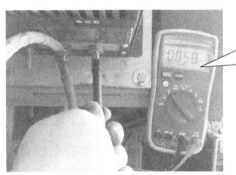

图 4-49 检测 DC/DC 输出低压电

图 4-50 测量 DC/DC 到低压电池之间的线束电压

维修小结：遇到车辆高压送不上且低压也不够的情况时，先用万用表检测一下低压电池是否正常，如果不正常可以先用备用的低压电池给车辆暂时连接上电，观察 DC/DC 工作指示灯，如果输出电压不稳定且过低，大部分情况下是 DC/DC 总成故障。

（5）仪表显示低压电池电压低

故障现象：从仪表上看低压电池电压值，正常情况下，未上高压时应该在 24V 左右，上高压后应该在 26V 左右。

维修过程：

① 当车辆遇到此问题时，先判断车辆是否存在无高压情况，若有高压先将 DC/DC 高压输出断开，用万用表量取高压直流电是否有 500V 以上的电压，若没有则查找高压配电柜内 DC/DC 保险是否损坏。若有高压输入没有低压 24V 输出则为 DC/DC 损坏。

② 若 DC/DC 没有损坏则为 24V 低压电池损坏。

③ 还有一种比较少见的情况，就是 DC/DC 电流指示时有时无，此情况多为 DC/DC 温度过高，需检查总成内风扇是否工作正常，风扇位置如图 4-51 所示。

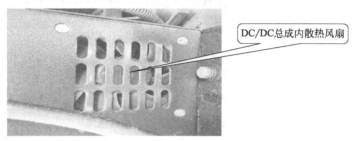

图 4-51　DC/DC 内散热风扇

故障排除：经检查为 DC/DC 转换器损坏，更换后故障排除。

项目 4　高压配电箱

4.4.1　高压配电箱结构与功能

高压电池组相互串联，串联电压一般在 500～600V，串联的正极进入高压配电柜的总正，串联的负极进入高压配电柜总负。以东风超龙电动公交汽车为例，高压连接如图 4-52 所示。

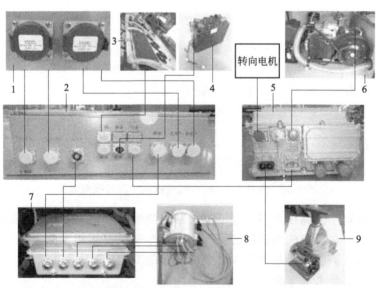

图 4-52　高压系统连接示意图
1—充电枪；2—高压配电柜；3—高压空调；4—电除霜器；5—三合一控制器；
6—电动打气泵；7—电机控制器；8—主电机；9—机械式总电源开关

高压配电柜给各个需要直流高压的电器件分配高压：
① 高压配电柜至电机控制器直流高压。
② 高压配电柜至充电机直流高压。

③ 高压配电柜至空调直流高压。
④ 高压配电柜至电除霜器直流高压，电路连接如图4-53所示。

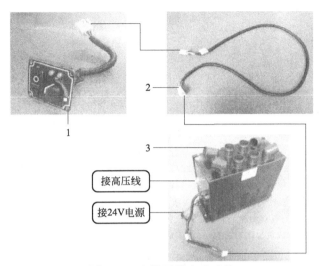

图4-53　电除霜器电路连接
1—电除霜器开关；2—电除霜器过渡线；3—电除霜器

⑤ 高压配电柜至三合一控制器直流高压。

三合一控制器分配高压：

① 由高压配电柜给三合一控制器输入直流高压。

② DC/DC给蓄电池充电，就是把500～600V直流高压转化成直流27.5V，给蓄电池充电，并给整车低压供电。

③ DC/AC给打气泵电机供交流电，就是把500～600V直流高压转化成交流200～300V（根据打气泵需要），给打气泵提供电源。

④ DC/AC给转向泵电机供交流电，就是把500～600V直流高压转化成交流200～300V（根据转向泵需要），给转向泵提供电源。

⑤ 三合一控制器需要冷却，因为把高压直流转换成交流或低压直流需要散热，所以需要通冷却液循环散热。

电机控制器就是把高压配电柜分配过来的500～600V直流高压转换成380V交流电压（根据主电机需要），给主电机提供电源，并控制主电机的运行，在转换电压时也有大量的热量散发，所以需要通冷却液散热。

4.4.2　比亚迪高压配电箱位置与接口信息

（1）**比亚迪K9A电动客车**

高压配电箱安装在后舱，位置如图4-54所示。配电箱接口分布如图4-55所示。配电箱保险丝位置见图4-56。

（2）**比亚迪K9FE电动客车**

高压配电箱安装在后舱，位置见图4-57。

高压配电箱接口分布见图4-58。

高压保险丝位置见图4-59。

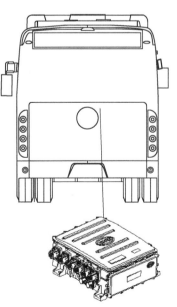

图4-54　高压配电箱总成位置

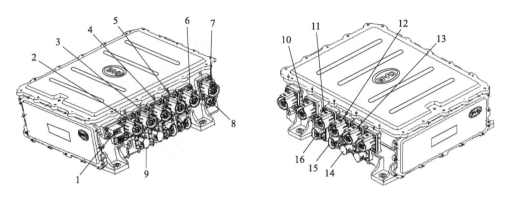

图 4-55 高压配电箱接口分布

1—低压接插件；2—维修开关端口 1；3—维修开关端口 2；4—左双向逆变充放电式电机控制器总成充电正极端口；5—右双向逆变充放电式电机控制器总成充电正极端口；6—左双向逆变充放电式电机控制器总成放电正极端口；7—右双向逆变充放电式电机控制器总成放电正极端口；8—空调端口；9—除霜端口；10—电池负极端口 2；11—电池负极端口 1；12—右双向逆变充放电式电机控制器总成负极端口；13—左双向逆变充放电式电机控制器总成负极端口；14—DC/DC 端口；15—转向端口；16—空压端口

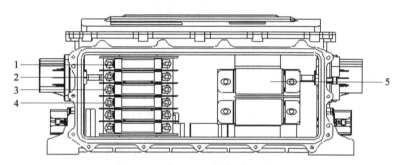

图 4-56 高压配电箱保险丝位置

1—空气压缩机 32A 保险丝；2—转向助力泵 32A 保险丝；3—DC/DC 转换器 32A 保险丝；4—除霜器 32A 保险丝；5—空调压缩机 125A 保险丝

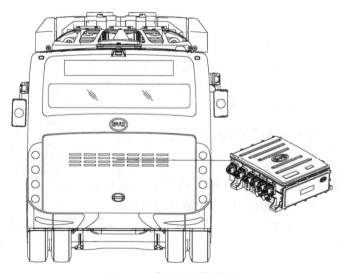

图 4-57 高压配电箱总成

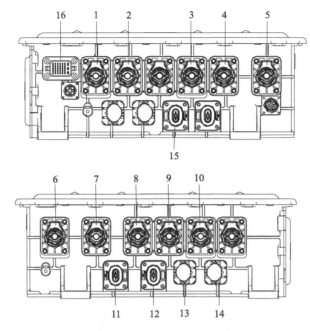

图 4-58 高压配电箱接口分布

1—维修开关 1；2—维修开关 2；3—直流充电正极；4—1#电机控制器放电正极；5—2#电机控制器放电正极；6—直流充电负极；7—2#电池负极；8—1#电池负极；9—2#电机控制器充放电负极；10—1#电机控制器充放电负极；11—空压机变频器；12—转向电机控制器；13—DC/DC 转换器；14—升压型 DC/DC 转换器；15—空调；16—高压配电箱低压接插件

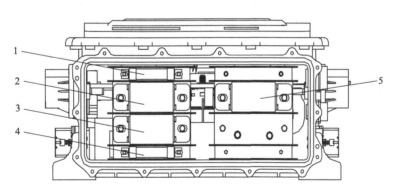

图 4-59 高压保险丝位置

1—DC/DC 转换器 32A 保险丝；2—空压机 80A 保险丝；3—转向助力泵 80A 保险丝；4—升压型 DC/DC 转换器 32A 保险丝；5—空调 125A 保险丝

项目 5　高压电源系统故障排除案例

4.5.1　动力电池损坏导致车辆无动力

（1）故障现象

一辆新能源客车于行驶中突然无动力，并且方向失控，无转向助力。

(2) 维修过程

① 如图 4-60 所示，先拆下高压保险测量通断，经测量高压保险无故障。

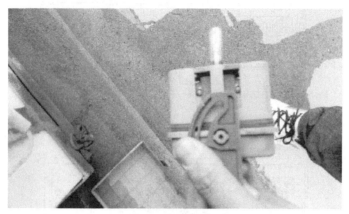

图 4-60　拆高压保险

② 测量充电口判断电池总正和总负是否正常，经测量没有电压，见图 4-61。

图 4-61　测量充电口无电池电压

③ 拆下高压电池模组总成检查电池，发现一箱电池短路烧毁，如图 4-62 所示。

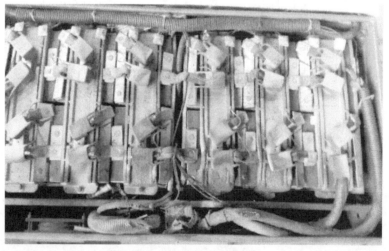

图 4-62　电池内部烧毁

(3) 故障排除

更换损坏的高压电池模块。

4.5.2 新能源客车车辆无法行驶，不显示"ready"

（1）故障现象

车辆在正常启动时仪表"ready"信号不显示，主接触器吸合有声音但是车辆一直无法行驶。

（2）维修过程

① 如图 4-63 所示，检查高压开关是否正常。

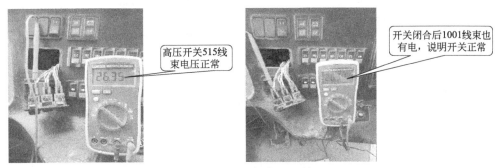

图 4-63　测量高压开关

② 如图 4-64 所示，检查车辆预充电有没有反馈到整车控制器。

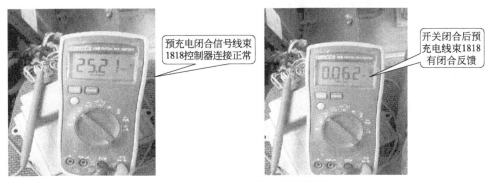

图 4-64　检查预充电反馈信号

③ 如图 4-65 所示，检查电机控制器低压电源线是否工作正常且有没有发出主接触器闭合信号。

图 4-65　检查主接触器闭合信号线束

④ 如图 4-66 所示，检查高压配电柜主接触器保险是否正常且有没有高压电。

⑤ 如图 4-67 所示，检查高压配电柜连接线束端口的主接触器闭合反馈信号线是否正常且有没有电。

图 4-66　检查主接触器保险高压电　　图 4-67　检查主接触器闭合反馈信号线

（3）故障排除

此车为高压配电柜端口线束端子脱落故障，经重新连接端子后故障解决。

4.5.3　新能源客车车辆无法行驶，高压无显示

（1）故障现象

新能源车辆无法行驶，高压无显示。仪表提示如图 4-68 所示。

（2）维修过程

① 分析原因：车辆高压上电过程无法完成，需要检查车辆的上电步骤是否全部完成，整车控制器的所有指令和一体高压配电柜的反馈是否都完成，一体高压配电柜的熔断丝是否都正常。

② 检查整车控制器的工作是否正常，用电脑使用整车调试平台进行上电步骤检查，看在哪一步完成不了。在确定整车控制器的所有指令都已发送给高压配电柜后，检查故障是否还在。

③ 检查一体高压配电柜的高压熔断丝是否正常，见图 4-69，检查中发现一体高压配电柜中的变频器熔断丝故障，更换后故障解决。

图 4-68　故障车辆仪表显示　　　　图 4-69　配电柜中熔断丝

(3) 故障排除

更换损坏的熔断丝。

4.5.4 新能源客车突然丢高压电，无法行驶

(1) 故障现象

一辆新能源客车在行驶中临时停靠路边时高压电突然丢失，导致车辆无法行驶。

(2) 维修过程

① 分析原因：上高压电的控制流程是开关→总控盒→16 位控制器→预充电→电机控制器→主接触器。

② 首先查看仪表无故障显示，然后依据上电流程，检查开关和总控盒，发现都正常。

③ 16 位控制器发出预充电信号，预充电完成，反馈给电机控制器，电机控制器输出主接触器闭合信号，可是主接触器反馈信号缺失，表明主接触器没有闭合，有故障。

拆开高压配电柜，检查主接触器，发现主接触器烧毁，无法闭合，如图 4-70 所示，更换主接触器后车辆状态正常，恢复行驶。

(3) 故障排除

更换主接触器。

(4) 维修小结

高压掉电故障可根据上电流程，从头到尾排查，故障很容易解决，主接触器粘连易发生在夏季天热的时候，在排查信号时，先把安全维修开关拔出，万用表接好，再安装安全开关，上高压测试信号，以免测试信号接线时触电。

图 4-70 主接触器烧毁

图 4-71 诊断仪绝缘监测结果

4.5.5 新能源客车无法上高压

(1) 故障现象

一辆新能源客车仪表报车辆严重故障，无法上高压。

(2) 维修过程

① 连接检测电脑，打开整车调试平台诊断为绝缘一级故障，如图 4-71 所示。

② 首先更换高压配电柜中的绝缘检测仪，然后打开电源仍然报绝缘一级故障。排除绝缘检测仪本身故障。

③ 绝缘检测仪的作用是实时检测高压正极母线和负极母线对车架之间的绝缘电阻，根据此特性需要检测车辆上所有高压正极及负极母线对车架间的绝缘电阻（用绝缘检测仪检测），为了缩小范围可以将高压配电柜外围的高压用电设备先断开，如打气泵、转向助力泵、空调、除霜器、充电机，打开钥匙开关，按下高压开关。等待几分钟（绝缘检测仪需要自检），此时平台未报绝缘故障。

④ 然后旋转点火开关至 Start 挡上高压，未出现绝缘故障；随即逐一连接之前断开的外围高压用电设备也没有出现绝缘故障。经过以上的检查说明高压电池、高压配电柜及外围的高压设备间的高压线没有绝缘问题。

⑤ 与驾驶员沟通，发现在行车时仪表台上的高压开关和充电请求开关是同时被按下的；然后按下充电请求开关，几分钟后调试平台上报绝缘一级故障，判断绝缘故障在高压配电柜与充电插头之间的高压连接线上，用万用表检查充电接口高压线与车架之间电阻为 0，高压正极线与车架短路。

⑥ 拆解充电接口发现高压正极线与外部的屏蔽线之间短路，见图 4-72，修复后故障排除。

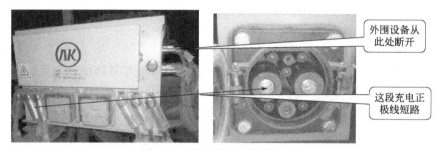

图 4-72　充电接口正极线短路

（3）故障排除

修复短路线束。

（4）维修小结

在纯电动车辆中遇到绝缘故障时，排除故障非常烦琐。条件许可的情况下先更换绝缘检测仪来排除绝缘检测仪本身故障，在确定存在绝缘故障时，可以先逐一断开一些外围高压用电设备，逐步缩小排查范围，以便减少排查的工作量。

模块 5　电驱动系统原理与维修

项目 1　驱动电机

5.1.1　驱动电机结构与原理

永磁同步电机是交流电机的一种，与普通同步电机的根本区别是转子侧采用永磁体进行励磁。定子三相对称绕组中通入三相对称电流产生圆形旋转磁场，与转子磁场在气隙中互相作用，拖动永磁转子同步旋转。电机可以工作于电动状态或者发电状态，型号 IM075H37。电机外观如图 5-1 所示。

驱动电机是新能源车辆动力系统的核心高压部件，是纯电动车辆的唯一动力源，负责驱动车辆行驶，并在车辆滑行及制动过程中进行能量回馈。

电机外部接口主要有高压连接、低压连接、冷却水路连接、传动法兰连接、安装底脚连接。各连接接口分布如图 5-2 所示。

电机高压接线盒内部结构如图 5-3 所示，按照电机三相相序进行高压线连接，保证连接可靠。

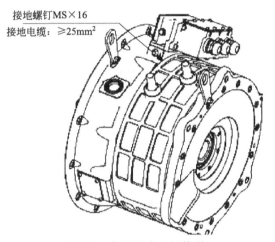

图 5-1　永磁同步电机外形

电机转速、温度等信号通过航空插头进行转接后与控制器进行通信，并通过接地螺栓实现等电位。相关接口位置如图 5-4 所示。

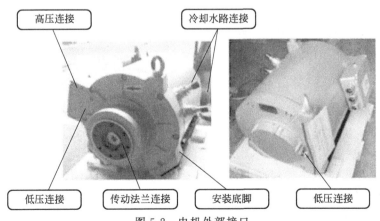

图 5-2　电机外部接口

电机为水冷电机，通过进、出水口与冷却系统连接。冷却连接管路接口如图 5-5 所示。

电机通过安装底脚连接在车辆底盘车架上。安装底脚如图 5-6 所示。

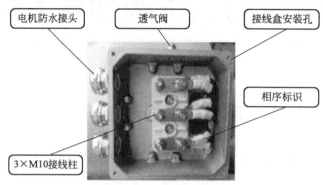

图 5-3　高压接线盒内部结构

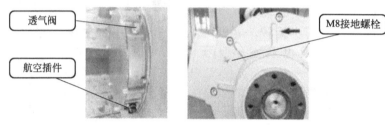

图 5-4　低压连接

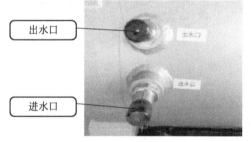

图 5-5　冷却水路连接

图 5-6　安装底脚连接

5.1.2　电机拆装步骤及注意事项

（1）使用工具

① 绝缘手套；

② 绝缘表；

③ 力矩扳手、快速扳手、螺丝刀等。

（2）电机拆卸步骤

① 断低压电：先将钥匙开关置于"OFF"并拔出钥匙，关闭低压总火翘板开关，并将低压电源总开关手柄拨到"OFF"位置。

② 断高压：拔出 MSD 维修开关。

③ 排出并收集防冻液：拧开机壳底部的冷却液排水孔螺栓。待机体内冷却液排空后，在泄水螺栓上涂 243 螺纹紧固胶并拧紧，锁紧力矩为 55N·m。

④ 打开接线盒盖,拆除三相高压线。
⑤ 拔掉低压插件,拧掉电机端的接地螺栓。
⑥ 拆除电机进、出水管。
⑦ 拔掉电机安装底脚连接螺栓,通过吊耳将电机从车架上吊下来。

(3) 电机安装步骤

按照拆卸步骤反向进行。

(4) 维修注意事项

① 更换新编号的电机后,10日内需在车管所进行变更登记。
② 拆卸水管过程中,请注意防护,避免异物进入水管引起水路堵塞。
③ 高压件连接可靠、无松动。
④ 过渡板与减震胶块连接,安装在变速箱上,变速箱托架与减震块连接,保持过渡板横向自由调整状态。调整变速箱托架位置并固定牢靠。保证减震胶块均匀压缩。调节轴承铰链保证减震胶块均匀变形1~2mm。
⑤ 电机需搭铁,搭铁点在离合器执行机构处。
⑥ 所用螺栓采用10.9级别。

5.1.3 比亚迪轮边驱动桥

BYDK9轮边驱动桥总成主要配备在广汽比亚迪BYDK9纯电动客车上。轮边驱动桥总成技术参数见表5-1。

表5-1 轮边驱动桥总成

项目	参数
电机最大输出转矩	350N·m×2
电机最大输出功率	90kW×2
电机最高转速	7500r/min
轮边驱动桥质量	1200kg
轮边驱动桥额定载荷	13000kg
总传动比	17.698
外啮合齿轮传动比	4.484
行星齿轮减速器传动比	3.947
减速器润滑油类型	GL-5 SAE 80W-90
减速器润滑油量	2×3.7L
电机用油型号	美孚ATF220
电机油量	2×1.6L

(1) 轮边驱动桥总成维修注意事项

① 单挡减速箱采用飞溅润滑方式,润滑油采用齿轮油GL-5 SAE 80W-90。
② 拆解检修轮边驱动桥总成,在重新装到车上后,单侧减速箱需要加入3.7L润滑油(主减速2L,行星齿轮1.7L)。
③ 如电机发生故障,需拆解检修的,在组装后需加入ATF3309油1.2L。
④ 电机和减速箱组装时,必须确保定位销与定位孔对正,并在合箱面上均匀连续地涂上密封胶。
⑤ 总成上所有的紧固螺栓或螺母,都要按对角线拧紧,不可以逐个依次拧紧,如果螺

栓损坏，请及时更换。

⑥ 轴承：安装时要用减速器润滑油润滑所有的轴承；安装时，采用规定的工装进行；如果轴承损坏，必须整个更换；同一轴上的圆锥滚子轴承应同时更换，轴承型号应相同。

轮边驱动桥总成部件分布如图5-7所示。

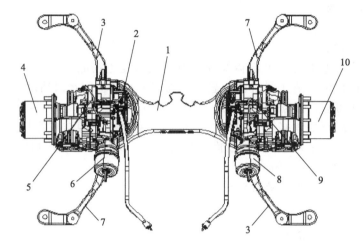

图5-7 轮边驱动桥总成外形结构

1—后桥壳；2—轮边电机总成；3—空气悬臂；4—左行星齿轮减速器总成；5—左轮边减速器；6—左后制动器总成；7—空气悬臂；8—右后制动器总成；9—右轮边减速器；10—右行星齿轮减速器总成

(2) 轮边驱动桥拆卸步骤

① 调整车辆至正常高度并退电，并确保车架支撑可靠；
② 用举升机把车辆架高，将桥用千斤顶顶起；
③ 拆后轮胎；
④ 将高度阀连接后空气弹簧的气管拧出；
⑤ 拔出电机上的冷却水管，注意在车桥下面放盛水的容器将冷却液接住；
⑥ 拆除温度传感器、轮速传感器、电机旋变和温度开关接插件；
⑦ 拆除电机三相线与电机控制器连接螺栓以及三相线的固定支架；
⑧ 用扳手拆除制动气室连接气管，拆除摩擦片报警传感器接插件；
⑨ 从桥上拆除四个推力杆；
⑩ 拆除稳定杆及高度传感器；
⑪ 拆卸空气弹簧的连接螺栓及减震器螺母；
⑫ 取出轮边驱动桥，注意取出之前应与其他系统没有任何连接。

注意事项：

① 在拆分过程中，请注意保护好所有零部件，防止零部件被意外损坏。
② 按与拆卸相反的顺序安装轮边驱动桥，并注意以下事项：

a. 推力杆安装力矩420N·m。
b. 横向稳定杆安装力矩300N·m。
c. 空气弹簧与桥连接螺栓拧紧力矩70～90N·m。
d. 减震器螺母拧紧力矩70～90N·m。

③ 划上漆标。

(3) 轮边驱动桥总成主要零部件的拆卸

拆卸顺序如图5-8、图5-9。以下为单边拆卸顺序，另一边拆卸方法相同。

① 拆卸空气悬臂，拧开螺栓1（M20，力矩620N·m，数量8）和平垫圈2（数量8），将空气悬臂和电机座分离。

② 拆卸电机安装座与桥壳连接螺栓3（M16，力矩300N·m，数量11），将电机座与桥壳分离。

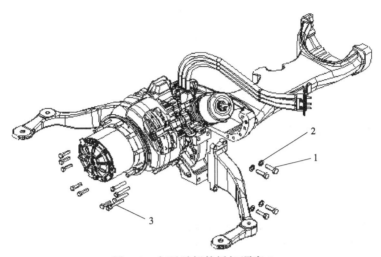

图5-8 主要零部件拆卸顺序1

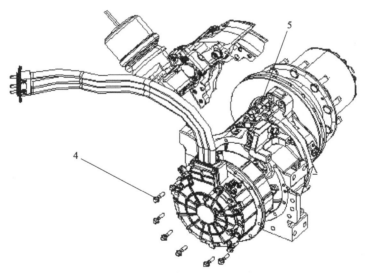

图5-9 主要零部件拆卸顺序2

③ 拆卸制动器总成与半轴套管紧固螺栓5（M16，力矩360N·m，数量6），拆卸制动器总成。

④ 拆卸轮边驱动电机与电机座连接螺栓4（M12，力矩79N·m，数量11），拆卸轮边驱动电机。

拆卸完毕，可对其中的驱动电机或轮边减速机构进行维修。

注意事项：在拆卸前，如图5-10，将放油螺塞1转至最低处，依次打开放油螺塞1、2，将减速箱体内的润滑油排放干净，之后拧紧放油螺塞1、2（拧紧前保持螺塞清洁，并涂上密封胶再拧紧，数量2），切记在拆卸过程中，防止异物掉入减速箱腔体内。

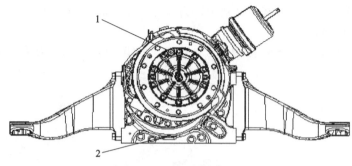

图 5-10 放油螺塞位置

5.1.4 比亚迪轮边电机的拆卸与维修

以 K9 轮边电机为例。

5.1.4.1 总成部件维修注意事项

(1) 电机内部

① 维修装配时要清洁电机内部，不能有杂质；

② 保证电机内部有 2L 的美孚 ATF220 润滑油。

(2) 密封处

① 彻底清洗接合面。

② 接合面一定要涂抹密封胶（耐油硅酮密封胶 M-1213 型）。接合面为注油塞螺纹、排油塞螺纹、端盖与箱体接合处。

③ 通气阀、铭牌要用 AB 胶涂抹接合处。

(3) 卡环

① 勿过分扩张卡环，以免使其变形。如果变形，请及时更换。

② 确保卡环完全卡入环槽。

(4) 螺栓

电机上所有的螺栓都要用螺纹胶赛特 242 涂抹紧固［除用于固定三相动力线束与定子三相引出线的铜质外六角螺栓 M6×16（GB/T 5782—2000）外］。如果螺栓损坏，请及时更换。螺栓扭紧后用油漆笔做标记。

(5) 轴承

① 安装轴承前要用轴承加热器加热所用的轴承 80s；

② 安装过程中，采用规定的工装进行操作；

③ 如果轴承损坏，必须整个更换。

(6) 装配时使用润滑脂处

① 三相动力线束总成与箱体装配孔装配时涂抹润滑脂；

② O 形圈与箱体装配时涂抹润滑脂；

③ 骨架油封与盖板装配时要涂抹润滑脂；

④ 旋变接插件、温度开关接插件与箱体装配时涂抹润滑脂。

5.1.4.2 总成部件的拆装步骤

(1) 拆卸前的检查和试验

电机拆卸前，要熟悉电机结构特点和检修技术要领，准备好拆卸所需工具和设备。另外，要清理现场工具，用吹风机将电机外表吹干净。

向用户了解电机运行情况,必要时,可做一次检查实验。空转电机,测出空载电流和空载损耗,同时检查电机各部温度、声响、振动等情况,并测出电压、电流、转速等数据,这些情况和数据对检修后的电机质量检查有帮助。

另外,在切断电源情况下测出电机的绝缘电阻和直流电阻值,对于高压电机还可测出泄漏电流值,以备与检修后的数据进行比较。

以上检查和试验数据要详细记录下来。

(2) 旋变接插件拆卸与维修

当旋变接插件出现问题时,需要对旋变接插件进行拆卸维修。在拆分过程中,请注意保护好所有零部件,防止零部件被意外损坏。

拆卸前,打开排油塞1,将电机内的润滑油排放干净,见图5-11。清洁排油塞和后箱体装配孔,排油塞涂抹密封胶,再用扳手拧紧排油塞1,在拆卸过程中,防止异物掉入电机内。

由于现在的旋变为一体式,接插件直接压接在引出线上,因此更换旋变接插件时需将端盖拆开对旋变进行整体维修。

(3) 加润滑油

打开注油塞,清洁注油塞和箱体装配孔(不让杂物进入电机内),位置如图5-12所示。用漏斗将1.2L润滑油从箱体注油孔注入电机内。

加完润滑油后,用扳手将注油塞拧紧,注油塞要用密封胶涂抹。

(4) 温度开关接插件拆卸与维修

当温度开关接插件出现问题时,需要对温度开关接插件进行拆卸维修。其拆卸与维修与旋变接插件类似。在拆分过程中,请注意保护好所有零部件,防止零部件被意外损坏。

① 用扳手将M6六角头螺栓扭下来。

② 将温度开关接插件取出来,用斜口钳将温度开关接插件中间部分取下,如图5-13所示。

③ 取新的温度开关接插件连上温度开关引线端插件,在其装配面上涂一层润滑油,箱体配合

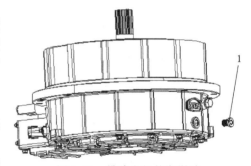

图5-11 排除电机的润滑油

孔也涂上一层润滑油,再将温度开关接插件插入后箱体配合孔,最后将M6六角头螺栓扭上,拧紧力矩为12N·m。

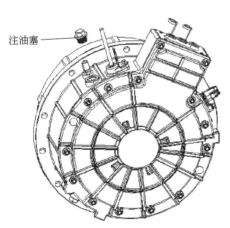

图5-12 注油塞位置

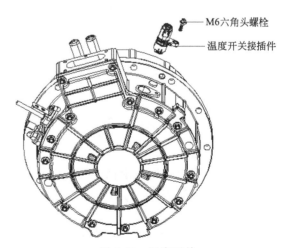

图5-13 温度开关

(5) 通气阀拆卸更换

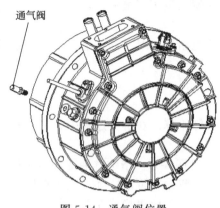

图 5-14 通气阀位置

当通气阀出现问题时，需要对通气阀进行拆卸更换。在拆分过程中，请注意保护好所有零部件，防止零部件被意外损坏。

① 用专用工具将通气阀取下来，位置如图 5-14 所示。

② 取新的通气阀涂上一层 AB 胶，再用装通气阀工装将通气阀装到箱体上。

(6) 电机骨架油封拆卸与安装

利用工具取出油封后，新油封在安装之前要用润滑油在骨架油封处和壳体配合处涂抹。

利用专用工具把油封向里旋转压进，千万不能硬砸硬冲。

轮边驱动桥紧固螺栓安装力矩如表 5-2 所示。

表 5-2 轮边驱动桥螺栓力矩表

螺栓名称及规格	紧固力矩/N·m	装配位置
六角法兰面螺栓 M10×25	50	轴承盖
六角法兰面螺栓 M12×50	79	电机
内六角花形沉头螺钉 M6×20	10	左二轴
六角头螺栓 M14×105	195±10	套管
六角头螺栓 M14×50	195±10	套管
六角法兰面螺栓 M10×30	40	行星减速器端盖
内六角花形沉头螺钉 M10×25	45	行星减速器壳体
行星架连接螺栓 M14×60	195±10	行星架
加油螺塞 M22×1.5×18	35	加油口
放油螺塞 M22×1.5×18	35	放油口
圆螺母 M88	1000±30	半轴套管端面
行星齿轮放油螺塞 M22	35	行星齿轮放油口
螺栓 M20	620±30	空气悬臂与电机座
连接螺栓 M16	300±10	电机座与桥壳
紧固螺栓 M16	360±10	制动钳
紧固螺栓 M16	275±10	轮毂法兰盘

5.1.5 常见故障诊断及排除方法

(1) 绝缘阻值低

故障现象：电机绝缘电阻低。

故障原因：电机进水。

排除方法：

第一步：打开电机高压线接线盒盖，将三相高压线从接线柱上拆下，采用绝缘表（500V 挡）分别测试三相接线柱对电机机壳的绝缘阻值。正常情况下，电机冷态绝缘阻值大于 20MΩ。

第二步：检查电机接线盒、旋变盖内部是否积水，若有积水现象，清除并烘干，同时应找出积水原因进行防范。

(2) 电机高温

故障现象：车辆无动力，仪表报电机高温故障。

故障原因：冷却液过少，冷却水泵不工作，冷却风扇不工作，冷却水路不流畅。

排除方法：

第一步：检查冷却副水箱冷却液是否低于最低液位线，若低于，请添加冷却液至正常液位线以内。同时，请检查整个系统是否漏水，若漏水，应根据具体情况打紧卡箍或更换漏水零件。

第二步：检查冷却水泵是否正常工作，若不工作，检查保险是否损坏或接插件处电压是否正常，若都正常，请更换水泵。

第三步：检查冷却风扇工作状态是否正常，运行车辆至风扇开启阈值，看风扇是否正常运转或处于上电状态，拔掉风扇控制端子，看风扇是否常转。

第四步：检查系统是否存在积气问题，打开副水箱压力盖，打开水泵，看排气管路排出的是否为纯液体，如不是，进行排气操作，开启水泵至排气管中流出的液体不含气泡，并加注冷却液至正常位置。

项目 2　电机控制器

5.2.1　驱动电机控制器功能与原理

电机控制器是通过主动工作来控制电机按照设定的方向、速度、角度、响应时间进行工作的集成电路，控制器实物外观如图 5-15 所示。

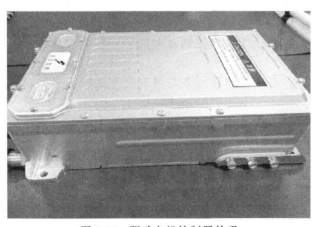

图 5-15　驱动电机控制器外观

在新能源车辆中，电机控制器的功能是根据挡位、加速、制动等指令，将动力电池所存储的电能转化为驱动电机所需的电能，来控制电动车辆的启动运行、进退速度、爬坡力度等行驶状态，或者帮助电动车辆制动，并将部分制动能量存储到动力电池中。它是电动车辆的关键零部件之一。

U、V、W 三相需要采用屏蔽线束。屏蔽线束在电机与控制器两端均要接外壳。屏蔽线束的接线端尽可能短。

5.2.2 电机控制器安装与拆卸

（1）使用工具

万用表、内六角扳手、套筒扳手、扭力扳手、绝缘手套、绝缘表/摇表等。

（2）安装步骤及要求

① 驱动电机控制器必须按照图纸要求安装在其设计位置上，不得随意变更安装位置；

② 将4个减震垫安装到控制器上固定，再将驱动电机控制器安装到支架对应孔位上，放置到位后，使用弹垫、平垫和螺母将集成控制器固定牢靠，紧固前螺栓需涂乐泰271螺纹紧固胶；

③ 拆除驱动电机控制器上封板，移除集成控制器线束防护罩，分别将各高压线束依照控制器上的标识一一对应安装到位，注意高压线束需由防水锁紧头锁紧到位（内部黑色橡胶圈完全抱紧高压线），各线束端子按照表5-3所示的对应力矩扭紧到位，不能过度扭紧，以防止螺栓滑丝；

表 5-3 拧紧力矩

拧紧力矩要求位置	拧紧力矩要求/N·m
M6 接线柱	4±1
M8 接线柱	11±1
M10 接线柱	25±2
M4 盖板安装螺钉	1.2±0.2
M5 盖板安装螺钉	2.5±0.3

④ 进行控制器各接线端子绝缘检测，清理接线盒内杂物后，盖上驱动电机控制器上封板，锁紧盖板固定螺栓，保证盖板螺栓无一松动；

⑤ 将驱动电机等高压线接插件与控制器上的标识一一对应连接，锁扣锁死，保证接线牢固；

⑥ 将驱动电机控制器低压控制线插件与控制器上的标识一一对应扣紧到位，保证线束接插件无松动；

⑦ 将冷却水管按进出水口位置安装于驱动电机控制器下方，锁紧水管后向冷却水箱补充专用冷却液；

⑧ 安装驱动电机控制器用接地线束，搭铁柱使用驱动电机控制器专用搭铁柱，不与其他器件混用；

⑨ 车辆上电后观察驱动电机控制器各指示灯点亮情况，无问题后即可使用。

（3）拆卸步骤及要求

① 断掉整车钥匙及总火，关闭蓄电池手柄开关，确定驱动电机控制器高低压供电完全切断（观测高、低压供电指示灯判断）；

② 待低压供电指示灯熄灭15min后，移除MSD诊断开关（要求操作人员必须具有高压操作资质，且接受过专业的培训，操作时一定要佩戴绝缘手套）；

③ 移除进出水管，注意接取冷却液或水管截流；

④ 移除电机控制器低压控制线束，旋变线束并做好防护；

⑤ 移除高压接口接插件，并做好防护；

⑥ 拆除驱动电机控制器前封板，移除驱动电机控制器线束锁紧头，分别拆除驱动电机控制器上的直流输入高压线、电机三相高压线及屏蔽线束，要求拆除过程做好高压端子绝缘处理及保护；

⑦ 拆除驱动电机控制器接地线束和固定螺栓，移出控制器，保存好固定螺栓。

（4）维护注意事项

① 控制器只能用来驱动专门配置的电机。

② 控制器输入电压范围为 DC 270～540V，输入电压上限 540V DC，禁止超过输入电压上限。

③ 该驱动电机控制器的外部接线，要求严格按照设计标示一一对应。

④ 控制器防水程度为防溅水，请勿用高压水枪或其他工具冲洗控制器。如需清洗请用柔软的棉布或其他布类擦拭，请勿用酒精或有机溶剂擦拭。

⑤ 该驱动系统适用于 -20～55℃ 的环境温度，严禁超范围使用。

⑥ 每 6 个月定期对控制器进行一次检查维护，进行检查维护前应按拆卸步骤 1 和 2 要求断电后进行操作。

⑦ 驱动电机控制器外表面平整、无变形、无破损、无污物，所有螺栓紧固无松动。

⑧ 驱动电机控制器外表面高压标签、警告标签、接口标签清晰可见。

⑨ 驱动电机控制器内的所有连接线接线柱螺栓无松动，接线柱表面无拉弧现象。

⑩ 绝缘测试：使用兆欧表 1000V 挡检测控制器对车架的绝缘电阻值，应>3MΩ。

5.2.3 比亚迪电机控制器位置与故障代码

（1）比亚迪 K9A 电动客车

整车的电机控制器为双向逆变充放电式电机控制器，包括双向逆变充放电式电机控制器左总成和双向逆变充放电式电机控制器右总成，布置在整车后舱两侧，见图 5-16。

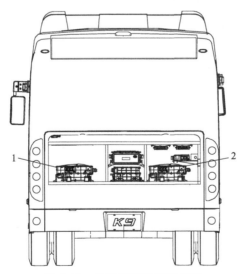

图 5-16 电机控制器安装位置
1—双向逆变充放电式电机控制器左总成；2—双向逆变充放电式电机控制器右总成

电机控制器采用四个固定点固定，紧固件为 4 个六角法兰面螺栓和 4 个六角法兰面螺母。电机控制器接口分布如图 5-17 所示。

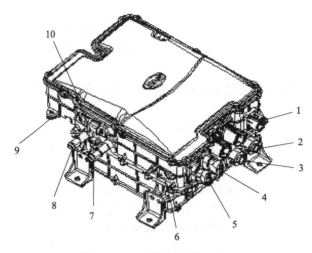

图 5-17 电机控制器接口分布

1—充电正极；2—高压直流接插件负极；3—高压直流接插件正极；4—交流接插件 A、B 相；5—交流接插件 N、C；6—低压线固定点；7—冷却出水管；8—冷却进水管；9—三相线接插件；10—低压接插件

左电机控制器故障代码见表 5-4。

表 5-4 左电机控制器故障代码及含义

DTC	DTC（十六进制）	故障定义
B211300	A11300	左电机控制器过温状态
B211400	A11400	左电机控制器旋变状态
B211500	A11500	左电机控制器开盖报警状态
B211700	A11700	左电机控制器缺相故障
B211800	A11800	左电机控制器过流故障
B211900	A11900	左电机控制器电流零漂故障
B211A00	A11A00	左电机控制器电流霍尔故障
B211B00	A11B00	左电机控制器欠压故障
B211C00	A11C00	左电机控制器 IPM 保护
B211D00	A11E00	左电机控制器 IGBT 过温
B211E00	A11D00	左电机控制器 IPM 散热器过温
B211F00	A11F00	左电机控制器 LOT 故障
B212000	A12000	左电机控制器 DOS 故障
B212100	A12100	左电机控制器 SCI 通信故障
B212200	A12200	左电机控制器 CAN 通信故障

右电机控制器故障代码见表 5-5。

表 5-5　右电机控制器故障代码及含义

DTC	DTC(十六进制)	故障定义
B212300	A12300	右电机控制器过温状态
B212400	A12400	右电机控制器旋变状态
B212500	A12500	右电机控制器开盖报警状态
B212600	A12600	右电机控制器缺相故障
B212700	A12700	右电机控制器过流故障
B212800	A12800	右电机控制器电流零漂故障
B212900	A12900	右电机控制器电流霍尔故障
B212A00	A12A00	右电机控制器欠压故障
B212B00	A12B00	右电机控制器 IPM 保护
B212C00	A12C00	右电机控制器 IGBT 过温
B212D00	A12D00	右电机控制器 IPM 散热器过温
B212E00	A12E00	右电机控制器 LOT 故障
B212F00	A12F00	右电机控制器 DOS 故障
B213000	A13000	右电机控制器 SCI 通信故障
B213100	A13100	右电机控制器 CAN 通信故障

DC 与辅助电机控制器总成集 DC/DC 转换器、转向电机控制器、空压机控制器为一体，DC 与辅助电机控制器布置在后舱中间，装配位置如图 5-18 所示。

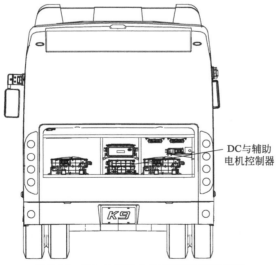

图 5-18　DC 与辅助电机控制器安装位置

DC 与辅助电机控制器采用四个固定点固定，紧固件为 4 个六角法兰面螺栓和 4 个六角法兰面螺母。DC 与辅助电机控制器接口分布如图 5-19 所示。

DC 与辅助电机控制器故障代码见表 5-6。

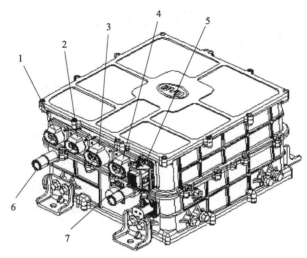

图 5-19 DC 与辅助电机控制器接口分布
1—转向直流负正极；2—转向三相线 ABC 相；3—低压接插件；4,6—冷却水管；
5—DC 28V；7—DC 高压直流负正极

表 5-6 DC 与辅助电机控制器故障代码及含义

项目	故障码	含义
DC/DC 转换器	P1DA000	输出过压
	P1DA100	输出欠压
	P1DA200	输出过流
	P1DA300	过温
	P1DA400	输入过压
	P1DA500	输入欠压
	P1DA600	输出断路
	P1DA700	预留
	U011100	与高压电池管理器（DBMS）通信故障
转向电机控制器	C1B00-00	电机故障报警
	C1B01-00	转向电机过温报警
	C1B02-00	转向电机控制器过温报警
	C1B03-00	缺相故障
	C1B04-00	直流输入过电压
	C1B05-00	直流输入低电压
	C1B06-00	U 相交流输出过电流故障
	C1B07-00	V 相交流输出过电流故障
	C1B08-00	W 相交流输出过电流故障
	C1B09-00	IPM 故障
	C1B0A-00	电机启动失败
	C1B0B-00	过载保护（预留）

续表

项目	故障码	含义
转向电机控制器	C1B0C-00	旋变故障
	C1B0D-00	Hall零漂故障
空压机控制器	C1B50	电机故障报警
	C1B51	空压机控制器过温报警
	C1B52	逆变器直流过电压故障
	C1B53	逆变器直流低电压故障
	C1B54	逆变器交流A相过电流故障
	C1B55	逆变器交流C相过电流故障
	C1B56	IPM故障
	C1B57	C相电流霍尔故障
	C1B58	堵转故障
	C1B59	空压机过温故障
	U0140	A相霍尔电流故障
	C1B65	油温过高故障
	C1B66—C1B8F	预留

（2）比亚迪 K9FE 电动客车

整车包括驱动电机控制器左总成和驱动电机控制器右总成，布置在整车后舱两侧，见图 5-20。

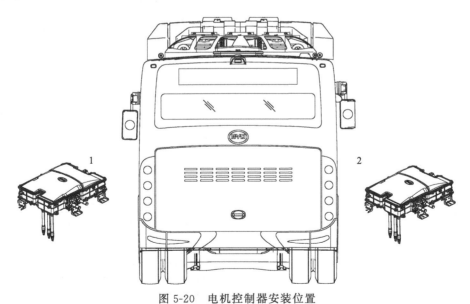

图 5-20 电机控制器安装位置
1—驱动电机控制器左总成；2—驱动电机控制器右总成

驱动电机控制器采用四个固定点固定，紧固件为 4 个六角法兰面螺栓和 4 个六角法兰面螺母。驱动电机控制器外部连接分布如图 5-21 所示。

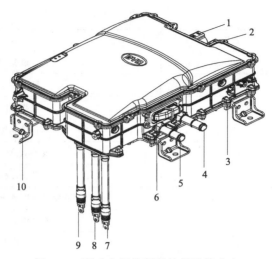

图 5-21 驱动电机控制器外部连接分布

1—高压直流接插件负极；2—高压直流接插件正极；3—搭铁点；4—出水管；
5—进水管；6—低压接插件；7—A 相线；8—B 相线；9—C 相线；10—支架

驱动电机控制器故障代码见表 5-7。

表 5-7 驱动电机控制器故障代码

故障码	故障内容	故障维修步骤
P1D4000	DOS 报警（旋变信号衰减）	①测量电机控制器低压接插件线束端处轮边电机 cos±、sin± 以及励磁± 之间的电阻 ②若阻值正常，则更换驱动电机控制器 ③若阻值不正常，测试电机端电阻，若正常，检查线束，若不正常，更换电机
P1D4100	LOT 报警（旋变信号丢失）	①测量驱动电机控制器低压接插件线束端处轮边电机 cos±、sin± 以及励磁± 之间的电阻 ②若阻值正常，则更换驱动电机控制器 ③若阻值不正常，测试电机端电阻，若正常，检查线束，若不正常，更换电机
P1D4200	旋变报警	①测量驱动电机控制器低压接插件线束端处轮边电机 cos±、sin± 以及励磁± 之间的电阻 ②若阻值正常，则更换驱动电机控制器 ③若阻值不正常，测试电机端电阻，若正常，检查线束，若不正常，更换电机
P1D4300	高压母线电压欠压	ok 挡下测量母线电压是否正常，拔掉放电正与其他控制器放电负 ①如果电压正常，则是 V2G 采样问题，更换 V2G ②如电压不正常，则是 BMS 问题
P1D4400	高压母线电压过压	ok 挡下测量母线电压是否正常 ①如果电压正常，则是驱动电机控制器采样问题，更换驱动电机控制器 ②如电压不正常，则是 BMS 问题
P1D4500	电压采样故障	清除故障码，若故障重现，更换控制器
P1D4600	电机缺 A 相	拆下电机三相线，测量三相之间的电阻是否正常，异常更换电机；反之则更换驱动电机控制器

续表

故障码	故障内容	故障维修步骤
P1D4700	电机缺 B 相	拆下电机三相线,测量三相之间的电阻是否正常,异常更换电机;反之则更换驱动电机控制器
P1D4800	电机缺 C 相	拆下电机三相线,测量三相之间的电阻是否正常,异常更换电机;反之则更换驱动电机控制器
P1D4900	电流霍尔故障	清除故障码,若故障重现,更换控制器
P1D4A00	电流零漂故障	清除故障码,若故障重现,更换控制器
P1D4B00	IPM 故障(过流、过温)	可通过测量管压降来判断,但是如果连续多次上电都报 IPM 保护,且历史故障也逐次增加,则需更换控制器 清除故障码,若故障重现,更换控制器
P1D4C00	电机过流	清除故障码,若故障重现,更换控制器
P1D4D00	DSP1 SCI 通信异常	清除故障码,若故障重现,更换控制器
P1D4E00	DSP1 CAN 异常	清除故障码,若故障重现,更换控制器
P1D4F00	DSP1 复位故障	清除故障码,若故障重现,更换控制器
P1D5100	主动泄放故障(预留)	
P1D5200	泄放命令 CAN 通信故障状态(预留)	
P1D5300	泄放电路故障状态(预留)	
P1D5400	与右 VTOG 电机控制器通信故障	①检查 CAN 网络是否正常 ②检查对应控制器是否正常
P1D5500	与整车控制器通信故障	①检查 CAN 网络是否正常 ②检查对应控制器是否正常
P1D5600	与 1#BCM 通信故障	①检查 CAN 网络是否正常 ②检查对应控制器是否正常
P1D5700	与组合仪表通信故障	①检查 CAN 网络是否正常 ②检查对应控制器是否正常
P1D5800	与电池管理器通信故障	①检查 CAN 网络是否正常 ②检查对应控制器是否正常
P1D5900	与后辅助控制器通信故障	①检查 CAN 网络是否正常 ②检查对应控制器是否正常
P1D5A00	与 DC 通信故障	①检查 CAN 网络是否正常 ②检查对应控制器是否正常
P1D7000	电机绕组过温一般报警	①检查冷却液是否漏液 ②检查水泵是否正常工作 ③检查水温是否正常,若水温正常,检查冷却回路 ④检查冷却回路是否正常
P1D7100	电机绕组过温严重报警	①检查冷却液是否漏液 ②检查水泵是否正常工作 ③检查水温是否正常,若水温正常,检查冷却回路 ④检查冷却回路是否正常

续表

故障码	故障内容	故障维修步骤
P1D7200	IPM散热器一般报警	①检查冷却液是否漏液 ②检查水泵是否正常工作 ③检查水温是否正常,若水温正常,检查冷却回路 ④检查冷却回路是否正常
P1D7300	IPM散热器严重报警	①检查冷却液是否漏液 ②检查水泵是否正常工作 ③检查水温是否正常,若水温正常,检查冷却回路 ④检查冷却回路是否正常
P1D7400	IGBT过温一般报警	①将总成断电静置一段时间,再上电看是否恢复正常,正常仍报IGBT过温则需更换控制器 ②检查冷却液、水泵、无刷风扇是否正常
P1D7500	IGBT过温严重报警	①将总成断电静置一段时间,再上电看是否恢复正常,正常仍报IGBT过温则需更换控制器 ②检查冷却液、水泵、无刷风扇是否正常
P1D7600	IGBT三相温度校验故障报警	①将总成断电静置一段时间,再上电看是否恢复正常,正常仍报IGBT过温则需更换控制器 ②检查冷却液、水泵、无刷风扇是否正常

5.2.4 常见故障诊断及排除方法

(1) 电机系统故障

故障现象:车辆无动力输出,仪表显示"电机系统故障"。

故障原因:电机系统故障。

排除方法:

① 操作仪表,进入二级菜单查看具体电机系统故障代码,若为14(电机控制器过温)和45(电机过热故障),则检查冷却系统是否工作正常;

② 查看仪表二级菜单,若为其他故障代码,则联系当地售后服务人员。

(2) 通信故障

故障现象:车辆无动力输出,仪表显示"主电机通讯故障"或"主电机控制器通讯故障"。

排除方法:

① 车辆断电,检查驱动电机控制器低压接插件连接情况,查看是否存在接触不良情况;

② 检查整车控制器低压接插件连接情况,查看是否存在接触不良情况;

③ 检查低压连接线束是否存在破皮、断路情况;

④ 排查以上项目后若故障无法排除,请联系当地售后服务人员。

(3) 驱动电机控制器过温

故障现象:车辆动力输出不足,无法达到最高设计车速,持续行驶后断动力输出。

故障原因:控制器冷却水路故障。

排除方法:

① 检查冷却副水箱冷却液位是否低于最低液位线,若低于,请添加冷却液至正常液位线以内。同时,请检查整个系统是否漏水,若漏水,应根据具体情况打进卡箍或更换漏水零件。

② 检查冷却水泵是否正常工作,若不工作,检查保险是否损坏或接插件电压是否正常,

若都正常，请更换水泵。

③ 检查冷却风扇工作是否正常，运行车辆至风扇开启阈值，看风扇是否正常运转或处于上电状态，拔掉风扇控制端子，看风扇是否常转。

④ 检查系统是否存在积气问题，打开副水箱压力盖，打开水泵，看排气管路排出的是否为纯液体，如不是，进行排气操作，开启水泵至排气管中流出的液体不含气泡，并加注冷却液至正常位置。

⑤ 若出现不同于上述状况的其他情况，请联系当地售后服务人员。

（4）驱动电机旋变故障

故障现象：车辆无动力输出，仪表显示"驱动电机旋变故障"。

故障原因：电机旋变线束连接不良或损坏，电机内部旋变损坏。

排除方法：

① 车辆断电后检查驱动电机控制器主电机旋变低压接插件是否接触不良、进水；

② 检查驱动电机旋变接插件是否接触不良、进水；

③ 检查旋变低压线束是否存在破皮、断路情况；

④ 排查以上项目后若故障无法消除，请联系当地售后服务人员。

项目 3　电驱系统冷却系统

5.3.1　冷却系统原理

汽车冷却系统的功用是将受热零件吸收的部分热量及时散发出去，保证电机在最适宜的温度状态下工作。水箱是水冷式电机的重要部件，作为电机散热回路的一个重要组成部件，能够吸收缸体的热量，防止电机过热。电机的热量通过冷却水液体回路，利用水作为载热体传导热，再通过大面积的散热片以对流的方式散热，来维持电机合适的工作温度。水泵循环泵水来降低水的温度，以此来保证电机的正常工作温度。

以东风超龙电动公交汽车为例，冷却系统原理如图 5-22 所示。

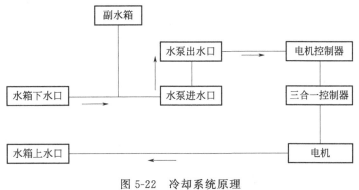

图 5-22　冷却系统原理
→水流方向

5.3.2　冷却系统维护

（1）散热器清洗步骤

① 首先，确定是引擎冷车。高热引擎表示在水箱内充满极高压力的高温冷却液，且在打开水箱时可能造成烫伤，同时冷水也会损坏高热引擎。

② 清洗水箱。打开并稳固地固定引擎盖以避免意外滑落。然后，使用刷子和肥皂水温和地擦除积聚在水箱格栅上的死虫和碎片。确定依水箱散热片方向擦洗而非逆向，因为金属易碎且容易弯曲变形。一旦格栅已清洁，从格栅上方软管引导出温和水流，以确定所有的碎片已完全清除（每两年清洗一次）。

③ 放置排水盘。适当排放冷却液是非常重要的。冷却液有剧毒，不得溅在地上，应使用排水盘放入车辆底下。

④ 检查水箱盖。水箱盖作为水箱的盖子，用于密封和加压水箱里面的冷却液，使引擎保持冷却。冷却液压力视引擎不同而改变，且额定压力值标示在盖子顶端。一水箱盖包含一弹簧线圈，伸展在顶端宽平金属和底端较小密封橡胶之间。弹簧和密封橡胶之间的张力是盖子能够保持压力的关键，因此，如果两者容易压缩，表示水箱盖磨损且应该更换。更换水箱盖的另一种征兆是密封橡胶锈蚀。一般而言，至少每两年更换一次水箱盖。

⑤ 检查水箱橡胶管和扣夹。位于水箱顶端的一条软管，从引擎排放高温冷却液，位于底部的一条，以冷却的冷却液循环引擎。水箱必须排水，以利更换软管，因此，在冲洗引擎之前，请先检查两根软管。如果发现软管破裂或扣夹生锈，将水箱重新注满之前应更换软管。如果发现仅一条软管有这些痕迹，仍需更换两条。

⑥ 排放旧冷却液。水箱排水阀（或排水塞）应该具有使其容易打开的把手。旋松扭塞（请戴上工作手套），并让冷却液流入车辆底下的排水盘。

⑦ 冲洗水箱。带上软管，将喷嘴插入水箱装水口，且让它流至全满。然后打开扭塞，并让水排放至排水盘内，直到水流变干净，并将冲洗过程中所有用过的水装入可密封的容器内，如同处置旧冷却液一样。

⑧ 添加冷却液。理想的冷却液是由50%的防冻剂和50%的水混合组成。应使用蒸馏水，因为自来水里的矿物质会改变冷却液的性质，使其无法正常使用。可预先在一干净的容器内按比例配制冷却液。

⑨ 排放冷却系统内的空气。最后，需要将冷却系统中的空气排放出来。在打开水箱盖的情况下（避免压力积聚），启动引擎并让它运转约15min。然后开启加热器，并转至高温。这会循环冷却液并让其中的空气消散。一旦排除空气，其所占据的空间就会不见了，留下小量冷却液空间，便能添加冷却液。接着装回水箱盖，并使用一块碎布擦拭多余的冷却液。

⑩ 清洁和丢弃。检查扭塞是否渗漏，丢弃碎布、旧扣夹和软管以及用完即可丢弃的排水盘。适当地处置旧冷却液就像处置废机油一样重要。请将排水盘等容器送至处理危害性材料的回收处理中心。

(2) 水箱漏水故障排除

① 查看汽车的水箱盖是否扣紧，如果没有扣紧，则应该把水箱盖扣紧，再去检查汽车水箱漏水情况是否改善。

② 给水箱里面灌入气体，水箱里面的水则会在压力的作用下渗出，从而知道汽车水箱漏水的地方，随后再制订修补方法。

③ 漏水处不超过1mm裂缝或2mm的孔洞时，向水箱中加入一瓶水箱强力堵漏剂，发动汽车运转。打开冷却水开始大循环5～10min，冷却系统中不论是水箱还是橡胶管等，有漏水处都会停止泄漏，止漏后不需要放出，不会影响散热和发生堵塞。若无止漏剂，对个别散热管轻微漏水，可临时用散烟丝放入水箱内，利用水循环压力，使烟丝堵塞在散热管的漏水处。对水箱散热管漏水较严重的，可将漏水的散热管从漏水处剪断，用涂上肥皂的棉花团堵住被剪断的散热管，而后用钳子把被剪断的散热管头部夹扁再卷边压紧。橡胶管接头漏水，可用螺丝刀将橡胶管接头卡子在橡胶管接头缠两道，而后用钳子拧紧。如橡胶管损坏，

可用胶布把破裂之处包扎紧，暂时使用。

5.3.3 常见故障诊断及排除方法

故障1：车辆点火钥匙开启后风扇未进行20s的自检运行。

排除方法：

① 检查底盘电源是否有电源输入。

② 检查电源插件是否正常对接，插件端子针脚有无退出或变形弯曲，导致电源无法正常输入。

③ 检查保险盒中的保险丝是否松动或熔断，如熔断需立刻检查电源是否短路。

故障2：车辆点火钥匙开启后风扇自检完出现高速旋转。

排除方法：

① 检查风扇控制器CAN信号和空调信号接口是否松动，插件端子针脚有无退出和变形弯曲，导致风扇控制器无法接收CAN信号，风扇控制器会认定CAN系统异常，向风扇下达全速工作指令。

② 检查整车控制器CAN信号是否正常。

③ 控制器电路板上的风扇调速指令线与车身底盘负极形成短路。

故障3：车辆点火钥匙开启后，风扇自检完，在未开启空调或空调关闭后，风扇仍以接近空调开启时转速的80%旋转。

排除方法：

① 检查空调信号接口插件是否对插到位或松动，插件端子针脚有无退出或变形弯曲，导致风扇控制器无法接收空调信号，控制器就会默认为低电平信号，并向风扇下达80%转速指令。

② 检查空调压缩机输出信号是否正常，是否存在无论空调启动与关闭都是低电平输出的情况。

③ 控制器电路板上的风扇开启指令线与车身底盘负极形成短路。

故障4：车辆点火钥匙系统自检完成后开启空调风扇不工作。检查空调压缩机信号输出指令是否正常，空调开启后输出信号是否仍然是高电平，导致控制器认为空调未开启将不向风扇下达工作指令。车辆在运行过程中，电机或电机控制器出现过温报警，但风扇未工作。

排除方法：

① 检查底盘接入电源是否正常，是否有电源输入，保险片是否熔断。

② 检查整车控制器给风扇控制器的温度控制信号是否正常，输出的温度信号是否与电机及电机控制器实际温度一致。

③ 将风扇插件与底盘电源直接进行对插，观察风扇是否旋转，如在电源输入正常的情况下风扇仍不旋转，则判定为风扇故障。

④ 在前3项问题都排除后，风扇仍不工作，则判定为风扇控制器故障。

故障5：车辆在运行过程中，电机或电机控制器出现过温报警。

排除方法：

① 检查水泵是否工作正常。

② 散热器中的冷却液是否加满。

③ 冷却管路是否阻塞或变曲变形造成流动不畅。

④ 在前3项问题都排除后，请检查风扇是否工作正常，若不正常，则判定为电机及电机控制器故障。

项目 4 变速系统

5.4.1 减速器

以比亚迪 K9F 电动客车为例进行讲述。

（1）部件分解与参数

减速器部件分解如图 5-23 所示。

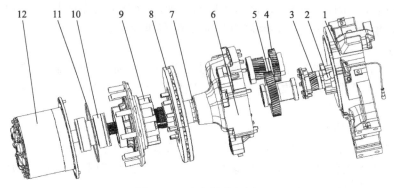

图 5-23 减速器分解图

1—左后电机座；2—后轮速传感器；3—左一轴组件；4—左二轴组件；5—左三轴组件；6—左后半轴套管；7—锁紧螺母；8—制动盘；9—后轮毂；10—轮毂轴承；11—O 形橡胶密封圈；12—行星齿轮减速器

BYDK9 减速器技术参数见表 5-8，轮速传感器技术参数见表 5-9。

表 5-8 减速器技术参数

项目	参数
传动比	17.698
最大输入功率	90kW
输入转速	0～7500r/min
最大输入转矩	350N·m
润滑方式	飞溅
润滑油	齿轮润滑油 GL-5 SAE80W-90

表 5-9 轮速传感器技术参数

项目		参数
工作环境温度		-40～150℃
额定工作电压		DC 5V
工作电压范围		4.5～16V
工作间隙		1.5mm±0.05mm
在信号轮转速为 10～4500r/min 时	输出电压高电平	≥4.8V
	输出电压低电平	≤0.4V
	上升时间	≤15μs
	下降时间	≤1μs
	导通低电平角度	33°±9°

（2）BYDK9 减速器的拆装与维修

第一步：见图 5-24，拆卸内六角花形沉头螺钉 2（M10，力矩 45N·m，数量 2）；将螺栓 1（M12，数量 2）旋进轮边行星减速总成壳体上的工艺孔，将轮边行星齿轮减速总成 3 从轮毂法兰盘上顶出来。然后，取出轮边行星齿轮减速总成与轮毂法兰盘之间的 O 形橡胶密封圈 4，检查密封圈是否损坏。

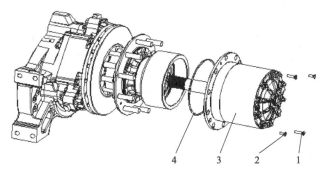

图 5-24　减速器拆卸图示 1

第二步：如图 5-25 所示，先用一字螺丝刀将压装的防松垫片 14 撬出，压平，然后用专用工具拆卸锁紧螺母 5，然后取出轮边行星齿轮减速机构齿圈 6。

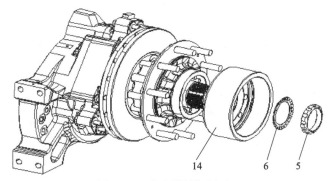

图 5-25　减速器拆卸图示 2

第三步：如图 5-26 所示，取出轮毂总成 7，然后拆卸轮毂轴承 8。

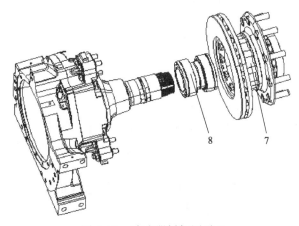

图 5-26　减速器拆卸图示 3

第四步：如图 5-27 所示，拆卸制动盘 10 与轮毂法兰盘紧固螺栓 9（M16，275N·m，数量 10），将制动盘与轮毂法兰盘分离。

第五步：如图 5-28 所示，将减速器总成放置于工作台上，使半轴套管 13 管状部位竖直向上，并放置平稳，在拆分过程中防止损伤齿轮。拧开用于连接半轴套管 13 与电机座的紧固螺栓 11（M14，195N·m，数量 4）和紧固螺栓 12（M14，195N·m，数量 11）。检查紧固螺栓是否损坏，如果损坏，请更换完好的螺栓（注：在拆分过程中，请保护好半轴套管 13 与电机座之间的合箱面，防止此面损伤），取出半轴套管 13。

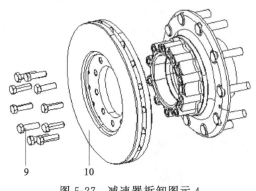

图 5-27　减速器拆卸图示 4

第六步：在分离半轴套管与电机座之后，就可以拆卸齿轮减速机构了。如图 5-29 所示，首先取下输出轴轴承 15 和中间轴轴承 19，取出输出齿轮轴 16 和中间齿轮轴 20；取出中间轴大齿轮 23（注意：在取齿轮轴的过程中，要保护好齿轮齿面，不要将齿面损伤）；然后，拧开输入轴轴承端盖的紧固螺栓 21（M10，力矩 50N·m，数量 7），取下轴承端盖和轴承 17；取出输入齿轮轴 18。

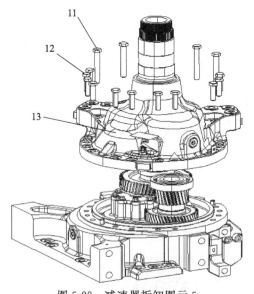

图 5-28　减速器拆卸图示 5

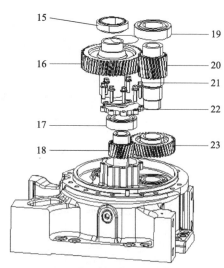

图 5-29　减速器拆卸图示 6

检查齿轮轴、齿轮，看是否有裂纹，齿面是否磨损或破裂；查看所有轴承是否磨损、变形；如果磨损、变形，请更换相同型号的轴承；拆下的零部件应用相同规格的来更换。

按与拆卸相反的顺序安装减速器，装配过程中，所有的紧固螺栓都要交错拧紧，且要涂螺纹紧固胶，不可依次逐个拧紧；要保护合箱面和齿轮接触面，防止这些重要的结合面损伤。

① 安装电机座上三个轴承孔位对应的轴承，然后将电机座上输入齿轮轴 18 放入电机座，再放入中间轴大齿轮 23，放入输入轴轴承 17，放好轴承端盖 22，打紧轴承端盖紧固螺栓 21（M10，力矩 50N·m，数量 7）。放入中间齿轮轴 20、输出齿轮轴 16、中间齿轮轴轴

承 19 和输出齿轮轴轴承 15；

② 扣上半轴套管 13，打紧连接半轴套管与电机座的紧固螺栓 11（M14，力矩 195N·m，数量 4）、12（M14，195N·m，数量 4）；

③ 打紧制动盘与轮毂法兰盘紧固螺栓 9（M16，275N·m 数量 10），用专用工具装好轮毂轴承 8，注意不能损坏轴承及半轴套管轴承安装面，装好轮毂总成 7；

④ 放入行星齿轮减速机构齿圈 6，注意不能损坏花键，用专用工具打紧锁紧螺母 5；

⑤ 放入 O 形橡胶密封圈 4，装入轮边行星齿轮减速总成 3，打紧内六角花形沉头螺钉 2（M10，力矩 45N·m，数量 2）。

装配完成以后，从轮毂法兰盘部分转动减速齿轮，检测齿轮转动是否正常，是否有异常响声，如果有异响，请打开箱体进行检查调整，直到齿轮转动正常无异响。

（3）轮速传感器的拆装与维修

拧开用于固定轮速传感器 2 的 M6 六角法兰面螺栓 1，将轮速传感器从电机座上取下；检查传感器磁头部位是否有异常磨损、传感器线束是否完好，如果已经损坏，请更换同一型号的轮速传感器；检查用于固定轮速传感器的螺栓是否完好，如果已损坏，请更换相同规格的新零件。如图 5-30 所示，用活动扳手或 M27 开口扳手将车速传感器 3（安装在右轮边总成上）从螺纹孔 4 中拧出，检查传感器磁头部位是否异常磨损，外螺纹是否滑丝，如果已经损坏，请更换同一型号的车速传感器。安装时注意先在螺纹处涂上厌氧型螺纹密封胶，安装力矩不超过 50N·m。

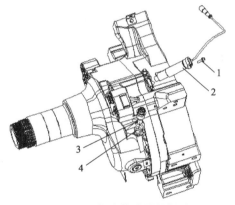

图 5-30 车速传感器的拆除

螺栓拧下后要检查是否损坏，如果损坏，请更换完好的螺栓；在拆分过程中，要保护合箱面和齿轮接触面，防止这些关键的结合面损伤。

组装轮速传感器时，首先将压紧弹簧片装入传感器安装支架内部，用力压到底；再将套好密封圈的传感器压入装好压紧弹簧片的传感器安装支架内，用力压到底，再将装好传感器的支架套好密封圈装入电机座上相应的安装孔内，用 M6 螺栓打紧，在打紧过程中传感器向外退出一些才算安装到位。最后装上橡胶密封塞，见图 5-31。

（4）其他部件安装与检查

① 安装电机：打紧轮边驱动电机与电机座连接螺栓（M12，力矩 79N·m，数量 11），将轮边驱动电机装上。

② 注入润滑油、冷却液：待密封胶完全凝固之后，向箱体内注入润滑油，拧紧放、注油塞及垫片，向电机内加入冷却液。

③ 减速器箱体密封性检查：将减速器箱体静置，观察是否有润滑油渗漏，如果渗漏，将相应部位拆开，重新进行密封处理。

④ 减速器整体检查：待箱体确认无漏油后，再次检查减速器齿轮是否转动灵活，有无异响。

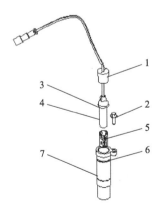

图 5-31 车速传感器组装图解
1—橡胶密封塞；2—螺栓；3,6—O 形密封圈；4—轮速传感器；5—压紧弹簧片；7—安装支架

5.4.2 电子换挡器

5.4.2.1 电子换挡器功能与原理

电子换挡器是一种带有逻辑功能的换挡设备,仅限用于新能源车辆,其他车辆可参考使用。

5.4.2.2 结构与安装

(1) 电子换挡器结构

电子换挡器结构尺寸($L×W×H$)为 157mm×86.4mm×54mm,仪表台安装开孔尺寸为 144mm×73mm(误差不能超过 0.5mm),安装面要保持平整,采用卡口固定,电子换挡器应远离热源、水源,并兼顾线束的装配要求,接插件下方预留 150mm 以上的布线空间。

(2) 按键说明

按键分布如图 5-32 所示。

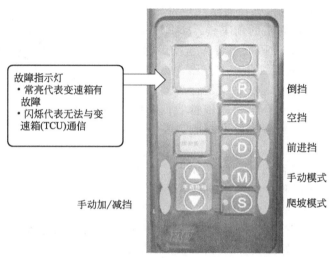

图 5-32 挡位指示器

① R:倒挡,选择倒挡时,车辆必须停稳。

② N:空挡。

③ D:前进挡,采用最佳的自动换挡模式。

④ S:爬坡挡,当爬坡且坡度小于 10%(上坡或下坡)时选用。此种模式下会调整换挡点以实现最佳的爬坡性能和发动机制动性能。

⑤ M:手动换挡模式,可以让驾驶员保持当前挡位或使用升挡/降挡按钮选择合适的挡位。驾驶员可以在任何时候选择这种模式,比如起步、爬陡坡等。

⑥ 手动加减挡:在手动前进模式时可以实现升挡或降挡,也可以使用升挡/降挡按钮选择起步挡位(一挡或二挡)。注:变速箱会自动升挡或降挡以防止发动机转速过高或者熄火。

⑦ 故障指示灯:闪烁时为选挡面板与 TCU 通信不上,常亮为自动变速箱存在故障。

(3) 维修注意事项

电子换挡器为免维护器件,损坏时直接更换,电子换挡器内部程序因车型不同而存在差异,需确保程序与车型正确匹配。

5.4.3 常见故障诊断及排除方法

以海格新能源客车配用的綦江 S6-150 变速器为例,一些常见故障的分析与排除见表 5-10。

表 5-10 变速器常见故障排除

故障现象	原因分析	排除方法
变速器噪声异常	离合器内零件损坏或紧固件松动	检查离合器运动件,更换损坏件或紧固松动件
	万向节磨损严重或传动轴间隙大	检查传动轴与万向节,更换损坏件或调整配合间隙
	润滑油不足	检查油面位置,并按规定加注到位
	轴承或齿轮损坏、磨损	检查更换损坏件、磨损件
	紧固件松动或相对运动件损坏	检查紧固松动件,更换损坏件
	齿轮有毛刺、碰伤、断裂,或齿形、齿向不合格	修磨齿轮或更换
	同步器磨损,产生挂挡发响	更换同步器
换挡困难	离合器分离不彻底	检查离合器间隙并调整
	操纵杆系(纵拉杆、换挡摇臂、连接板、支承杆)调整不当或磨损	检查调整杆系或更换损坏件
	同步器零件或接合套零件损坏	检查更换损坏件,修磨损坏件
脱挡	操纵机构(操纵拉杆等)装配不当或严重磨损,导致挂挡不到位	检修调整,更换磨损件
	换挡摇臂挂挡后无游隙	检查调整
	自锁件(弹簧、自锁销、自锁块)失效	检查更换损坏、磨损件
	接合齿磨损严重	更换损坏件
	轴承或轴承孔严重磨损	更换损坏件
	换挡件损坏、磨损(换挡板、拉杆、拨块、滑套)	更换损坏件
	间隙不当	重新检查调整间隙
漏油	壳盖有疏松气孔、裂纹或螺孔被穿通	更换或修补
	紧固件松动	检查紧固松动件
	密封件(油封、密封垫、衬垫)失效、破损	更换失效、损坏件
	通气塞堵塞导致密封件失效或通气塞不合格漏油	更换清洗
油温高(正常工作油温100℃,恶劣工况不超过30min,可达130℃)	油量多	放出多余润滑油
	油变质	更换规定油品
	间隙过小(轴承、齿轮及相对运动件)	按规定值调整
	运转件(轴承、齿轮等)严重磨损	更换损坏件
无动力输出	离合器的原因:摩擦片打滑	更换离合器片或检修调整相关操纵数据
	变速器始终在空挡位置不能换挡;换挡球头损坏、操纵杆系失灵	更换换挡球头、检修调整操纵杆系

续表

故障现象	原因分析	排除方法
无动力输出	换挡轴卡死不能换挡	检修换挡轴
	在某个挡位上不能换挡；输出轴断裂、法兰损坏	更换损坏件
	空挡开关损坏	更换空挡开关
无挡位	无某个挡（换挡机构没问题）；拉杆断裂，拨叉、拨块损坏，同步器损坏，选挡故障	更换损坏件，检修调试选挡相关件问题
	只有某个挡；卡死在某个挡位；输出轴断裂、滚针轴承烧死、推块跳出来	更换损坏件，检修装配推块
	换挡机构故障，不能换挡	更换损坏件，检修调试换挡相关件问题
	同步器卡死	检修、更换损坏件

项目5 动力系统常见故障分析与排除

5.5.1 ISG 混合动力系统常见故障排除

ISG 混合动力系统常见故障及排除方法见表 5-11～表 5-21。

表 5-11 发动机无法启动

故障现象	原因分析	故障排除
开关状态问题	翘板开关误操作	电源应急开关处于接通状态，跛行、AI 开关未被按下
离合器未分离	整车气压未达到 0.6MPa，离合器"分"灯未亮	按下"打气"按钮，每次按下持续时间不超过 10s；按下之后，指示灯"分"还未亮起，则判断以下内容： ①打气泵不工作，检查打气泵保险和电源 ②电磁阀不工作，检查电磁阀电源 ③检查打气泵是否漏气，单向阀是否失效 ④检查气压开关是否正常；观察离合器分泵推杆是否推出
无空挡信号	离合器分离，但离合器分离气压传感器失效导致无空挡信号	检查气压传感器 24V 电源线（K41#）是否有 24V 电压；检查气压传感器输出信号线（H68#）信号是否正确
整车控制器未上电	线路短路、断路	检查整车控制器 1 针脚是否有 24V 电压 检查混合动力保险盒 HCCU 保险
低压蓄电池电量不足	低压蓄电池亏电	①钥匙打到 Start 挡启动发动机，观察电压表指示，电压迅速降低到 24V 以下，则需给蓄电池充电或更换蓄电池 ②检查 DC/DC 是否工作正常
发动机故障	常规发动机故障	按照常规发动机故障进行排查

表 5-12　发动机启动后无法起步

故障现象	原因分析	故障排除
开关状态问题	翘板开关误操作	检查翘板开关，"强分""试验"开关应未被按下
整车气压低	整车气压低导致手制动无法解除	气压不足则按"试验"开关，踩加速踏板让发动机给整车气路打气
制动未解除	手制动、脚制动未解除	①解除手制动、脚制动 ②检查手制动、脚制动信号是否正常
无挡位信号	挡位显示"D/R"，实际未挂进挡	需等仪表上电后重新挂挡，踩制动踏板，才能有效挂挡 检查挡位信号是否正常
高压电断开	高压开关处于断开状态或高压熔断器熔断	检查高压开关，或重新拔插一次 检查熔断器
超级电容电量低	超级电容电压低于310V	按"试验"开关，踩加速踏板，发动机转速控制在1100~2500r/min，让发电机给车辆充电至310V以上，再关闭"试验"开关，起步
混合动力故障	仪表显示屏上有混合动力故障	按照故障分类进行排除

表 5-13　发动机启动后，电压低且不充电

故障现象	原因分析	故障排除
高压发电机不发电	车速低于20km/h、电容电量低于40%时，混合动力屏无充电电流	检查整车控制器与高压发电机控制器是否有信号 检查高压发电机接线柱、旋变线是否断路 高压发电机控制器24V电压是否断路 高压发电机、控制器是否有故障

表 5-14　车辆行驶中，车速低且超级电容电压低

故障现象	原因分析	故障排除
翘板开关故障	翘板开关"强分"按钮已按下，离合器处于分离状态，车辆一直处于纯电动状态	将"强分"按钮开关拨到"关"状态
离合器电磁阀故障	离合器电磁阀故障，导致离合器处于分离状态	检查更换电磁阀
离合器间隙不当	离合器分离轴承间隙过小，导致离合器半联动	调整离合器自由行程

表 5-15　车辆行驶中，踩加速踏板无反应

故障现象	原因分析	故障排除
制动踏板微动开关异常	制动踏板微动开关异常，导致制动信号不能解除	反复踩1~2次制动踏板，消除卡滞现象 检查微动开关及开关信号
加速踏板故障	加速踏板故障，导致无加速信号输出	万用表测量加速信号（37、38号线），踏下加速踏板，如果加速信号没有相应增大，则需要检查加速踏板线束或主控板硬件电路
掉挡	挡位信号故障	重新按"N"按钮，踩制动踏板，再按"D"按钮进行挂挡

表 5-16　车辆行驶中，轻踩制动踏板无制动能量回收

故障现象	原因分析	故障排除
无制动信号	制动信号线脱落或断路	检查制动踏板与整车控制器之间的制动信号接线
驱动电机控制器故障	车速 30～50km/h，电容电量小于90%时，不回电，则驱动电机控制器存在故障	更换驱动电机控制器
驾驶操作习惯问题	重踩加速踏板，放电快引起亏电，重踩制动踏板，制动能量回收效果差　超级电容电量70%以下，松加速踏板可进行制动能量回收；70%以上，松加速踏板不会进行制动能量回收；在90%以下，轻踩制动踏板，可以进行制动能量回收	正确的操作方式是，轻踩加速踏板起步，轻踩挡回收能量 ①加速到 30～50km/h 时，若电容电压较低，可松加速踏板进行回电，车速降低后，再通过轻踩加速踏板把车速提起来，反复 2 次，电容电量即可保持到较高数值 ②急加速或者急刹车都不利于高效率能量输出或者回收，不利于节油

表 5-17　仪表显示超级电容电压为 0

故障现象	原因分析	故障排除
仪表 CAN 通信故障	CAN 通信线脱落或断路	检查 CAN 通信线
超级电容电源线断路	①超级电容电源线松脱 ②超级电容保险熔断	①检查超级电容电源线是否松脱 ②检查超级电容保险是否熔断

表 5-18　车辆起步或车辆行驶中整车抖动

故障现象	原因分析	故障排除
旋变信号问题	驱动电机旋转变压器及旋变线松动	检查旋变线是否松动，测量旋变线相关阻值
电机控制器搭铁线故障	搭铁线接地不良	搭铁线重新接地
驱动电机故障	更换过驱动电机或控制器接线	检查三相线是否正确
高压电接触不良	高压电接触不良	检查各高压接线柱
动力不足	①车速信号不稳定 ②制动信号接触不良 ③加速信号不稳定	①检测车速电压信号变化是否稳定 ②检测制动信号是否接触不良。方法：拔去制动信号 H38、H76 号线后检查起步是否发生抖动 ③起步时，测量加速信号电压是否稳定，用钳形表检测驱动电机高压线电流是否正常

表 5-19　混合动力显示屏故障

故障现象	原因分析	故障排除
显示屏无显示界面	①接插件接触不良 ②供电电源不良	①接插件拔出重新插上 ②检查整车 24V 电源
显示界面无数据显示	接收不到数据	①接插件拔出重新插上 ②检查 CAN 总线有没有被压断
显示界面显示乱码	CAN 总线接触不良	接插件拔出重新插上
显示界面显示花屏	温度过高	检查显示屏周围是否存在热源，如有，及时排除

表 5-20 转向电机不能正常工作

故障现象	原因分析	故障排除
电机三相线松脱	接线柱接触不良	检查转向电机、控制柜接线柱
超级电容电压低	超级电容电压低于 310V	检查电压,充电
DC/AC 故障	DC/AC 有故障,无三相 220V 电源输出	更换 DC/AC
手制动信号	手制动未解除	①解除手制动 ②检查手制动信号
通信故障	整车控制器与 DC/AC 通信故障	检查整车控制器与 DC/AC 之间 H26 信号是否正常

表 5-21 CAN 通信异常

故障现象	原因分析	故障排除
驱动电机通信异常	①超级电容的电压低于 310V ②CAN 线路上某处有开路 ③驱动电机控制器故障	①检查超级电容电压或充电 ②检查第二路 CAN 线(测阻值或电压,分别为 60Ω 或 CAN 线电压 2.5V) ③更换驱动电机控制器
发动机通信异常	CAN 线路上某处开路	检查第一路 CAN 线(测阻值或电压,分别为 60Ω 或 CAN 线电压 2.5V),第一路 CAN 走线为先从发动机出来然后经过转接到仪表端,CAN 线上并联整车控制器、G-BOS、状态监视器、挡位面板等

车辆出现故障,无法行驶时需要拖车,主要分以下两种情况:

(1) 发动机能启动

按下"强分"开关,使离合器分离。启动发动机使整车有转向助力和制动气压,可以软拖。

如果是驱动电机和驱动电机控制柜故障,而整车控制器没有故障,可以整车上电,按下翘板开关上的"打气"按钮,等"分"灯亮,再按下翘板开关上的"强分"按钮。如果整车控制器有故障,无法控制离合器分离,可将 48 号线直接连接到 24V 电源上,确保离合器获得强制分离信号,强制给电动打气泵提供 24V 电源,使得电动打气泵可以打气直到驱动电机离合器实现分离。注意:离合器分离之后,必须手动关闭电动打气泵壳体上的开关,避免电动打气泵长时间工作。

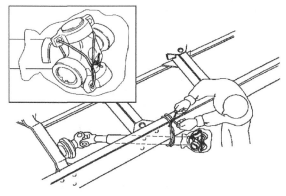

图 5-33 拖车

(2) 发动机不能启动

拆下传动轴或半轴后,采用硬拖方式;或请专业拖车人员处理。如果是油润滑的免维护桥,则拆传动轴,见图 5-33。

5.5.2 纯电动客车常见故障排除

纯电动客车的常见故障及排除方法见表 5-22～表 5-28。

表 5-22　READY 灯无法点亮

故障现象	原因分析	故障排除
开关状态问题	翘板开关误操作	电源应急开关处于接通状态
无空挡信号	挡位开关无空挡信号输出	①检查挡位开关 24V 电源线（CP）是否有 24V 电压 ②检查制动信号是否正确
整车控制器未上电	线路短路、断路	①检查整车控制器 44 针脚是否有 24V 电压 ②检查纯电动保险盒 EVCU 保险与主继电器工作情况
低压蓄电池亏电	①DC/DC 不工作 ②蓄电池亏电或损坏	①钥匙在 ON 挡时，如果低压电低于 24V，则应检查 DC/DC 是否工作 ②检查蓄电池是否亏电或更换蓄电池

表 5-23　READY 灯亮后无法起步

故障现象	原因分析	故障排除
开关状态问题	翘板开关误操作	检查翘板开关
整车气压低	整车气压低导致手制动无法解除	气压不足则等待打气泵给整车气路打气
制动未解除	手制动、脚制动未解除	①解除手制动、脚制动 ②检查手制动、脚制动信号是否正常
无挡位信号	挡位显示"D/R"，实际未挂进挡	①需等仪表上电后重新挂挡，踩制动踏板，才能有效挂挡 ②检查挡位信号是否正常
高压电断开	高压开关处于断开状态或高压熔断器熔断	①检查高压开关，或重新拔插一次 ②检查熔断器
电池电量低	电池电量低	给车辆充电
纯电动系统故障	仪表显示屏上有纯电动系统故障	按照故障分类进行排除

表 5-24　车辆行驶中，踩加速踏板无反应

故障现象	原因分析	故障排除
制动踏板微动开关异常	制动踏板微动开关异常，导致制动信号不能解除	反复踩 1～2 次制动踏板，消除卡滞现象 检查微动开关及开关信号
加速踏板故障	加速踏板故障，导致无加速信号输出	万用表测量加速信号（H39、H38 号线），踏下加速踏板，如果加速信号没有相应增大，则需要检查加速线束或主控板硬件电路
掉挡	挡位信号故障	重新按"N"按钮，踩制动，再按"D"按钮进行挂挡
混合动力故障	仪表显示屏上有混合动力故障	按照故障分类进行排除

表 5-25　车辆行驶中，轻踩制动踏板无制动能量回收

故障现象	原因分析	故障排除
无制动信号	制动信号线脱落或断路	检查制动踏板与整车控制器之间的制动信号接线
驱动电机控制器故障	驱动电机控制器故障	更换驱动电机控制器
纯电动系统故障	仪表显示屏上有纯电动系统故障	按照故障分类进行排除

表 5-26 仪表显示动力电池电压为 0

故障现象	原因分析	故障排除
仪表 CAN 通信故障	CAN 通信线脱落或断路	检查 CAN 通信线
动力电池电源线断路	①动力电池电源线松脱 ②动力电池保险熔断	①检查动力电池电源线是否松脱 ②检查动力电池保险是否熔断

表 5-27 车辆起步或车辆行驶中整车抖动

故障现象	原因分析	故障排除
旋变信号问题	驱动电机旋转变压器及旋变线松动	检查旋变线是否松动,测量旋变相关阻值
电机控制器搭铁线故障	搭铁线接地不良	搭铁线重新接地
驱动电机接线	驱动电机与控制器接线不对应	检查三相线是否正确
高压电接触不良	高压电接触不良	检查各高压接线柱
动力不足	①车速信号不稳定 ②制动信号接触不良 ③油门信号不稳定	①检测车速电压信号变化是否稳定 ②检测制动信号是否接触不良。方法:拔去制动信号 H38、H76 号线后检查起步是否发生抖动 ③起步时,测量加速信号电压是否稳定,用钳形表检测驱动电机高压线电流是否正常

表 5-28 转向电机、打气泵不能正常工作

故障现象	原因分析	故障排除
电机三相线松脱	接线柱接触不良	检查转向电机、控制柜接线柱
动力电池电压低	动力电池电压低	检查电压,充电
DC/AC 故障	DC/AC 有故障,无三相 380V 电源输出	更换 DC/AC
信号线故障	整车控制器与 DC/AC 通信故障	检查整车控制器与 DC/AC 之间 H48(油泵)、H67(气泵)信号是否正常

项目 6 电驱动系统故障排除案例

5.6.1 新能源客车行驶中断高压故障

(1) 故障现象

一辆新能源客车行驶中断高压,仪表无故障显示。

(2) 维修过程

① 分析整车控制策略:闭合仪表台高压控制开关,控制高压总电源盒接触器工作,给整车上高压;整车控制器检测到高压总控盒接触器闭合信号后,输出控制预充电接触器的闭合信号;预充电工作后,电机控制器检测到母线电压达到 440V 时,电机控制器输出主接触器控制信号;当整车控制器检测到主接触器闭合反馈信号时,断开预充电接触器;如果超过 10s 检测不到主接触器闭合反馈信号,整车控制器也断开预充电接触器。故障源可能是预充电接触器、主接触器、电机控制器(因为挡位有信号,排除 16 位整车控制器)。

② 用电脑调试平台诊断车辆,整车控制器、BMS、绝缘检测仪状态正常,闭合开关后预充电完成,但是电机控制器未发出主接触器闭合信号,判断电机控制器故障,打开控制器

后发现，内部高压部件烧坏，见图 5-34，经更换后车辆恢复正常。

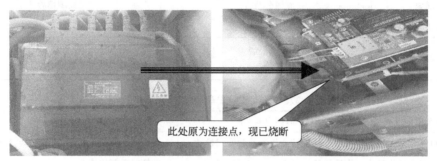

图 5-34　电机控制器故障点

（3）故障排除
更换电机控制器。
（4）维修小结
新能源客车行驶中掉高压故障很常见，只要搞清楚上电逻辑，就很容易找出故障。要强调的是有些车掉高压时没有报警信息显示，驾驶员重启车辆后又正常，行驶一段时间后又掉高压，针对此类问题，掉高压后一定不要重启车辆，这样会让系统故障信息清零，导致维修时难以判断故障。

5.6.2　新能源客车无法上高压，仪表不显 READY 信号

（1）故障现象
一辆新能源客车无法上高压，仪表不显示 READY 信号。
（2）维修过程
① 分析原因：引起无法上高压的因素有很多，最有效的维修方法是利用整车调试平台软件中的上电过程检测一栏来逐一检测上电的步骤。这样可以大大缩小故障范围，提高故障排除效率。

② 打开整车调试平台软件，连接诊断 CAN 卡，进入上电过程检测栏，按照上电的步骤逐一打开车辆上的开关，最后软件始终停留在"等待预充电完成"，无法进入下一步骤，如图 5-35 所示。

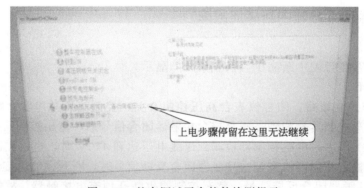

图 5-35　整车调试平台软件检测提示

③ 根据平台提示，检测高压配电柜 350A 保险正常，见图 5-36，检测电机控制器直流输入端高压不足 400V，且此电压在上高压过程中逐渐减小，根据此现象初步判断为电机控

制器损毁，更换电机控制器后故障排除。

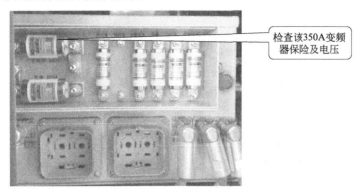

图 5-36　检查保险

（3）故障排除

更换电机控制器。

5.6.3　新能源客车行驶中掉高压电

（1）故障现象

一辆新能源客车在行驶的过程中突然高压电掉了，主接触器断开，如图 5-37 所示。

图 5-37　主接触器断开

（2）维修过程

① 在遇到这种第一时间无法判断故障原因的情况时，可以使用车辆配备的整车控制器调试平台进行检修，见图 5-38。可能原因：主接触器闭合信号是由电机控制器提供，检查电机控制器工作是否正常。

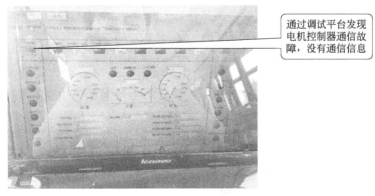

图 5-38　调试平台诊断结果

② 使用调试平台检查一下车辆有没有故障显示。

③ 检查车辆通信线通信电阻是否正常，见图5-39。

用万用表检测整车通信线电阻阻值，阻值为60Ω，不正常(正常值为40Ω左右)

图 5-39　检查通信电阻

④ 电机控制器里面有电机控制器的通信板，检查通信板工作是否正常，见图5-40。

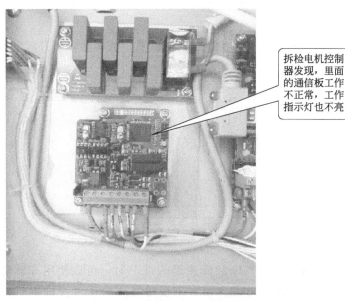

拆检电机控制器发现，里面的通信板工作不正常，工作指示灯也不亮

图 5-40　拆检电机控制器通信板

⑤ 更换通信板后，通信板工作正常，工作指示灯也开始闪烁，见图5-41。

(3) 故障排除

更换电机控制器通信板。

(4) 维修小结

此案例主要分析的是电机控制器通信故障，关于主接触器断开无法吸合的故障原因有很多。

由于电机控制器是配套厂家提供的，遇到电机控制器的故障时可以协调配套厂家一起处理，因为电机控制器里面有各种电路板（通信板、程序板等）。该车配备的电机控制器是深圳蓝海华腾的，该电机控制器配有显示面板可查看信息，可以通过配套厂家的面板设备查看出现的故障代码，对照故障代码检查原因更为方便。

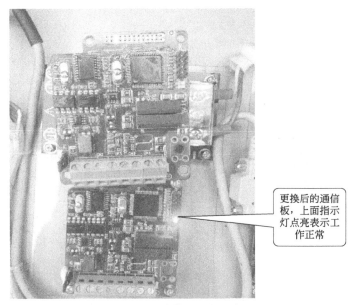

图 5-41 通信板上指示灯

5.6.4 新能源客车无法起步

(1) 故障现象

一辆纯电动客车，仪表显示正常，各辅助控制器均可以使用，但无法起步。

(2) 维修过程

① 确立维修思路：检视仪表有无保护感应（如车门未关，气压过低，故障代码等）；使用整车调试平台观察内部有无其他故障显示；检查电机控制器是否响应整车控制器所发出的电机转矩命令。

② 观察仪表是否显示车门打开等限制电机转矩值发出的条件。

③ 连上电脑，点击安凯自主系统，如图 5-42 所示，打开整车控制器选项，观察整车控制所发出的电机转矩命令值是否有输出，观察发现有转矩命令值输出，见图 5-43、图 5-44。

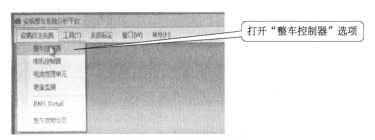

图 5-42 进入诊断系统

④ 观察电机转矩命令值，再打开电机控制器那一栏，观察当前电机控制器所响应的转矩有无发出。经观察发现电机控制器没有响应整车控制器的信号，因此判断为电机控制器损坏导致故障，更换后故障排除。

(3) 故障排除

更换电机控制器总成。

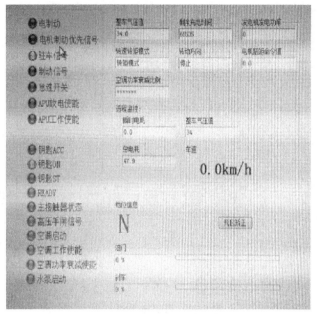

图 5-43 查看转矩命令值

图 5-44 观察转矩命令值

5.6.5 新能源客车仪表显示电机控制器过热

（1）故障现象

车辆仪表上会显示电机控制器过热，当电机控制器温度高于 60℃ 时，车辆会限功率，行车缓慢，再延迟一段时间后车辆保护，完全无法行驶。

（2）维修过程

① 分析可能的故障原因：散热风扇不转；水泵不工作；水循环系统堵塞。

② 电机控制器内置温度保护设置，高于 60℃ 时开始降功率，并持续至停止工作，车辆

无法行驶。当出现温度过高的情况时需检查散热系统。

当温度过高时检查散热风扇是否处于工作状态，见图5-45，若不处于工作状态则可能为两种情况：风扇无电源，检查线路、保险查找电源；风扇电机烧坏。经排查确认为风扇无故障。

③ 对水泵及水管进行检查，首先检查水泵电源是否正常工作，见图5-46。有时会遇到水管堵塞的情况，需将管路和水箱进行排查。

④ 经查，此处没有电源，此故障是8位电机盒内右上角水泵保险丝损坏导致，见图5-47。

图5-45 电机控制器散热风扇

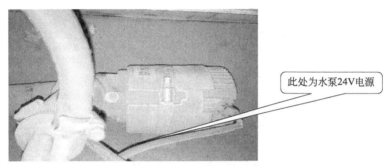

图5-46 水泵电源位置

图5-47 电源供电保险丝

（3）故障排除

更换损坏的水泵保险丝。

5.6.6 新能源客车仪表高温报警

（1）故障现象

一辆新能源客车行驶中报警，故障显示为电机控制器过热，温度为72℃。

（2）维修过程

① 确立维修思路：首先弄清楚控制器是如何散热的，新能源客车通过水泵来循环水箱、电机、控制器内的冷却液，然后利用水箱上的两个散热风扇来降低水箱温度（控制器温度35℃时启动一个，温度40℃时启动两个），从而降低控制器温度。所以电机控制器过热报警

有以下几种可能：水箱缺水；散热风扇不工作；水泵不工作。

② 检查水箱液位指示，水位不低，然后让驾驶员上高压挂 D 挡，看水泵和散热风扇是否工作，见图 5-48。检查发现水泵工作正常，两个水箱风扇工作不正常，检查风扇保险，见图 5-49，此保险位于 8 位控制盒内，更换后风扇工作正常，控制器温度下降到正常值，车辆系统状态正常，故障解决。

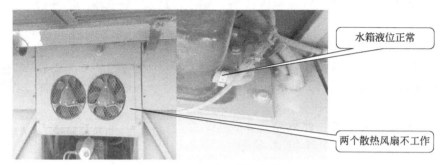

图 5-48　检查散热部件

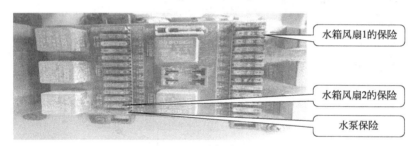

图 5-49　相关保险丝位置

(3) 故障排除

更换损坏的保险丝。

(4) 维修小结

电机控制器过热报警故障在夏季发生较为频繁，检修起来通常就是三处（水箱、风扇、水泵）。水泵是进口件，损坏很少，大多数是风扇不工作和水箱锈蚀导致故障。要特别注意的是，如果更换风扇保险后风扇不工作，依旧烧毁保险丝，那么就是风扇内部故障，请更换风扇。还有就是由于夏季温度高，风扇长时间工作，风扇继电器容易粘连，导致风扇即使温度低也不停止，此时更换继电器即可。

模块 6　整车控制器原理与维修

项目 1　整车控制器功能与原理

整车控制器,即动力总成控制器,是整个汽车的核心控制部件。它采集加速踏板信号、制动踏板信号及其他部件信号,并作出相应判断后,控制下层的各部件控制器的动作,驱动汽车正常行驶。作为新能源汽车的指挥管理中心,动力总成控制器主要功能包括驱动力矩控制、制动能量的优化控制、整车的能量管理、CAN 网络的维护与管理、故障的诊断和处理、车辆状态监视等。系统原理示意如图 6-1 所示。

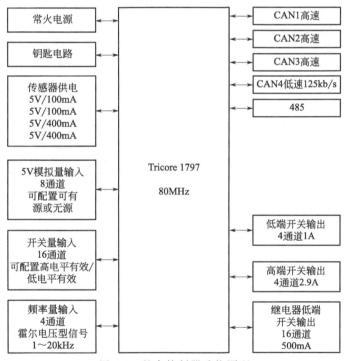

图 6-1　整车控制器功能原理

整车控制器主要由以下结构组成:电路板、电子元器件、上壳体、下壳体、螺钉、接插件公头。整车控制器共有 2 个接插件,如图 6-2 所示。

说明:部分硬件电气接口可根据需要进行的增加;由于接口功能复用,随着实际功能的增加,接口的数量会有所变化。

整车控制器功能:

① 识别驾驶员的意图(起步、急加速、减速……)。

② 确认整车状态:各部件有无故障、仪表面板各按钮开关状态、动力电池电量高低(SOC)(过低时关闭混动)、各部件温度情况、车速、挡位等。

③ 进行计算、逻辑跳转,确定整车的工作模式。

图 6-2　整车控制器外形

④ 对电机、电池、变速箱等部件进行控制，发出控制指令。

整车控制器作用：

① 控制电机控制器的 24V 供电、电机控制器的工作模式和具体转矩指令、转速指令。

② 控制电池管理系统的 24V 供电、电池继电器的吸合与断开。

③ 干预变速箱控制器的控制，包括离合动作、禁止换挡和发动机转矩请求。

④ 控制发动机常规起动机的 24V 供电。

⑤ 控制某些附件的供电和工作，例如转向助力电机、水泵、风扇等。

项目 2　整车控制器拆装与故障排除

6.2.1　整车控制器拆装

(1) 使用工具

2 个 10mm 扳手，2 个 10mm 套筒，套杆。

(2) 拆卸步骤

① 整车控制器下电，将与整车控制器对插的 2 个线束端件插拔掉（拔出过程中请将接插件锁扣按下）。

② 一个扳手固定螺栓，另一个扳手顺时针方向拧掉紧固的螺母。

③ 按照步骤②，依次拧掉剩下的 3 个 M6 螺栓，将整车控制器从控制器支架或者垫板上拆下。

(3) 安装步骤

① 整车控制器安装过程中必须保证工作环境整洁，严禁导电物质接触针脚，同时，严禁碰撞及划伤。

② 整车控制器采用 4 个 M6 螺栓固定，螺栓拧紧力矩以压平弹簧为准。

③ 安装 2 个（1 大 1 小）线束接插件时请弹起插件锁扣插入整车控制器相应端口，听到"咔"的一声表示安装到位。

(4) 端子定义

接插件端子定义如表 6-1 所示。

表 6-1　整车控制器接插件端子定义（中通纯电动客车）

信号类型	针脚	针脚功能定义	信号说明
电源输入	K2	24V 正	一挡电源
	K1	24V 负	
	K4、K6	24V 正	二挡电源
	K3、K5	24V 负	
电源输出	A1～A11	输出电源正	+24V
	A16～A26	输出电源地	-24V
模拟输入	K68	漏电检测器信号采集	±5V 输入
	K67	电流传感器信号采集	0～+5V 输入
	K89	电压传感器信号采集	0～+5V 输入
	K70	加速踏板模拟信号 1	0～+5V 输入
	K71	加速踏板模拟信号 2	0～+5V 输入
	K92	制动踏板信号采集	0～+5V 输入
	K72、K93、K94	预留	0～+5V 输入
	K69、K88、K91	预留	0～+5V 输入
	K90	预留	0～+30V 输入
模拟输出	K66	模拟输出 1	-5V～+5V 输出
	K87	模拟输出 2	-5V～+5V 输出
传感器电源输出	K65、K43	加速踏板电源 1、2	+5V 输出
	K12～K20、K23～K28	预留	+5V 输出
	K7～K11、K29～K32、K44～K50	传感器电源地	EGND
	K21	+15V 输出	电压/电流传感器及漏电检测器电源
	K22	-15V 输出	电压/电流传感器及漏电检测器电源
数字量输入	K40	K0 辅助触点检测	低电平输入有效
	K83	S 挡信号检测	
	K61	K2 辅助触点检测	
	K39	K4 辅助触点检测	
	K60	驻车制动信号检测	
	K82	D 挡信号检测	
	K81	R 挡信号检测	
	K84	N 挡信号检测	
	K38、K62	预留	
	K42、K64	预留	高电平输入有效
	K80	制动踏板开关量检测	
	K59	钥匙 ON 挡信号检测	
	K37	BMS 出错硬线信号检测	
	K35	K3 辅助触点检测	

续表

信号类型	针脚	针脚功能定义	信号说明
数字量输入	K36	性能模块信号	高电平输入有效
	K58,K41,K63	预留	
频率输入	K73	频率信号输入1	
	K51	频率信号输入2	
PWM输出	A56	PWM输出1(预留)	
	A41	PWM输出2(预留)	
数字量输出	A47,A32,A48,A33	预留	高电平输出有效(+24V)
	A49,A34,A54,A39	预留	
	A46	预留	低电平输出有效
	A31	预留	
	A50	预留	
	A35	水泵使能输出(悬空/接地)	
	A37	散热风扇使能输出(悬空/接地)	
	A36	助力转向使能输出(悬空/接地)	
	A38,A51,A52,A53	预留	
CAN	A15	CAN1H	通信接口
	A30	CAN1L	
	A45	CAN2H	
	A60	CAN2L	
	A44	CAN3H	
	A59	CAN3L	
SCI	A29	TXD	
	A14	RXD	
	A13	EGND	
BOOT	A42	调试口5V	下载程序时,将两个针脚短接后再上电
	A57	调试口BOOT	

6.2.2 常见故障原因及排查方法

(1) 仪表报"整车控制器通讯故障"

故障原因:

① CAN网络线束故障;

② 整车控制器供电问题。

故障排查:

① 整车下电,万用表调到电阻挡,测量B2—A与B3—A针脚之间的电阻,观察是否为60Ω左右,同时排查仪表CAN分支线束是否有问题。

② 整车上电,万用表调到电压挡,测量B4—L与B2—L针脚之间电压是否为24V左

右，若不是，请检查线束与保险。

③ 若出现不同于上述状况的其他情况，联系厂家处理。

（2）起步或踩加速踏板没反应

故障原因：

① 整车报严重故障；

② 电机无故障，不响应转矩请求；

③ 通信质量差导致的电机不响应转矩请求；

④ 有制动开关信号和模拟量制动信号，进入制动优先；

⑤ 油门或者制动问题。

故障排查：

① 车辆上ON挡，观察仪表挡位是否正确，车辆状态是否显示为"READY"，系统是否报严重故障。

② 检查电机是否有转矩发出。

③ 排查通信质量问题，可能与电机直接相关。

④ 检查驻车制动是否解除，若已解除，观察仪表"P"灯是否点亮，若点亮，请检查气压、气路等。

⑤ 万用表测量B3—F针脚的电压是否大于0.4V。

（3）电机及电机控制器报温度过高故障

故障原因：

① 电机水冷风扇线束连接问题；

② 电机水冷风扇本体故障。

故障排查：

① 钥匙上ON挡，然后用万用表测量A2—D针脚的电压是否为24V，若否则检查线束连接或保险。

② 若第一步检查无故障，则检查发电机水冷风扇。

（4）踩制动踏板，无电回馈

故障原因：

① 电池SOC过高；

② 混动模式开关按下；

③ 系统报高压相关故障。

故障排查：

① 观察仪表是否报高压相关故障。

② 检查仪表面板混动模式开关是否按下，若未按下，则无电回馈。

③ 观察仪表电池SOC是否过高。

④ 若出现不同于上述状况的其他情况，联系厂家处理。

（5）挂挡、松驻车制动、不踩加速踏板，车辆加速

故障原因：

① 车辆有蠕动功能；

② 加速踏板常有效；

③ 电机相位有偏差。

故障排查：

① 检查车辆是否有蠕动功能，是否更新过整车程序。

② 万用表测量 B4—F 针脚的电压是否大于正常车辆未踩踏加速踏板时的电压。
③ 联系电机控制器厂家,检查电机相位是否有偏差。
④ 若出现不同于上述状况的其他情况,联系厂家处理。

项目 3　常见车辆整车控制器端子数据

6.3.1　海格客车混合动力车型整车控制器

混合动力车型整车控制器端子定义见表 6-2。

表 6-2　整车控制器端子定义

分类	针脚	信号类型	有效电平	针脚名称	信号源位置
电源	4	电源	输入	整车控制器电源	主继电器到 HVCU
	2	GND	GND	整车控制器地	HVCU 地线
高电平输入	6	开关信号输入	高电平有效	强制分离输入	翘板开关到 HVCU
	8	开关信号输入	高电平有效	Key-Start 信号输入	整车到 HVCU
	9	开关信号输入	高电平有效	空调请求信号输入	空调面板到 HVCU
	11	开关信号输入	高电平有效	预留(纯电动模式选择开关输入)	预留(翘板开关到 HVCU_插电系统用)
	25	开关信号输入	高电平有效	放电请求信号输入	翘板开关到 HVCU
	28	开关信号输入	高电平有效	倒车信号输入	操控面板到 HVCU
	30	开关信号输入	高电平有效	加速试验信号输入	翘板开关到 HVCU
	44	开关信号输入	高电平有效	空挡信号输入	操控面板到 HVCU
	46	开关信号输入	高电平有效	Key-On 信号输入	钥匙到 HVCU
	47	开关信号输入	高电平有效	高压预充完成信号	高压柜到 HVCU
	63	开关信号输入	高电平有效	前进信号输入	操控面板到 HVCU
	65	开关信号输入	高电平有效	DC/AC 故障输入	DC/AC 到 HVCU
	66	开关信号输入	高电平有效	启停选择输入	翘板开关到 HVCU
	99	开关信号输入	高电平有效	爬坡信号输入	操控面板到 HVCU
	68	开关信号输入	高电平有效	气缸位置传感器信号输入	气缸位置开关到 HVCU(适用开关信号)
模拟信号输入	20	模拟信号	0~4.5V	气缸位置传感器模拟量输入	气缸位置传感器到 HVCU(适用模拟信号)
	38	模拟信号	0~5V	刹车踏板模拟量输入	制动踏板传感器到 HVCU
	39	模拟信号	0~5V	加速踏板信号 2(踏板端)	加速踏板 2 到 HVCU(柴油机用)
	58	模拟信号	0~5V	加速踏板信号 1(踏板端)	加速踏板到 HVCU
高电平输出	1	开关信号输出	24V 高电平	DC/DC 使能信号	HVCU 到 DC/DC
	10	开关信号输出	24V 高电平	HVCU 给操控面板的制动信号	HVCU 到操控面板正控

续表

分类	针脚	信号类型	有效电平	针脚名称	信号源位置
高电平输出	29	开关信号输出	24V 高电平	HVCU 给操控面板的故障信号	HVCU 到操控面板正控
	67	开关信号输出	24V 高电平	气体机电磁阀控制(启停)	气体机电磁阀控制正控
	48	开关信号输出	24V 高电平	离合器结合指示信号	HVCU 到翘板开关正控
	64	开关信号输出	24V 高电平	模拟发动机转速信号切换继电器	HVCU 到继电器(柴油机预留用)
	82	开关信号输出	24V 高电平	HVCU 给气缸电磁阀的控制信号	HVCU 到气缸电磁阀
	45	开关信号输出	24V 高电平	离合器分离指示信号	HVCU 到翘板开关
	106	开关信号输出	24V 高电平	空调允许运行信号	HVCU 到空调面板
	115	开关信号输出	24V 高电平	高压预充接触器控制信号	HVCU 到高压柜
	120	开关信号输出	24V 高电平	高压主接触器控制信号	HVCU 到高压柜
低电平输出	7	开关信号输出	低电平有效	电机水泵启动状态信号	HVCU 控制水泵电机(或走CAN)
	26	开关信号输出	低电平有效	DC/AC 使能信号	HVCU 控制 DC/AC 工作信号(或走 CAN)
	113	开关信号输出	低电平有效	DC/AC 故障保护复位信号	HVCU 控制 DC/AC 从故障保护状态恢复(或走 CAN)
	98	开关信号输出	低电平有效	锁止起动机启动信号	锁止起动机启动(也有 CAN 信号)
	90	开关信号输出	低电平有效	电机冷却风扇控制信号	当电机水温45℃时,控制风扇运行
	112	开关信号输出	低电平有效	HVCU 主电源控制信号	控制 HVCU 主电源
模拟信号输出	19	模拟信号	输出(0~5V)	电位2加速踏板信号(ECU端)	HVCU 到 ECU(柴油机预留用)
	59	模拟信号	输出(0~5V)	电位1加速踏板信号(ECU端)	HVCU 到 ECU
	40	模拟信号	输出(0~5V)	模拟发动机转速脉冲信号	HVCU 给发动机 ECU(经过继电器)
CAN通信	13	CAN0L	输入输出	CAN0L	ISO1939 通信(仪表、发动机 ECU、HVCU 等外部通信)
	32	CAN0H	输入输出	CAN0H	
	33	GND		CAN0 地屏蔽层	
	34	CAN1L	输入输出	CAN1 低	驱动电机、发电机控制器、HECU 通信(混合动力内部通信)
	15	CAN1H	输入输出	CAN1 高	
	14	GND		CAN1 地屏蔽层	
电源输出	92	5V 电源输出	输出	5V 电源	HVCU 给加速踏板信号1供电
	95	5V 电源输出	输出	5V 电源	HVCU 给加速踏板信号2供电

续表

分类	针脚	信号类型	有效电平	针脚名称	信号源位置
地信号	42	GND		模拟发动机转速信号参考地	HVCU给发动机ECU（经过继电器）
	76	GND		HVCU给制动踏板的地	HVCU内部接地
	77	GND		HVCU给加速踏板传感器2的地	HVCU内部接地
	18	GND		HVCU给ECU加速信号2的地	HVCU内部接地
	86	GND		HVCU给加速踏板传感器1的地	HVCU内部接地
	57	GND		HVCU给ECU加速信号1的地	HVCU内部接地
	117	GND		HVCU给离合器气压传感器的地	HVCU内部接地

6.3.2 海格纯电动客车整车控制器

纯电动客车整车控制器端子分布如图6-3所示，定义见表6-3。

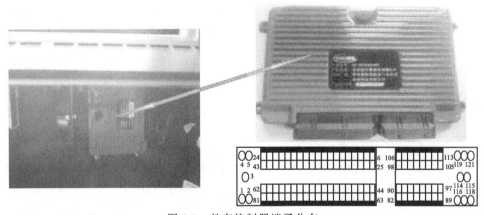

图6-3 整车控制器端子分布

表6-3 整车控制器端子定义

分类	针脚	针脚名称	信号特征	备注
电源	4	电源正+24V	DC+24V	EVCU电源
	2	电源负GND	GND	EVCU地
高电平输入	46	一挡信号ACC+24V	开关信号,24V高电位有效	开关量输入(24V)
	44	二挡信号ON+24V	开关信号,24V高电位有效	开关量输入(24V)
	47	启动信号Start+24V	开关信号,24V高电位有效	开关量输入(24V)
	11	应急开关信号(预留)	开关信号,24V高电位有效	开关量输入(24V)
	9	主回路辅助触点检测	开关信号,24V高电位有效	开关量输入(24V)
	25	充电连接确认CC2(预留)	开关信号,24V高电位有效	开关量输入(24V)

续表

分类	针脚	针脚名称	信号特征	备注
高电平输入	63	前进挡 D	开关信号，24V 高电位有效	开关量输入(24V)
	68	倒挡 R	开关信号，24V 高电位有效	开关量输入(24V)
	27	空挡 N	开关信号，24V 高电位有效	开关量输入(24V)
	65	油泵故障	开关信号，24V 高电位有效	开关量输入(24V)
	6	绝缘报警信号	开关信号，24V 高电位有效	开关量输入(24V)
	66	气泵故障	开关信号，24V 高电位有效	开关量输入(24V)
高电平输出	64	水泵使能开关	开关电源，24V 高电位	
	48	油泵使能开关	开关电源，24V 高电位	
	67	气泵使能开关	开关电源，24V 高电位	
	106	正常指示开关	开关电源，24V 高电位	
	111	风扇使能开关	开关电源，24V 高电位	
	10	换挡允许信号输出	EVCU 给操控面板的制动信号，24V 高电平	HVCU 到操控面板正
	1	制动踏板传感器电源	传感器电源+24V	
	94	加速踏板传感器 1 电源	传感器电源+5V	
	45	预充接触器控制器	开关电源，24V 高电位	
	82	主接触器控制器	开关电源，24V 高电位	
	92	加速踏板传感器 2 电源	传感器电源+5V	
低电平输出	26	外充电接触器控制	开关信号，低有效	
	112	主继电器控制	低电位有效	44 号有电时 EVCU 内部接地
	98	空调使能开关	开关信号，低有效	
	90	预充电接触器控制	开关信号，低有效	
	7	主接触器控制器	开关信号，低有效	
	104	应急后退开关	开关信号，低有效	
	113	应急驱动开关	开关信号，低有效	
	105	应急停车开关	开关信号，低有效	
模拟信号输入	38	加速踏板开度信号 2	模拟信号，0~5V	模拟信号输入口(0~5V)
	39	加速踏板开度信号 1	模拟信号，0~5V	模拟信号输入口(0~5V)
	20	制动踏板开度信号	模拟信号，0~5V	模拟信号输入口(0~5V)
CAN 通信	32	CANA 高	外 CAN 线 EVCU-BMS-仪表	ISO1939 通信(仪表、EVCU、BMS 等外部通信)
	13	CANA 低		
	14	CANA 屏蔽		
	15	CANB 高	纯电动 CAN 线 EVCU-EVSM	ISO1939 通信，驱动电机、EVCU 通信(纯电动内部通信)
	34	CANB 低		
	18	CANB 屏蔽		
地信号	76	GND	EVCU 给制动踏板的地	HVCU 内部接地
	77	GND	EVCU 给加速踏板传感器 2 的地	HVCU 内部接地
	86	GND	HVCU 给加速踏板传感器 1 的地	HVCU 内部接地

6.3.3 常隆新能源客车整车控制器

常隆电动客车采用上海逸卡电动车整车控制系统,该控制器端子分布如图 6-4 所示,端子定义见表 6-4、表 6-5。

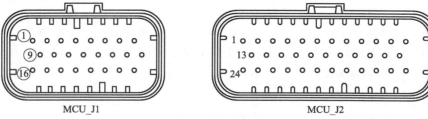

图 6-4 整车控制器端子分布

表 6-4 MCU_J1 端子定义

针脚	针脚名称	功能定义
1	24V−	ACU24V 供电电源负
6	CANH_2	驾驶显示单元 DDU 通信 CANH
7	GND_CAN	驾驶显示单元 DDU 通信 CAN 地
8	CANL_2	驾驶显示单元 DDU 通信 CANL
13	CANH_2	电池管理系统 BMS 的通信 CANH(接 1# 电池箱)
14	GND_CAN	电池管理系统 BMS 的通信 CAN 地(接 1# 电池箱)
15	CANL_2	电池管理系统 BMS 的通信 CANL(接 1# 电池箱)
16	24V+	ACU24V 供电电源正
17	+12V	驱动踏板和制动踏板的工作电源+12V
18	A Input2	制动踏板的信号输入(0~10V)
19	GND	驱动踏板和制动踏板的工作电源地
20	A Input1	驱动踏板的信号输入(0~10V)
21	CANH_1	辅助控制器 ACU 的通信 CANH
22	GND_CAN	辅助控制器 ACU 的通信 CAN 地
23	CANL_1	辅助控制器 ACU 的通信 CANL

表 6-5 MCU_J2 端子定义

针脚	针脚名称	功能定义
2	NEUTRAL	排挡开关 N 挡信号(高电平 24V 有效)
5	ACC	点火开关白色线(ACC)作为上低压开关
6	ON	点火开关黄色线(ON)作为上高压开关
8	S	排挡开关 S 挡信号(高电平 24V 有效)
13	REVERSE	排挡开关 R 挡信号(高电平 24V 有效)
14	DRIVE	排挡开关 D 挡信号(高电平 24V 有效)
17	Emergency Switch	应急开关(非正常情况下移动车辆,高电平 24V 有效)
22	DO3	驾驶显示单元开关量控制屏幕亮灭

续表

针脚	针脚名称	功能定义
24	24V OUT1	提供排挡开关电源 24V
26	24V−	提供电源 24V−
32	COM	搭铁
35	24V OUT2	常电 24V

6.3.4 常隆新能源客车辅助控制器

电动汽车辅助控制器（ACU）是电动汽车电源控制系统的核心部件，其通过 CAN 总线接收整车控制器（MCU）发送的指令，并根据相关判断条件执行相应回路接触器的吸合和断开，实时监测电压、电流，并在异常状态下对各回路起到保护作用。控制器高压连接端子如图 6-5 所示，端子定义见表 6-6，低压连接端子分布如图 6-6 所示，端子定义见表 6-7～表 6-9。

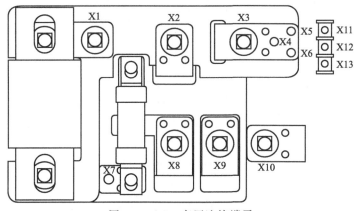

图 6-5 ACU 高压连接端子

表 6-6 高压连接端子定义

针脚	功能定义	连接线束规格/mm²
ACU_X1	接充电插头 DC 负	35～50
ACU_X2	接动力电池负端熔断器闸刀的下进线端	35～50
ACU_X3	接驱动变频器 DCU 的 DC 负	35～50
ACU_X4	接空调电源负	6～10
ACU_X5	接蓄电池充电器高压输入负	2.5～4
ACU_X6	接打气泵及助力泵变频器高压输入负	2.5～4
ACU_X7	接空调电源正	2.5～4
ACU_X8	接驱动变频器 DCU 的 DC 正	35～50
ACU_X9	接动力电池正端熔断器闸刀的下进线端	35～50
ACU_X10	接充电插头 DC 正	35～50
ACU_X11	接打气泵变频器高压输入正	2.5～4
ACU_X12	接助力泵变频器高压输入正	2.5～4
ACU_X13	接蓄电池充电器高压输入正	2.5～4

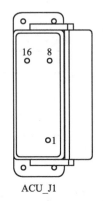

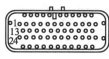

ACU_J1　　　　ACU_J2　　　　ACU_J3

图 6-6　低压连接器端子分布

表 6-7　ACU_J1 端子定义

针脚	针脚名称	功能定义
1	24G	左侧系统的 24V 电源母线地
2	24G	右侧系统的 24V 电源母线地
3	+24V	左侧系统的 24V 电源母线正
4	+24V	右侧系统的 24V 电源母线正
5	L801	风机一的 24V 电源正
6	24V	24V 电源供电（供风机一）
7	24V	24V 电源供电（供风机二）
8	L802	风机二的 24V 电源正
9	24V	24V 电源供电（供水泵）
10	L803	水泵 24V 电源正
11	24V5	蓄电池电源输出端（通过继电器、保险丝及二极管）
12	24V5	蓄电池电源输出端（通过继电器、保险丝及二极管）
13	GND	搭铁
14	GND	搭铁

表 6-8　ACU_J2 端子定义

针脚	针脚名称	功能定义
1	CANH_1	整车控制器 MCU 的通信 CANH
2	CANL_1	整车控制器 MCU 的通信 CANL
3	CANL_1	驱动变频器 DCU 的通信 CANL
4	GND_CAN	整车控制器 MCU 的通信 CAN 屏蔽
5	GND_CAN	驱动变频器 DCU 的通信 CAN 屏蔽
6	CANH_1	驱动变频器 DCU 的通信 CANH

表 6-9　ACU_J3 端子定义

针脚	针脚名称	功能定义
1	CANL_2	充电插座 S−
6	Air Pump	打气泵变频器继电器 1 常闭触点 RC1

续表

针脚	针脚名称	功能定义
7	Pressure Switch	气压开关常开触点
9	Booster Pump Power	助力泵变频器数字信号电源 24V
10	Air pump Power	打气泵变频器数字信号电源 24V
11	Charging Power	与本接插件 26 号引脚短接
12	External Charger Power	充电插座 CC1（串联 1kΩ 电阻）
13	GND_CAN	CAN_2 双绞线屏蔽层
16	Charging Plug	—
17	Booster Pump	助力泵变频器继电器 1 常闭触点 RC1
19	Fuse Blown Signal	安全开关常闭触点
20	Booster Pump ON OUT	助力泵变频器 DI1 作为启动信号
21	Air Pump ON OUT	打气泵变频器 DI1 作为启动信号
22	Charging ON OUT	小充电机 J1_1（红）作为启动信号
23	External Charger Lock ON OUT	充电插座地
24	CANH_2	充电插座 S+
26	24V OUT1	与本接插件 11 号引脚短接
27	24V OUT1	
28	24V OUT1	助力泵变频器继电器 1 主触点 RA1
29	24V OUT1	打气泵变频器继电器 1 主触点 RA1
30	24V OUT1	安全开关常闭触点及气压开关常开触点
31	24V−	小充电机 J1_2（黑）

项目 4　整车控制器安装位置与故障代码

6.4.1　比亚迪电动客车整车控制器

（1）比亚迪 K9F 电动客车

整车控制器安装位置见图 6-7。

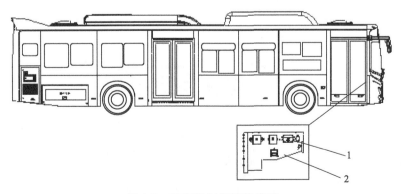

图 6-7　整车控制器安装位置
1—电器舱内饰封板；2—整车控制器

整车控制器总成采用 4 个六角法兰面螺母和电器舱内饰封板上的备焊螺栓固定。控制器故障代码见表 6-10。

表 6-10 整车控制器故障代码及含义

DTC	DTC(十六进制)	故障含义
B210000	A10000	加速踏板故障
B210100	A10100	制动踏板故障
B210200	A10200	挡位开关故障
B210300	A10300	前制动气压传感器故障
B210400	A10400	后制动气压传感器故障
B210500	A10500	系统故障
B210600	A10600	动力电机过温故障
B210700	A10700	开盖报警
B210800	A10800	A 控制器状态
B210900	A10900	A 控制器过温
B210A00	A10A00	A 控制器旋变状态
B210B00	A10B00	A 控制器开盖报警状态
B210C00	A10C00	B 控制器状态
B210D00	A10D00	B 控制器过温
B210E00	A10E00	B 控制器旋变状态
B210F00	A10F00	B 控制器开盖报警状态
B211000	A11000	与左电机控制器通信异常
B211100	A11100	与右电机控制器通信异常
B211200	A11200	中制动气压传感器故障

后辅助控制器安装位置见图 6-8。

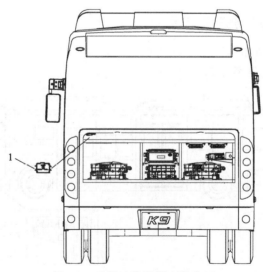

图 6-8 后辅助控制器安装位置
1—后辅助控制器总成

后辅助控制器采用 4 个 M6 六角法兰面螺母和后辅助支架上的备焊螺栓固定连接。控制器故障代码见表 6-11。

表 6-11 后辅助控制器故障代码及含义

故障码	故障含义
B114900	左水温传感器故障
B114A00	右水温传感器故障
B114B00	充电口 A 电子锁闭锁失效
B114C00	充电口 B 电子锁闭锁失效
B114D00	摩擦片传感器报警
B114E00～B117900	预留

（2）比亚迪 K9FE 电动客车

整车控制器安装位置见图 6-9。

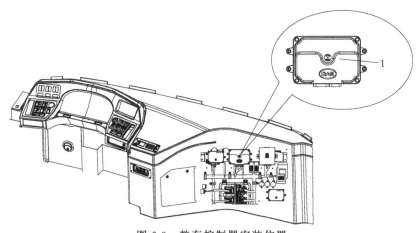

图 6-9 整车控制器安装位置
1—整车控制器

整车控制器总成采用 4 个六角法兰面螺母和电器舱内饰封板上的备焊螺栓固定。控制器故障代码见表 6-12。

表 6-12 整车控制器故障代码及含义

序号	DTC	故障含义	故障说明
1	B210000	加速信号校验故障	1、2 回路进行相互校验
2	B210100	加速 1 传感器内部错误	超出信号量程
3	B210200	加速 2 传感器内部错误	超出信号量程
4	B210300	制动信号校验故障	当 1、2 回路进行相互校验
5	B210400	制动 1 传感器内部错误	超出信号量程
6	B210500	制动 2 传感器内部错误	超出信号量程
7	B210600	前制动传感器采样或传感器故障	超出信号量程
8	B210700	中制动传感器采样或传感器故障	超出信号量程
9	B210800	后制动传感器采样或传感器故障	超出信号量程

续表

序号	DTC	故障含义	故障说明
10	B210900	驻车制动传感器采样或传感器故障	超出信号量程
11	B211400	挡位信号故障	同时采集到两个及以上挡位信号
12	B211500	D挡信号故障	挡位采集信号连续拉低10s以上
13	B211600	R挡信号故障	
14	B211700	N挡信号故障	
15	B211900	动力电池单节电压过高	比较BMS发送单节与单体上限
16	B211A00	动力电池单节电压严重过高	超过4.0V,持续3s
17	B211B00	动力电池单节电压过低	比较BMS发送单节与单体下限
18	B211C00	动力电池单节电压严重过低	低于2.0V,持续3s
19	B211D00	动力电池总电压过高	比较BMS发送总电压上限与V2G采样值
20	B211E00	动力电池总电压严重过高	超过3.7V
21	B211F00	动力电池总电压过低	比较BMS发送总电压下限与V2G采样值
22	B212000	动力电池总电压严重过低	超过2.2V
23	B212100	动力电池生命帧异常	3s无变化
24	U110400	与电池管理器通信故障	连续10帧报文未收到
25	U110B00	与铰接盘ECU通信故障	连续3帧报文未收到
26	U110C00	与ABS/EBS通信故障	连续5帧报文未收到
27	U110600	与后辅助控制器通信故障	连续10帧报文未收到
28	U120400	与2#BCM通信故障	连续5帧报文未收到
29	U120300	与1#BCM通信故障	连续5帧报文未收到
30	U120500	与组合仪表通信故障	连续5帧报文未收到
31	U110100	与左电机控制器通信故障	连续20帧报文未收到
32	U110200	与右电机控制器通信故障	连续20帧报文未收到
33	U110700	转角传感器通信故障	连续20帧报文未收到
34	B211800	电池限功率	①电池放电功率大于50kW,处于非"龟速状态" ②当电池"最大允许放电功率"<控制器"当前目标需求功率"的80%时,每触发一次记一次
35	B212200	倾角未标定	

6.4.2 安凯插电混动客车整车控制器

现有整车故障均会通过车头控制器故障灯闪码显示,故障出现时,显示屏会显示临时的应急措施,请驾驶员按提示操作。整车控制器故障闪码及说明见表6-13。

表6-13 整车控制器故障闪码及说明

序号	故障名称	故障灯显示	说明
1	EE	1,1	报警,继续行车
2	气压欠压	1,2	报警,发电机拖动发动机着车打气
3	后舱门	1,3	报警,停车,不能手动着车

续表

序号	故障名称	故障灯显示	说明
4	电容单体过压	1,4	停车
5	电容过温	1,5	停车
6	24V欠压	1,6	报警,发电机拖动发动机着车发电
7	驱动电机CAN	1,7	停车
8	助力转向CAN	1,8	停车
9	预充电CAN	1,9	停车
10	辅助控制器CAN	1,10	报警,继续行车
11	发电机CAN	2,1	停车
12	车头控制器CAN	2,2	停车
13	发动机CAN	2,3	停车
14	变速箱	2,4	停车
15	电磁阀1短路	2,5	停车
16	电磁阀1开路	2,6	停车
17	电磁阀1过载	2,7	停车
18	电磁阀2短路	2,8	停车
19	电磁阀2开路	2,9	停车
20	电磁阀2过载	2,10	停车
21	电磁阀3短路	3,1	停车
22	电磁阀3开路	3,2	停车
23	电磁阀3过载	3,3	停车
24	电容预充电	3,4	停车
25	电池预充电	3,5	停车
26	电容高压过压	3,6	停车
27	电容高压欠压	3,7	停车
28	电容高压严重欠压	3,8	停车
29	皮带故障	3,9	报警
30	高脚踏故障	3,10	报警,到急速下
31	加速踏板高脚踏故障	4,1	停车,故障模式下,踩电子制动踏板可以行使
32	制动踏板高脚踏故障	4,2	停车
33	加速、制动踏板同时踩故障	4,3	报警
34	加速器A故障	4,4	停车
35	加速器B故障	4,5	停车
36	加速器比例故障	4,6	停车
37	制动故障	4,7	
38	发动机启动故障	4,8	
39	发动机过温	4,9	报警,停车
40	发动机欠温	4,10	报警
41	发动机速度保护	5,1	报警

续表

序号	故障名称	故障灯显示	说明
42	主电机总故障	5,2	停车
43	助力转向总故障	5,3	报警
44	辅助控制器总故障	5,4	报警
45	发电机总故障	5,5	停车

根据表 6-13 所示的故障提示可参考表 6-14 进行对应的检修。

表 6-14 整车控制器系统故障排查

故障现象或部位	原因分析	排除方法
EE	整车控制器主板发生错误	更换整车控制器
气压欠压	气压低	手动着车打气
后舱门	后舱门打开	关闭后舱门
后舱门	后舱门接近开关故障	检测后舱门接近开关,检查是否有缝隙,如果有缝隙,调节间隙距离,否则更换接近开关
后舱门		检测开关线束是否正确
后舱门	整车控制器内部故障	更换整车控制器
电容单体过压	电容单体电压高于 58V	给电容放电
电容过温	电容温度高于 65℃	检测超级电容散热是否良好
24V 欠压	低压 24V	手动着车给 24V 充电
驱动电机 CAN	内网 CAN 线束出现短路或者断路	整理线束避免出现短路或者断路
驱动电机 CAN	主电机控制器的搭铁线虚接或漏接	将主电机控制器的搭铁线可靠搭铁
驱动电机 CAN	主电机控制器内部 CAN 电路异常	更换主电机控制器内部电路板或者更换主电机控制器
助力转向 CAN	内网 CAN 线束出现短路或者断路	整理线束避免出现短路或者断路
助力转向 CAN	助力转向控制器的搭铁线虚接或漏接	将助力转向控制器的搭铁线可靠搭铁
助力转向 CAN	助力转向内部 CAN 电路异常	更换助力转向控制器内部电路板或者更换控制器
发电机 CAN	内网 CAN 线束出现短路或者断路	整理线束避免出现短路或者断路
发电机 CAN	发电机控制器的搭铁线虚接或漏接	将发电机控制器的搭铁线可靠搭铁
发电机 CAN	发电机控制器内部 CAN 电路异常	更换发电机控制器内部电路板或者更换控制器
车头控制器 CAN	内网 CAN 线束出现短路或者断路	整理线束避免出现短路或者断路
车头控制器 CAN	车头控制器内部 CAN 电路异常	更换车头控制器内部电路板或者更换控制器
发动机 CAN	外网 CAN 线束出现短路或者断路	整理线束避免出现短路或者断路
发动机 CAN	整车控制器外网 CAN 电路异常	更换整车控制器内部电路板或者更换控制器

故障现象或部位	原因分析	排除方法
变速箱	变速箱换挡异常	手动按下气缸换挡,调节挡杆
	变速箱挡位信号传感器异常	手动按下气缸换挡,在每个挡位调节信号传感器位置,并固定好
	整车控制器控制换挡异常	更换整车控制器
电磁阀1短路 电磁阀1开路 电磁阀1过载 电磁阀2短路 电磁阀2开路 电磁阀2过载 电磁阀3短路 电磁阀3开路 电磁阀3过载	检测相应电磁阀线束是否短路或断路	整理线束避免出现短路或者断路
	整车控制器内部错误	更换整车控制器
电容预充电	超级电容电压低于20V	给超级电容充电
	预充电接触器烧坏	更换预充电接触器
	低压24V	给低压充电
	整车控制器内部错误	更换整车控制器
电容高压过压	超级电容电压高于410V	给超级电容放电
电容高压严重过压	超级电容电压高于430V	给超级电容放电
电容高压欠压	超级电容电压低于180V	发电机拖动发动机着车发电
电容高压严重欠压	超级电容电压低于120V	手动着车发电
皮带故障	发电机与发动机的皮带打滑严重	检查皮带是否磨损严重,是否需要更换
	发电机与发动机的皮带断	检查紧固电机皮带的螺母有无松动;检查发电机皮带轮与发动机皮带轮是否在同一平面内
高脚踏故障	驾驶员在上电前已将加速踏板踩下	驾驶员在上电前不要踩加速踏板
加速踏板高脚踏故障	加速踏板线束出现短路或短断路	整理线束避免出现短路或者断路
	加速踏板电位器异常	更换加速踏板总成
	整车控制器采样电路异常	更换整车控制器
制动踏板高脚踏故障	电子制动踏板线束信号线断后者漏接	整理线束
	电子制动踏板故障	更换电子制动踏板
加速、制动踏板同时踩故障	挂空挡时,驾驶员踩下制动踏板然后再踩加速踏板,即进入轰油门程序	松开加速踏板和制动踏板即可
加速器A故障 加速器B故障 加速器比例故障	检测加速信号线是否发生短路或断路	整理线束避免出现短路或者断路
	整车控制器内部错误	更换整车控制器
发动机启动故障	检查发动机启动之前是否出现过缺油现象,检查油路有无进气	按照传动发动机油路排气方法排气
	ECU电控信号是否正常	检查ECU线路
	发电机与发动机之间传动是否正常	检查皮带及传动系统

续表

故障现象或部位	原因分析	排除方法
发动机过温	发动机冷却液不够	检查水路有无泄漏的地方,如果有泄漏则进行维修;加注发动机冷却液至要求液面高度
	冷却风扇异常	维修冷却风扇系统
	节温器故障	更换节温器
	发动机水泵故障	更换发动机水泵
发动机欠温	发动机热车时间不够	热车时间长一点
	检测风扇是否一直工作	维修风扇冷却系统
发动机速度保护	发动机转速停在1100r/min或者1700r/min	检修发动机控制系统
主电机总故障(可以打开上位机主控制器部分,详细看故障列表)	控制器线束故障	检查线束
	控制器过压或者欠压	测试系统电压有无异常
	控制器温度高于90℃	检查控制器散热是否正常
	控制器硬件故障	更换控制器
	主电机温度高于150℃	检测Pt100是否正常;检测主电机冷却系统是否异常;检测风扇是否正常工作
	主电机相线开路	检测主电机相线是否正常

6.4.3 常隆新能源客车整车控制器

逸卡系统MCU单元故障码如表6-15所示。

表6-15 MCU单元故障码

故障码	故障含义	处理方法
E0001	EEPROM故障	检查CAN通信是否正常;测量总线间终端电阻值是否正常
E0002	从FPGA接收到的数据帧CRC校验错误故障	
E0003	从FPGA返回的功能码与预定不符	
E0004	FPGA通信超时,在设定时间内没有成功完成过通信	
E0005	J1939某节点地址声明重复	
E0006	J1939某节点地址声明无效	
E0007	I2C通信超时	
E0008	I2C通信忙	
E0009	挡位信号超时错误,即在一定的时间内没有检测到确认的挡位信号,并且只能等挡位信号正常后,用P挡清除	检查挡位开关
E0010	挡位信号错误,即同时有两个或两个以上挡位信号有效,只能等挡位信号正常后,用P挡清除	
E0011	踏板信号错误,两个踏板同时有效,单踩制动踏板1s后自动清除故障码组中的踏板信号错误故障	测量踏板信号是否正常输出
E0012	中门信号故障,加速踏板有效时中门10s没有关闭则报故障	中门是否未关到位;传感器是否故障
E0013	ECANA总线MCU节点超时故障	CAN总线是否正常工作
E0014	ECANB总线MCU节点超时故障	

续表

故障码	故障含义	处理方法
E0015	ECANA 总线 DCU 节点超时故障	CAN 总线是否正常工作
E0016	ECANA 总线 ACU 节点超时故障	
E0017	ECANA 总线 BCU 节点超时故障	
E0018	ECANB 总线主从式 BMS 主机超时故障	
E0019	ECANB 总线 BMS1 节点超时故障	
E0039	ECANB 总线 BMS20 节点超时故障	
E0040	单节电池电压过压故障	测量电池单体电压值是否在正常范围内
E0041	单节电池电压低压故障	
E0042	24V 蓄电池过压,蜂鸣器响	测量蓄电池电压值是否正常
E0043	24V 蓄电池低压,蜂鸣器响	
E0044	电池过温	
E0045	总电压过压故障	
E0046	CBU 节点超时故障	
E0047	单节电池低压限速警告	
E0048	应急信号限速警告	
E0049	应急信号警告	
E0050	速度模式运行警告	
E0051	舱门打开警告	
E0052	安全开关打开警告	
E0053	前气压低警告	
E0054	后气压低警告	
E0055	D/R 挡状态下充电连接有效或充电保护动作警告	
E0056	挡位有效、加速踏板有效状态下前门未关警告	
E0057	挡位有效、加速踏板有效状态下中门未关警告	
E0058	挡位有效、加速踏板有效状态下后门未关警告	
E0059	单节电池电压低压警告	
E0060	单节电池电压低压故障停机	
E0061	DCU 及电机温度传感器故障(全部断开或短接或 DCU 的 F7-06 禁止)	
E0062	60s 内没有接收到 BMS 所有节点的电池统计数据	

辅助控制器 ACU 单元故障码见表 6-16。

表 6-16 辅助控制器故障码

故障码	故障含义	处理方法
E0401	EEPROM 故障	返原厂检修
E0402	从 FPGA 接收到的数据帧 CRC 校验错误故障	
E0403	从 FPGA 返回的功能码与预定不符	
E0404	FPGA 通信超时,在设定时间内没有成功完成过通信	

续表

故障码	故障含义	处理方法
E0405	ACU 地址声明重复	一个以上 CAN 节点声明同一个地址,回原厂检修
E0406	ACU 地址声明无效	节点地址不在有效列表内,回原厂检修
E0407	ACU 发送数据超时,曾经成功发送数据后判断	关闭高压,打开低压。设置 F0-00 为 1,打开安全开关,观察 4 个接触器是否能正常依次闭合,然后断开安全开关,观察是否能正常依次断开,看指示灯 D1~D4 和接触器状态是否对应
E0408	ACU 接收数据超时,曾经成功接收数据后判断	
E0409	接收 MCU 数据超时,地址声明成功后判断	
E0410	接收 DCU 数据超时,曾经成功接收 DCU 数据及主电上电成功后判断	—
E0411	第一级预充电 KM 故障,欠压	测量电池电压值
E0412	第一级预充电 KM 故障,超时	测量电池电压值;检查通信是否正常
E0413	第一级主 KM 故障,触点短路	检查接触器及辅助触点
E0414	第二级预充电 KM 故障,欠压	检查接触器;测量电池电压值
E0415	第二级预充电 KM 故障,超时	测量电池电压值;检查通信是否正常
E0416	第二级主 KM 故障,触点短路	检查接触器及辅助触点
E0417	充电保护 KM 故障,辅助触点或主触点短路	检查接触器及辅助触点
E0418	漏电信号有效(不会自动清除)	测量绝缘电阻值是否在合格范围内;检查绝缘电阻仪是否正常工作
E0419	打气泵辅助变频器故障	检查变频器及安全开关
E0420	助力泵辅助变频器故障	
E0421	安全开关故障	
E0422	过温故障	检查温度传感器,测量实际温度值
E0423	温度传感器故障	检查温度传感器,测量实际温度值
E0424	第一级主 KM 故障,辅助触点故障	检查接触器及辅助触点
E0425	第二级预充电 KM 故障,辅助触点故障	检查接触器及辅助触点
E0426	第二级主 KM 故障,辅助触点故障	检查接触器及辅助触点
E0427	打气泵温度过高警告	检查温度传感器,测量实际温度值
E0428	与充电机通信故障,接收或发送	检查 CANH 和 CANL 线束,测量两端间的终端电阻值

项目 5　整车控制器故障排除案例

6.5.1　车辆无法行驶

(1) 故障现象

一辆新能源客车在充电后无法上高压电,无 READY 信号,行驶不了。

(2) 维修过程

① 检查发现仪表上无 N 挡显示,怀疑整车控制器没启动,不通信。

② 对于这种故障现象,首先想到的是整车控制器问题,可以直接更换控制器试试,当更换过控制器后车辆就正常了。故障部件实物如图 6-10 所示。

(3) 故障排除

更换整车控制器。

6.5.2 加速踏板故障排除

(1) 故障现象

一辆新能源客车高压可以送上车辆,但启动挂挡后踩加速踏板车子无法前进。

(2) 维修过程

① 电子加速控制系统主要由加速踏板、踏板位移传感器、电控单元(ECU)、数据总线等部件组成,踏板位移传感器安装在加速踏板内部,随时监测加速踏板的

图 6-10 故障部件实物

位置,当加速踏板高度发生变化时会瞬间将信号发往 ECU,ECU 对信息和其他系统传来的数据信息进行运算分析,计算出一个控制信号,通过线路传送出去。根据原理我们首先可以通过电脑里面配备的车辆系统查看软件看在踩加速踏板的时候加速踏板有没有发出信号。如果没有发出信号就说明加速踏板有问题。

可能原因:检查加速踏板有没有输出信号;检查加速踏板有没有电源输入信号;检查加速踏板有没有输出信号。

② 通过车辆系统平台查看加速踏板有没有发出信号,见图 6-11。

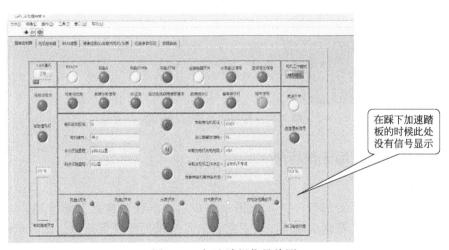

图 6-11 加速踏板信号检测

③ 再查看整车控制器通往加速踏板的 1903 线束有没有电源信号,见图 6-12,此线束是加速踏板的电源信号线束。

④ 1922 线束是加速踏板的信号线,见图 6-13,如果加速踏板正常的话,在踩加速踏板时,该线束会有变化的电压反馈。

在踩加速踏板时,若该线束没有变化的电压显示,说明加速踏板故障。

(3) 故障排除

更换加速踏板。

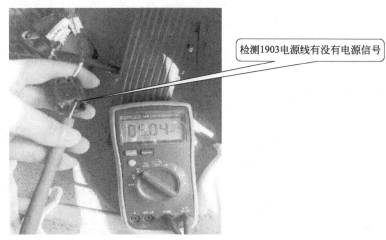

图 6-12　检查电源信号

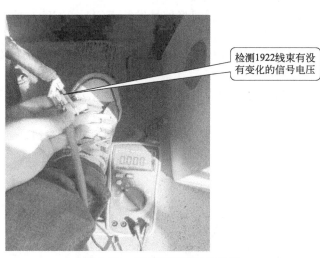

图 6-13　检测加速踏板信号线

6.5.3　车辆加速发梗后无法行驶

（1）故障现象

车辆在加速时发梗后无法行驶。车辆正常起步后，车辆电机处突然异响，车辆感觉发梗。故障发生后，检查仪表显示高压一切正常，未发生跳挡等明显故障。此时车辆无法继续行驶。

（2）维修过程

① 确立维修思路。重点从以下几个方面进行故障排查：车辆低压配电柜线路是否松动；高压配电柜保险是否损坏；电子加速踏板工作是否正常；整车控制器电机转矩命令值是否正常。

② 检查车辆低压配电柜线路是否松动。如图 6-14 所示，检查低压配电柜保险是否松动（低压配电柜左侧 2 个 50A 保险是否松动，曾有车辆出现过此类故障）。

③ 检查高压配电柜内的熔断保险是否损坏。

④ 使用 CAN 卡连接整车 CAN 线，使用电脑连接 PEAK。打开整车调试平台，如

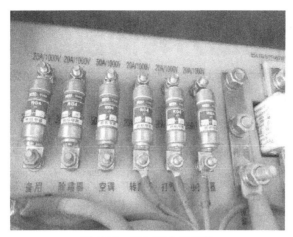

图 6-14 高压配电柜保险

图 6-15 所示,打开安凯自主系统进入整车控制器选项(车辆 CAN 线号为 33 和 34,一般在仪表台下方或者前门后方盖板内)。

图 6-15 连接诊断线进入诊断系统

⑤ 注意查看整车控制器界面的电机转矩命令值和电机控制器的电机转矩,见图 6-16。踩下加速踏板时整车控制器电机转矩命令值未改变,则证明整车控制器出现故障。

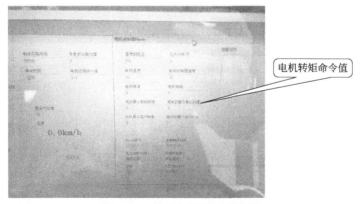

图 6-16 观察电机转矩命令值

(3) 故障排除

更换整车控制器后故障排除。

模块 7　电动助力转向系统原理与维修

项目 1　电动助力转向系统结构与原理

电动助力转向系统为新能源汽车提供转向助力，能够根据车辆运行状态为整体式动力转向器提供最佳的助力油压，使车辆转向操纵灵活，与传统的转向系统相比能使整车功耗下降3%～5%。

电动助力转向系统主要包括新能源部分的电动转向油泵、电动转向油泵支架、转向电机控制器、高压线束，同时包括传统部分的整体式动力转向器、转向盘、转向管柱、转向直拉杆、角转向器等。

转向系统采用杆系控制转向、液压助力，转向灵活、轻便、可靠，减轻了驾驶员的疲劳强度，并提高了驾驶的舒适性，保证了行车安全。其整体循环球式动力转向器、旋压式直拉杆、金属转向油罐、油管的合理布置使得整个转向系统简洁、轻巧、流畅。当前轮位于最大转向角时，动力转向器及电动液压助力转向泵上安装的自动卸荷阀通过限位卸荷阀的卸压作用，将系统压力降低到一个合适的压力值，可以达到节约燃料、降低液压系统发热、减轻转向杆系负荷、延长转向系统工作寿命的目的，对转向系统起到了保护作用。以东风超龙电动公交汽车为例，前桥液压动力转向管路系统主要由动力转向油罐、电动液压助力转向泵、液压油管和整体式动力转向器组成，如图 7-1 所示。电动液压助力转向泵从转向油罐吸入低压油，通过电动液压助力转向泵的工作，将低压油变成高压油，由电动液压助力转向泵送到转向器。

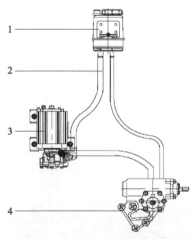

图 7-1　电动助力转向系统部件
1—动力转向油罐；2—液压油管；3—电动液压助力转向泵；4—动力转向器

动力转向油罐用以储存转向助力介质液压油，转向油灌装在引擎盖内，打开引擎盖后，很方便进行检查与保养。油罐内装有滤芯，对液压油进行过滤，保证液压系统的清洁，同时还具有排除系统中空气的作用。电动转向泵是纯电动客车、混合动力客车的转向动力源，为汽车提供可靠的转向助力,是转向系统的关键部件。转向器采用整体式循环球动力转向器,结构先进,性能稳定,可靠耐用。转向传动装置使驾驶室内部更紧凑,使用更加稳固,转向盘的位置可以进行前后、上下调整。采用的转向传动装置带有两个十字轴万向节,两万向节之间由花键轴及套筒连接,以满足配合需要。

项目 2　电动转向油泵拆装及注意事项

7.2.1　电动转向油泵结构

电动转向油泵作为新能源客车的关键部件,向整体式动力转向器提供能量,向转向系统提供助力。电动转向油泵主要由转向电机、转向油泵及连接结构组成,如图7-2所示。

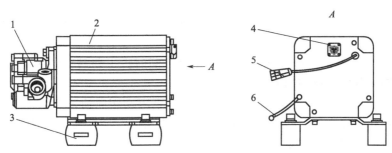

图 7-2　电动转向油泵结构

1—转向油泵；2—转向电机；3—绝缘减震垫；4—高压接插件；5—温度信号线及接插件；6—电机屏蔽线

7.2.2　电动转向油泵安装说明

① 电动转向油泵油通过4个M12×30的六角头螺栓、4个 $\phi 12$ 的弹簧垫圈、4个 $\phi 12$ 的平垫圈安装在车架孔上。

② 高压线通过接插件与电动转向油泵的接插件对接,连接转向电机的U相、V相、W相;高压线的屏蔽层末端为Y8的0T端子,与转向电机的屏蔽线一起固定在搭铁线柱上。

③ 转向电机接地的屏蔽引线一端（$\phi 6$ 的O形端子）通过M4的内六角螺栓连接在转向电机的外壳上,另一端（Y10的O形端子）通过1组M8的六角法兰螺栓、弹簧垫圈及平垫圈连接在搭铁线固定件上。

④ 转向吸油软管和高压管通过接头分别连接到转向油泵的进油口和出油口。

7.2.3　电动转向油泵维修规程

电动转向油泵的维修规程包括检查及调整、拆卸、安装和更换转向液压油。

（1）检查及调整

检查及调整见表7-1。

表 7-1　检查与调整说明

检查项目	检查内容	调整方法
检查外观	总成外部是否有灰尘	清除灰尘
检查液压油	液压油面是否在转向油罐的规定刻度范围内	加注转向液压油至标准液位,疏通油路,清除油路杂质

续表

检查项目	检查内容	调整方法
检查液压油	杂质是否造成液压油混浊	新车行驶2500km更换一次液压油并清洗油路，以后每4.8万km更换一次液压油并清洗油路
转向油路检测	转向油管是否损坏，是否渗漏油液	紧固油管接头或更换油管
助力转向油泵支架	连接螺栓是否松动，支架是否变形、断裂	紧固连接螺栓或更换支架
转向助力状态	转向助力是否正常	根据故障诊断确定原因，及时排除故障

(2) 拆卸步骤

① 将车辆停放在水平路面上，关闭整车高压和低压电，设定好驻车制动，同时在车轮下放置掩轮器以防止车辆移动；

② 分别依次按下转向高压线和转向控制器、电动转向油泵连接端的接插件；

③ 用3#内六角扳手拆下高压线与电动转向油泵连接端的屏蔽线，用10#开口扳手拆下转向电机接地屏蔽引线与搭铁线固定件的连接螺栓；

④ 从转向油泵上拆下转向吸油软管和高压管，同时拆下与转向油泵连接段的接头，具体拆解参照传统部分的维修与保养；

⑤ 用活口扳手和18#套筒及大棘轮从车架上拆下电动转向油泵。

注意：在拆卸过程中避免转向液压油洒入转向电机的接插件内；及时用容器盛放流出的转向液压油，避免转向油液污染环境。

(3) 安装步骤

安装过程及顺序与拆卸过程相反，请参照拆卸过程执行。电动转向油泵安装完成后，向转向油罐中加注转向液压油，启动车辆实现电动液压助力转向系统正常工作，左右转向排出转向油路中的空气，最后添加转向液压油至转向油罐的标准液位。

(4) 更换转向液压油

① 将汽车前桥支起，使转向轮适当离地（间隙以转向时车轮不接触地面为准），同时在后桥车轮下放置掩轮器以防止车辆移动。

② 松开转向油罐与回油管连接的卡箍，拔掉回油管，用容器收集液压油，回油管要尽可能低，低于整体式动力转向器和电动转向油泵的高度，以利于排除液压油。

③ 左右转动转向盘，利用从转向油罐吸入的空气排除转向油路中的液压油。

④ 液压油排干净后，将回油管接到转向油罐上。

⑤ 清洗油路：加注新的转向液压油到转向油罐溶剂的2/3处，左右转动转向盘，转向油壶中的液压油被吸入转向油路，再次拔掉回油管，重复②~④步骤。

⑥ 如果油路污染严重（转向液压油很混浊），需多次清洗油路。

项目3 电动助力转向系统常见故障排除

7.3.1 转向管路系统加油与转向盘调整方法

(1) 转向管路系统加油方法

① 先将油罐注满油，点火并上高压电3~5s，然后检查油面高度并加油。此程序至少重复三次。在整个加油过程中，不允许油面下降过快或油罐无油，以免系统吸入空气。

② 左右打转向盘，检查油罐油面是否符合要求。

③ 将转向盘从左极限位置转至右极限位置，并重复进行多次，直至油面无气泡逸出，最后加注油液至规定油面（即油面应在油标尺上下两刻度之间）。

（2）转向盘调整方法

如果转向盘自由转动量过大，应做如下调整：

① 检查调整前轮毂轴承间隙。

② 检查横直拉杆接头是否松旷，如松旷应进行调整。

③ 检查横直拉杆的球销锥体与上、下节臂锥孔的配合状况，拧紧球销螺母，然后锤击接头处，再将螺母旋入 1/3~1/2 圈到刚能插入开口销为止，不允许为了插入开口销而松退螺母。

④ 检查转向垂臂与转向器摇臂轴花键连接处及其紧固螺栓有无松动。

⑤ 检查调整转向器摇臂轴与齿条活塞的啮合情况。

7.3.2 电动助力转向油泵故障排除

电动助力转向油泵故障排除参考表 7-2。

表 7-2 电动助力转向油泵故障排除

故障类型	产生原因	排除方法
泵不吸油或吸油不足	油液黏度大	使用推荐黏度的油液
	油箱内油液液面太低	添加推荐黏度的油液
	吸油管漏气	查出漏气处并予以修复
	从泵颈回转密封处吸入空气	拆开泵，检查回转密封圈有无损坏并予以更换
压力达不到要求	稳流阀卡在全开启状态，流量内泄，造成压力不足	拆开阀，清洗阀芯和阀孔，排除脏物
	稳流阀磨损，间隙增大	更换相应磨损件
	调压阀泄漏，造成压力不足	清洗压力阀座和阀芯
	阻尼孔被堵塞	清洗
	流量旁通路拐压，压力上不来	检查油路是否被拐，检查压力油是否从执行件旁路流出
噪声	滤芯器堵塞，吸油不畅	检查滤芯器是否堵塞，若堵塞则予以修复或更换滤芯
	液压进油系统有气体进入	检查进油连接部分是否有漏气处，若有则予以修复
	进出油管太细太长，弯头太多	加粗、缩短油管，减少弯头
	电机与控制器参数不匹配	核实控制器参数

7.3.3 动力转向器故障排除

动力转向器故障排除参考表 7-3。

表 7-3 动力转向器故障排除

故障类型	产生原因	排除方法
转向沉重或助力不足	储油罐缺油或油液高度低于规定要求	检查是否有油液泄漏，若有则修理后按规定加满油液即可，若无只要按规定加满油液即可

续表

故障类型	产生原因	排除方法
转向沉重或助力不足	油压回路中渗入了空气	查明漏气部位并修理,最后排除渗入的空气
	油路堵塞或滤油器污物太多	疏通油路或清洗滤油器
	油泵磨损,内部泄漏严重	更换
	安全阀泄漏、弹簧弹力弱或调整不当	更换损坏件或重新调整安全阀弹簧
	各油管接头处密封不良,有泄漏现象	拧紧松动的接头或更换损坏的接头或密封圈
	动力缸或转向控制阀密封圈损坏	更换密封圈
转向回正不良	转向油泵输出油压低	检查调整油泵安全阀,必要时修理
	液压回路中渗入空气	查明漏气部位并修理,最后排除空气
	回油软管扭曲阻塞	更换回油软管
	转向控制阀或转向动力缸发卡	拆检修理
	转向控制阀定中不良	拆检修理
汽车直线行驶时转向盘发飘或跑偏(应在平坦路面上从两个方向试车)	由于油液脏污使转向控制阀不能及时回位	清洗整个动力转向系统并更换油液
	转向控制阀阀芯偏离中间位置,或虽在中间位置但与阀体槽肩的缝隙大小不一致	将控制阀调整至中间位置或更换控制阀
	流量控制阀卡滞使油泵流量过大或油压管路布置不合理,造成油压系统管道节流损失过大,使动力缸左右腔压力差过大	检修流量控制阀及油压管路
左右转向轻重不同	调整螺母调整不当	重新调整
	转向控制阀阀芯偏离中间位置,或虽然在中间位置但与阀体槽肩的缝隙大小不一致	拆检或更换控制阀
	控制阀内有污物阻滞,左右转动阻力不同	分解控制阀并进行清洗
	液压系统中动力缸的某一油腔密封件或零件损坏造成严重内泄漏	更换密封件或零件
	油路漏损	查明漏损部位并进行修理
转向时转向盘抖动	储油罐液面低	按规定加满油液,如果液面过低应查明泄漏部位并修理
	油路中渗入空气	查明漏气部位并修理,最后排除空气
	转向油泵输出压力不足	首先检查油泵皮带是否打滑,然后检查油泵安全阀是否调整合适,必要时更换油泵
	转向油泵流量控制阀卡住	拆检流量控制阀
转向时转向器或转向油泵有噪声	转向控制阀性能不良	拆检
	储油罐中液面过低,油在工作时容易渗入空气	检明漏油部位并修理,最后按规定加满油液并排除系统中的空气
	液压系统中渗入空气	查明漏气原因并修理,最后排除系统空气

续表

故障类型	产生原因	排除方法
转向时转向器或转向油泵有噪声	滤油器滤网堵塞,或液压回路中有过多的沉积物	清除沉积物,疏通油管路
	油管接头松动或油管破裂	拧紧油管接头或更换破裂油管
	油泵严重磨损或损坏	更换
储油罐内油液产生乳状泡沫、液面低以及油泵输出压偏低或压力不稳	转向系统中有空气或转向系统泄漏	检查有无系统泄漏并排除,如果油面不低,泵内还起泡沫,应将泵从车上卸下,检查壳体有无裂纹,螺塞有无松动,如有应给予必要修理
转弯时转向盘瞬时转向力增大	液面低	按要求加注动力转向液
	转向泵内泄量过大	检查泵的压力并给以必要的修理
转向油泵输出压力低	流量控制阀卡滞或不工作	清除毛刺、脏污或更换零件、冲洗系统
	压力板或油泵定子未靠平	纠正、靠平
	配油盘或转子擦伤	更换零件,冲洗系统
	叶片安装不当	正确安装叶片
	叶片卡在转子槽内	清除毛刺、胶质或脏物,冲洗系统
	配油盘有裂纹或破裂	更换零件

项目 4　电动助力转向系统故障排除案例

7.4.1　转向驱动电机不工作

（1）故障现象

一辆新能源客车打开转向开关过后,转向驱动电机不工作,转向盘无法转动。

（2）维修过程

① 转向驱动电机没有工作可能的原因：转向开关不正常；转向变频器控制线束不正常；高压配电柜里面的转向高压电不正常,高压保险不正常；转向变频器高压输入电源不正常；转向变频器高压输出信号不正常；到达转向电机处的工作电压不正常。

② 检查转向开关是否正常,见图 7-3。

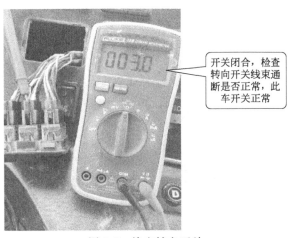

开关闭合,检查转向开关线束通断是否正常,此车开关正常

图 7-3　检查转向开关

③ 如图 7-4 所示，检查转向变频器开关连接端口的线束通断是否正常，已排除开关到变频器之间的连接线束不正常。

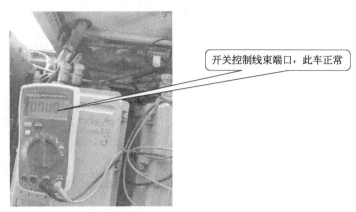

图 7-4　检查转向变频器开关控制线束

④ 如图 7-5 所示，检查高压配电柜里面的转向供给高压是否正常，转向保险是否正常。

图 7-5　检查高压配电柜转向保险

⑤ 如图 7-6 所示，检查高压配电柜提供的转向高压电有没有到转向变频器的电源输入端。

图 7-6　检查高压电输出与输入

⑥ 如图 7-7 所示，检查转向变频器输出端口有没有电。

检测变频器电压输出三孔端口两两之间的电压是否稳定

图 7-7　检查转向变频器输出端口有没有电

⑦ 如图 7-8 所示，检查变频器输出电压到转向电机端口的电压是否正常。

图 7-8　检查变频器输出电压

⑧ 检查转向电机连接线束两两电压是否稳定正常。

（3）故障排除

此车为转向驱动电机故障，更换电机后问题得到解决。

（4）维修小结

此车是电机故障导致转向泵无法工作，如果遇到电机工作正常但是转向盘在转动的时候很沉重时就要检查以下方面：①转向油罐油位是否过低。如果过低应及时添加转向油至正常油位线。②转向传动轴与转向器相连的万向节运动不灵活。反复运动到万向节灵活自如。否则需更换修理转向器。③是否有空气进入油泵。检查更换油罐出油口、油泵进出口、油泵与发动机连接处的密封件。

7.4.2　车辆行驶中转向没有助力

（1）故障现象

新能源客车在行驶中出现突然没有助力的现象。

（2）维修过程

① 确立维修思路：首先判断转向电机是否工作，如工作的话，检查是否是缺转向油导

致。如转向电机不工作,就检查转向变频器是否工作。如转向变频器工作,就检查转向电机是否正常。如转向变频器不工作,就检查变频器是否有高压输入。

② 先看转向电机是否工作,经检查转向电机没有工作,可以判断不是缺油所导致的。

③ 测量转向变频器的高压输出端是否有交流输出,如有则说明变频器没有故障。

④ 检查转向电机,打开转向电机的接线盖发现三相线有一相烧坏,如图7-9所示。

图7-9 转向电机三相线损坏

7.4.3 车辆行驶中转向丢失

(1) 故障现象

一辆新能源客车行驶中突然转向丢失,但是高压电有,系统状态正常。

(2) 维修过程

① 系统状态正常,转向泵不工作,要么就是转向保险损坏,要么就是转向电机故障。转向电机工作原理是:闭合转向开关,转向变频器接收到信号后,输出电压给转向电机让其工作。

② 从转向变频器输入端量取电压,有550V说明高压配电柜内转向保险正常。

③ 接着检测输出端,也有高压电,说明转向变频器正常。

④ 打开转向电机的接线盒,发现电机的进线端烧毁,见图7-10,重新做接线头接上后正常。

图7-10 电机线路烧毁

(3) 故障排除

修复烧毁的线束。

(4) 维修小结

这种故障比较好判断,从变频器输入输出端分别量取电压,就可判断变频器是否正常,如没输入就是高压配电柜问题，有输出不工作就是电机或者线路故障，需要注意的是在接线前一定要量取电机的阻值，确保电机没有损坏才可接线，避免二次故障的发生。

7.4.4 电动转向系统维修经验

转向故障也是新能源车辆常见故障，此问题发生时，会出现转向异常、无转向助力等情况。故障的判断分析方法为：

（1）方向重

方向重可能为液压助力泵缺油，或者泵头磨损等，需打开泵头检查。

（2）方向抱死

方向抱死有多重原因：

① 转向变频器损坏，需检查变频器输入输出，见图7-11。

② 转向电机烧坏，需检查电机有无故障，见图7-12。

图7-11 检查变频器输出与输入端

图7-12 检查转向助力电机

③ 转向泵头损坏或者泵头与电机之间联轴器损坏，见图7-13。

图7-13 检查转向泵

模块 8　气压系统原理与维修

项目 1　电动空气压缩机

8.1.1　总成结构原理

8.1.1.1　部件结构

AZE 滑片式空压机主要由压缩机、电机、冷却器、底盘等四大部件构成，内部构造见图 8-1。压缩机和冷却器用弹性联轴器及连接器直接安装在电机的法兰面上，构成整体后安装在一个底盘上。

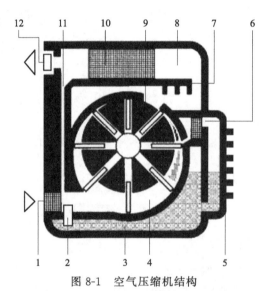

图 8-1　空气压缩机结构

1—空滤；2—吸气调节器；3—油腔；4—压缩腔；5—油冷却器；6—油滤；7—迷宫式分离腔；8—压缩空气；
9—转子；10—油气分离器；11—回油阀；12—最小压力阀

8.1.1.2　工作原理

(1) 压缩原理

空气经过空气滤清器过滤后，由吸气阀进入压缩机。该阀门可以根据用气需求调节空压机的供气量，从而保持稳定的工作压力。转子在定子中偏心旋转，其表面开有垂直的槽，滑片置放于槽内，并在离心力的作用下紧贴定子的内壁，这样，定子、转子和滑片就形成了一系列空腔-压缩腔，空气在压缩腔中被压缩。压缩过程中的润滑和冷却是由一个高效的注油系统来完成的，该系统可以保证在较低的润滑油消耗水平下很好地完成过程控制。系统在转子内壁上形成的油膜避免了金属部件的接触，从而消除了磨损现象。随着转子的转动，相邻两个滑片与定子形成的压缩腔体积减小，从而完成压缩过程。被压缩的油气混合物经过多重分离后含油量小于 2.5mg/kg。分离后的纯净空气经过冷却器冷却，其中产生的冷凝水经过排水阀排出。

(2) 润滑油

密封、冷却和润滑是靠压缩机内部油的循环来保证的。此过程是靠压缩腔与油腔之间的压力差来完成，不需要油泵。油循环的同时也驱动进气调节系统（伺服阀、进气阀）。

(3) 油气分离

被压缩的油气混合物通过迷宫式路径从转子-定子单元中排出，绝大部分的油在迷宫式结构中因为不断变换方向而被分离。混合气体经导气管小孔喷向油分座又进行一次碰撞分离。注意拆装导气管时要观察端部标识，不得装反。剩余的油进入油气分离器滤芯，在凝聚效应的作用下被分离出来。

(4) 最小压力阀/止回阀

压缩空气通过最小压力阀/止回阀离开压缩机。该阀的作用是在内部达到最佳工作压力前防止低压空气冲击油分芯；维持机器内部最低压力；并防止用户管路压力对压缩机产生影响。

(5) 油冷却

由空气压缩过程中产生的热传输到油中，可通过散热器，由风扇产生的气流冷却。

(6) 进气阀

压缩机的进气量由进气阀调节，进气阀是由伺服阀通过液压管路控制，所用油采用同一类型的润滑油

(7) 进气和控制系统主要部件

该空气压缩机进气系统采用优质空气滤清器，过滤精度高，其作用是过滤进入压缩机空气中的灰尘等杂质。用户应根据使用工况进行定期保养或更换。滤芯外表积灰可用低压空气由内向外轻轻吹除，滤芯如严重阻塞或破损应及时更换。

进气口采用伺服机构调节。当用气量减少，机内压力升高时，伺服机构调整吸气调节器减小开启度直至完全关闭，使压缩机进入卸荷工作状态。当用气量增加，机内压力下降时，吸气调节器自动开启，从而使压缩机的供气量和用气量相对平衡。伺服阀的压力在出厂时已设定，通常定在 0.95~1.0MPa，一般不允许用户调整。

滤油装置采用高质量的丝网滤油器，能滤去直径≥2.5μm 的杂质和润滑油氧化物，从而保证压缩机内各摩擦副良好的润滑状态，延长油气分离元件的使用寿命。滤油器应定期更换。

压缩油气混合物经过多次机械碰撞粗分离后，在通过油气精分离器时被分离的油粒在自重和压力的作用下，通过回油过滤器及回油孔被引入压缩机的工作腔内。供用户使用排出的气体含油量≤2.5mg/kg。用户应按规定或使用工况定期更换油分芯。最小压力阀安装在压缩空气的出口处，其作用是保持机内 0.5~0.6MPa 的最低工作压力，以保证良好的润滑和冷却循环以及较佳的油气分离效果。最小压力阀与机内卸载系统配合能有效防止压缩空气回流和实现停机时的自动卸载排气，使压缩机再次启动时机内无压力。

8.1.2 拆装及使用

(1) 拆卸步骤

① 将空压机与铜弯管相连的白色编织软管拆下，然后将空压机与空气过滤器相连的管路拆下，以及断开与空压机相连的电气线路，见图 8-2。

② 使用扳手松动螺母，见图 8-3，分别取下垫片螺栓使得空压机支架与安装支架分离，取下空压机平稳地放在地面上。注意：以上操作请务必确认驱动电机和控制器均断电。

图 8-2　断开相连的管路

图 8-3　螺栓安装位置

(2) 安装步骤

① 将螺栓穿入空压机支架、减震软垫以及固定支架，拧紧螺母将空压机固定。

② 连接空压机到空气干燥器管路及相应的管线路，见图 8-4。注意：以上操作请务必确认驱动电机和控制器均断电。

图 8-4　连接管路

(3) 移动和装配注意事项

① 移动时应通过托起底板来搬运设备，请不要抓住排气管、过滤器座来搬运。

② 安放时设备应安装在宽敞、通风良好的地方，必须防止泥水溅到空压机上。

③ 空压机安装在车辆上时，因减震频率不同，必须使用原厂的橡胶减震垫，否则有可能损坏空压机。

④ 减震块上下螺栓的紧固必须可靠，严禁将空压机直接硬连接在车辆上。

⑤ 空压机压缩气体出口的螺纹规格为 M22×1.5，深度 12mm。连接时，为防止漏气，请使用原厂的乐泰 W567 的螺纹密封胶。紧固时间需超过 1.5h 后才能使用。

⑥ 空压机与干燥器连接的管路要求耐压 1.2MPa 以上，耐高温 200℃ 以上，管路内壁不小于 ϕ12mm，弯曲半径大于 150mm。

AZE 车载滑片式空压机外形及安装尺寸见图 8-5。

⑦ 压缩机应安装在通风良好远离热源的地方，不能安装在有烟、毒气或易燃气体的地方，并需防止雨水喷溅在机器上，环境温度应在 -25~45℃ 范围内。

⑧ 安装电气设备必须由具有电工资质的专业人员进行操作。

⑨ 压缩机必须保持良好的接地。

⑩ 空气管路必须由专业人员连接。管路的尺寸与压缩机的排气量和排气压力匹配，排气管尽量低于排气口高度，便于冷凝水排出，并且能够方便更换。

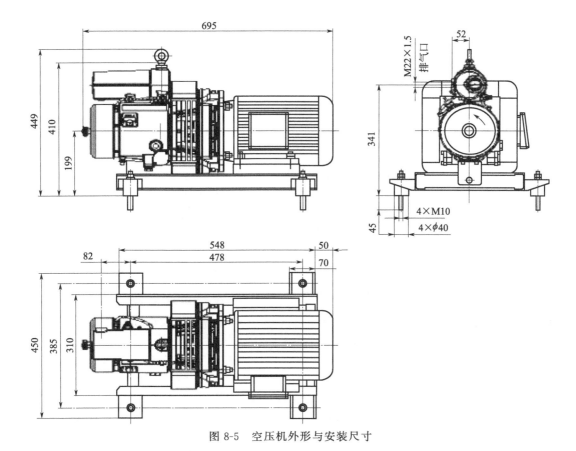

图 8-5 空压机外形与安装尺寸

⑪ 空压机安装方向必须充分考虑加油、放油方便，必须有利于观察视油镜和压力表。

⑫ 空压机必须水平安装，连接牢固，前后左右需留有 100mm 以上空间，以便维护及保养。

8.1.3 维修与故障排除

8.1.3.1 总成故障快速排除

空压机故障排除参考表 8-1。

表 8-1 空压机故障快速排除

故障	原因	排除方法
通电后，空压机无反应	控制器无电压输出	检查控制器与空压机间的接插件是否可靠连接。测量控制器有无电压，如无，则控制器故障
	无高压动力至电机	断开高压接插件，上电后，用万用表检测控制器端有无交流电流
通电后，空压机间歇工作	控制器无低压控制信号	断开低压控制接插件，用万用表测量是否有 DC 24V 电压。如无，请使之正常
	无法接收风扇的反馈信号	请确认风扇的信号反馈方式
	温度传感器故障	检查温控元件是否断线，阻值是否正常
	低压控制接插件未插好	检查插接是否牢靠

续表

故障	原因	排除方法
空压机震动或声音异常	减震器螺栓松动	重新拧紧
	运动部位与其他部位接触	联系供应商
	压缩机主机、电机有异响	
	橡胶减震器老化	更换减震橡胶
	单向阀故障	更换单向阀
	开启后主机反转	检查相序是否正确
	停机后主机反转	单向阀故障
压力无法上升或上升过慢	管路泄漏	检查气路,通知供应商
	空气过滤器堵塞	使用气枪清洁,污染严重时更换
	安全阀漏气	更换
	单向阀漏气	更换
	车辆管路漏气	排查车辆管路漏气点
压力升到0.9MPa以上不停机	控制器设置故障	重新设置控制器程序
电机过热	主机密封条或电机异常	联系销售供应商
风扇不工作	无电压输入	检查保险丝、风扇继电器、风扇插针
风扇正常工作而空压机工作一会就停机	仪表过早显示温度大于90℃	排查仪表温度线束

8.1.3.2 总成故障排除案例

(1) 车辆行驶过程中打气泵不工作

① 故障现象:车辆行驶过程中气压表显示气压低,见图8-6,打气泵不工作,车辆无法行驶。

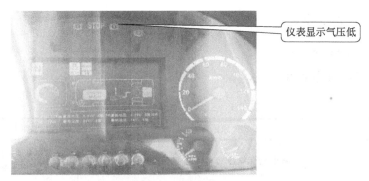

图8-6 仪表显示

② 维修过程:

a. 该车型配用的打气泵压缩机为合肥马泰压缩机,其正常的工作状态是驾驶员在踩刹车等情况使用气体的时候车身本身的储气筒气压会降低,整车控制器通过数据监测判定气压不够,向打气泵发出控制,打气泵开始工作,工作到一定的设定气压值后打气泵开始排气,等待数秒后打气泵停止工作,如此反复。

可能故障及处理措施:

- 整车控制器没有发出气泵输出信号,打气泵翘板开关工作不正常。
- 压缩机的各级电源是通过打气泵变频器供给的,检查打气泵的高压各级电源是否正常。
- 打气泵压缩机和气泵变频器以及高压配供给电柜之间是通过控制线束连接,检查各段线束工作是否正常,有没有出现断路情况。
- 打气泵压缩机上面配有一个温控阀,检查温控阀线束是否正常。
- 车身底盘配有气压传感器,检查气压传感器是否正常。

b. 整车控制器连接气泵的输出信号线束是2032,然后通过翘板开关经过7007最后接地,首先用万用表检测2032有没有24V,然后看7007有没有24V,见图8-7(2032有电说明控制器已经发出信号,7007有电说明打气泵翘板开关是好的)。

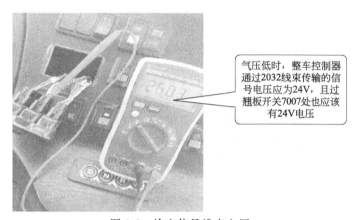

图8-7 检查信号线束电压

c. 打气泵变频器的高压供电是通过高压配电柜的,检查高压配电柜打气泵供给高压是否正常,打气泵高压保险是否正常,见图8-8。

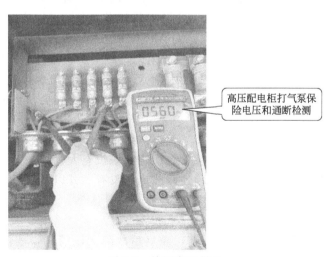

图8-8 检测高压供电

d. 如果打气泵供给电源正常,这个时候就要检查打气泵变频器是否正常,打气泵变频器上面有两个高压线束连接端口,一个是变频器高压输入信号,另一个是输出信号。见图8-9,检查输入输出是否正常,如果有输入没有输出且其他都正常可能是打气泵变频器故障。

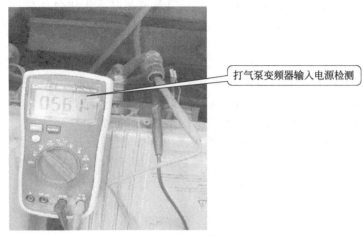

图 8-9 打气泵变频器输入电源

e.检查打气泵变频器、高压配电柜、打气泵温控阀之间的控制线束连接有没有断路（打气泵变频器与打气泵之间的7038线束直接连到温控阀，变频器上面的线束7008通往高压配电柜连接线束端口的8号脚，经过高压配电柜里面的打气泵接触器再从10号脚输出，再通过7010线束连到打气泵温控阀。检测变频器7038线束端口到温控阀7038端口的通断；变频器7008线束端口到高压配电柜线束端口8号脚的通断；高压配电柜10号脚所连7010线束到打气泵温控阀7010线束端子的通断，如果有断开现象则不正常）。

此车检测结果：打气泵温控阀故障，温控阀连接到压缩机上面的线束断开。

③ 故障排除：修复温控阀断路线束。

④ 维修小结：打气泵常工作、常排气或不排气。

a.常工作、常排气：

- 打气泵参数标定数值过大，打气泵达不到所标定的数值，所以，打气泵会一直工作。
- 气压传感器损坏，一直输出信号。此类问题不影响车辆运行使用。

b.打气泵不排气：

- 打气泵参数标定数值过小，打气泵气压值未达到干燥罐排气值，所以不排气。
- 干燥罐压力调节过大，打气泵气压值达不到干燥罐压力值就会造成不排气。

如果遇到不排气的情况，尤其是冬季应及时处理，否则可能会使管道内积水，导致打不上气，无法行驶。

在车辆行驶过程中突然打气泵不工作了可以按照打气泵的工作原理一步一步检查。一般出现这种情况整车控制器那一块的打气泵参数设定应该没有太大问题，主要排查有没有高压供给电源，打气泵保险有没有损坏，各段连接线束有没有断开以及高压配电柜里面的打气泵接触器和打气泵变频器本身的问题。

(2) 车辆运行中气压不够

① 故障现象：车辆在运行中气压不够，重启后故障无法消除，车辆制动无法解除，无法行驶。

② 维修过程：

a.该车辆打气泵工作条件为气压传感器给予整车控制器信号，整车控制器输出工作信号给予打气转向翘板开关，开关闭合后高压配电柜接收信号，打气继电器吸合。变频器要工作，就要接收到高压配电柜和打气泵温度传感器信号，只有有了这两个信号后才能工作。

检修此故障主要检查以下几个方面：变频器工作电压是否正常；气压传感器检测反馈是否准确；整车控制器是否输出工作信号；打气泵的温度和温度传感器的工作；打气泵电机是否损坏。

b. 检查高压配电柜打气泵高压保险是否损坏，保险上下端都应有600V左右的电压，如图8-10所示。

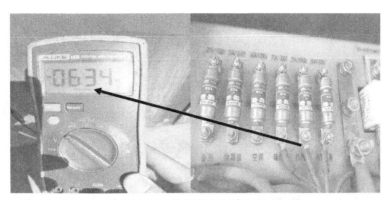

图8-10 检测打气泵高压电

c. 用电脑查看气压传感器反馈值是否正常，是否有误差或不显示。

d. 检查打气泵的温度传感器工作是否正常，检查时可以把传感器的两根线并线处理，如打气泵正常工作则传感器故障，如图8-11所示。

图8-11 检查温度传感器

e. 检查整车控制器输出给变频器的工作信号电压，发现没有信号电压输出。

③ 故障排除：更换整车控制器。

(3) 车辆报警无气压，打气泵未工作

① 故障现象：打气泵不工作，车辆报警无气压，仪表的气压指示低于6bar。

② 维修过程：

a. 分析可能的故障点：打气泵变频器无输入，打气泵变频器使能信号无电，打气泵变频器无输出，打气泵温度过高保护。

b.将高压送上，断开打气泵变频器输入端，测量输入端是否有500V以上的高压，见图8-12。

c.测量后发现输入端良好，测量信号线两端通断是否正常，见图8-13，经排查两端信号线通断正常。

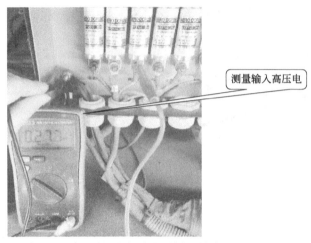
图8-12　测量变频器输入端高压电

图8-13　测量信号线通断

d.检查打气泵输出端，发现打气泵输出端有380V电压输出，确定为打气泵电机损坏。

③ 故障排除：更换打气泵电机。

(4) 仪表气压一直显示为0

① 故障现象：仪表气压2始终显示0，见图8-14。

② 维修过程：

a.分析此故障主要排查打气泵是否工作，确定气压传感器是否正常。

b.先查看打气泵工作状态，经检查打气泵工作正常，且气压1显示正常。

c.检查制动总泵上的气压传感器，见图8-15，将气压1传感器和气压2传感器互换后，气压1仪表上不显示。所以判断气压传感器损坏。

图8-14　仪表气压显示

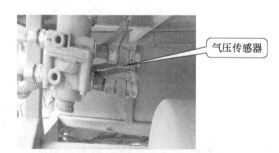
图8-15　制动总泵上的气压传感器

③ 故障排除：更换气压2传感器。

(5) 车辆运动时气压过低报警

① 故障现象：客车在运行时气压过低报警，经查为打气泵不工作。

② 维修过程：

a. 该车辆使用的是武汉力行的变频器和马泰的打气泵,高压直流输入到变频器,由整车控制器输出控制信号,变频器交流输出给打气泵供电。引起打气泵不工作的原因有以下几点:变频器直流输入不正常;控制信号不正常;打气泵电机不正常。

b. 检查变频器的高压输入端,万用表打直流挡测量输入端电压,经查有电。

c. 把变频器信号线短接后看打气泵是否工作,如图 8-16 所示。

图 8-16　短接气泵信号线

d. 打气泵还是没有工作,再测量交流输出端的电压。无交流输出,判断为变频器损坏。

③ 故障排除:更换变频器。

(6) 车辆气压表气压下降严重,无法行驶

① 故障现象:新能源客车行驶中气压表显示气压下降得厉害,已经达到报警值,无法行驶。

② 维修过程:

a. 此故障夏季发生较为频繁。打气泵工作的原理:当气压值低于 0.6MPa(气压传感器对应检测值为 3V),气压传感器检测到低气压信号,发送给整车控制器(线号 1913),整车控制器收到后,发出气泵输出信号(线号 2032),高压配电柜内打气泵控制继电器吸合,打气泵变频器收到信号(7008),开始输出电压给打气泵电机,打气泵工作,直至气压打到 0.8MPa(气压传感器对应检测值为 3.5V),气压传感器检测到信号后输送给整车控制器,整车控制器停止输出气泵工作信号(2032),打气泵停止工作。此为打气泵的一个启动和停止工作的过程。

确定排查思路:气压下降厉害,首先检查车辆是否有明显的气路管道漏气(可明显查出),随之检查打气泵是否工作,通常情况下都是打气泵不工作导致气压过低报警,车辆无法行驶。那么打气泵不工作的主要因素有:打气泵温度感应装置动作,导致过热停机保护;打气泵电机烧毁或泵头内部故障无法工作;气压传感器失灵,导致低气压时,整车控制器不输出打气信号;高压配电柜内的打气泵继电器损坏,不吸合,导致信号无法到达打气泵变频器。

b. 由于夏季温度高,温控开关动作导致不工作的情况最多,所以首先检查温控开关是否完好,如图 8-17,开关的两个触点导通,温控开关正常。

c. 按照工作原理一步步排查,先从整车控制器开始检查,在低气压时,是否输出气泵工作信号(2032),用万用表测量后,发现并未有 24V 输出,那么气压传感器就很有可能损坏,通过电脑调试平台看实际气压值的对应电压显示居然是 32V,气压传感器值在高于 3.5V 时整车控制器是不会发出气泵工作信号的,那么此时可以断定气压传感器故障。更换后故障解决,气压传感器安装位置见图 8-18。

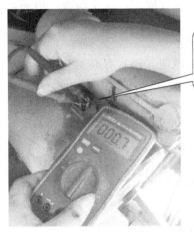

图 8-17 检查温控开关

图 8-18 气压传感器安装位置

③ 故障排除：更换气压传感器。

④ 维修小结：在夏季，打气泵不工作的故障发生较为频繁，首先搞清打气泵工作原理，那么一步步排查一定可以解决故障。在实际操作中，可以按先易后难的原则，从易损易坏处排查。例如夏季温度高，打气泵缺油或者油质异常都会导致温控开关动作，以致停机；翘板开关使用频繁，可能会出现接触不灵、线头松动等，也会影响气泵工作。

(7) 整车制动气压不足并报警

① 故障现象：新能源客车运行时整车制动气压不足，低至 6.5bar 并报警。

② 维修过程：

a. 该纯电动车辆使用的是耐力打气泵，是利用 380V 电机带动打气泵旋转对整车供气。根据故障现象初步分析：整车控制器的打气泵上限压力值与下限压力值设置错误导致供气不足；整车漏气可能导致供气压力不足；可能是整车运行时打气泵温度过高导致温度保护开关起跳，打气泵停止工作。

b. 用整车调试平台检查整车控制器打气泵上下限压力参数，在正常范围内，见图 8-19。略微提高下限值参数，试车后故障未消除。

| 10 | 打气泵阻值上限 | 3.8 | 16位整车控制器 |
| 11 | 打气泵阻值下限 | 3.4 | 16位整车控制器 |

图 8-19 打气泵上下限

c. 检查整车气路未发现漏气点。

d. 跟车路试，在出现气压不足报警时立即检查打气泵上的温度保护开关，发现其处于断开状态，打气泵停止工作，临时短接温度保护开关，打气泵工作正常（同时检查打气泵润滑油油位处于正常状态）；更换温度保护开关，故障未消除；故判断是温度过高导致打气泵停止工作。经更换打气泵上的散热器温控阀芯（图 8-20）后故障排除。

③ 故障排除：更换温控阀芯。

(8) 车辆低气压报警，打气泵不工作

① 故障现象：车子低气压报警，打气泵不工作。

② 维修过程：

图 8-20 温控阀芯

a. 检修思路：打气转向的翘板开关接触不良，导致电源不供电，打气泵不工作，此时可以量取翘板开关护套内各针脚的电压，或检查护套内端子是否松动或虚接，以及更换翘板开关。如果更换过翘板开关后，打气泵还是不工作，那么通常应该就是 16 位整车控制器故障。可以量取 16 位整车控制器上打气泵输出信号线是否有电。

b. 检查打气泵高压线路以及打气泵变频器，检查打气泵变频器是否有 500V 直流高压输入，如有高压输入，则量取是否有 380V 交流电输出，如都有则为打气泵自身原因。

c. 打气泵过温保护，打气泵上方有温度传感器，若温度高于一定值打气泵停止工作，可以检查温控线。

d. 打气泵缺油，此问题只需要添加打气泵专用润滑油即可。

e. 打气泵泵头抱死或者电机损坏，见图 8-21。

图 8-21 检查打气泵电机及泵头

f. 打气泵常工作、常排气为打气泵参数标定数值过大，打气泵达不到所标定的数值，所以，打气泵会一直工作。气压传感器坏，一直输出信号。此类问题不影响车辆运行使用，可以另行安排时间修理。

g. 打气泵不排气：打气泵参数标定数值过小，打气泵气压值未达到干燥罐排气值，所以不排气。干燥罐压力调节过大，打气泵气压值达不到干燥罐压力值就会造成不排气。

如果遇到不排气的情况，尤其是冬季应及时处理，否则可能会使管道内积水，导致打不上气，无法行驶。

8.1.4 空压机控制器系统故障代码

以比亚迪 K9FE 电动客车空压机控制系统为例进行讲述。

DC 与转向电机控制器集 DC/DC 转换器、转向电机控制器、空压机控制器为一体，DC 与转向电机控制器布置在后舱中间，装配位置见图 8-22。

DC 与转向电机控制器采用四个固定点固定，紧固件为 4 个六角法兰面螺栓和 4 个六角法兰面螺母。总成接口分布如图 8-23 所示。

DC 与转向电机控制器故障代码见表 8-2。

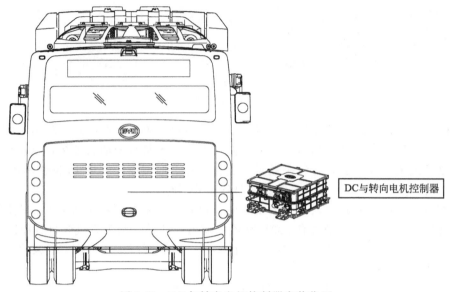

图 8-22 DC 与转向电机控制器安装位置

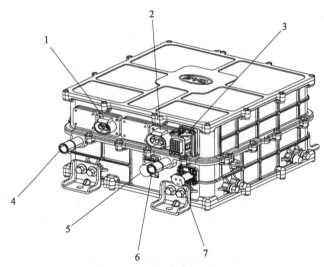

图 8-23 三合一控制总成接口

1—空压直流负正极；2—转向直流负正极；3—空压三相线 A、B、C 相；
4—低压接插件；5—冷却水管；6—DC 28V；7—DC 高压直流负正极

表 8-2 DC 与转向电机控制器故障代码表

项目	故障码	含义
DC/DC 转换器	P1DA000	输出过压
	P1DA100	输出欠压
	P1DA200	输出过流
	P1DA300	过温
	P1DA400	输入过压

续表

项目	故障码	含义
DC/DC 转换器	P1DA500	输入欠压
	P1DA600	输出断路
	P1DA700	预留
	U011100	与高压电池管理器(DBMS)通信故障
转向电机控制器	C1B00-00	电机故障报警
	C1B01-00	转向电机过温报警
	C1B02-00	转向电机控制器过温报警
	C1B03-00	缺相故障
	C1B04-00	直流输入过电压
	C1B05-00	直流输入低电压
	C1B06-00	U 相交流输出过电流故障
	C1B07-00	V 相交流输出过电流故障
	C1B08-00	W 相交流输出过电流故障
	C1B09-00	IPM 故障
	C1B0A-00	电机启动失败
	C1B0B-00	过载保护(预留)
	C1B0C-00	旋变故障
	C1B0D-00	Hall 零漂故障
空压机控制器	C1B50	电机故障报警
	C1B51	空压机控制器过温报警
	C1B52	逆变器直流过电压故障
	C1B53	逆变器直流低电压故障
	C1B54	逆变器交流 A 相过电流故障
	C1B55	逆变器交流 C 相过电流故障
	C1B56	IPM 故障
	C1B57	C 相电流霍尔故障
	C1B58	堵转故障
	C1B59	空压机过温故障
	U0140	A 相霍尔电流故障
	C1B65	油温过高故障
	C1B66—C1B8F	预留

空压机逆变器的功能是控制空压机正常工作，它布置在后舱底盘骨架上，装配位置见图 8-24。

空压机逆变器采用四个固定点固定，紧固件为 4 个六角法兰面螺栓和 4 个六角法兰面螺母。系统故障代码与排除见表 8-3。

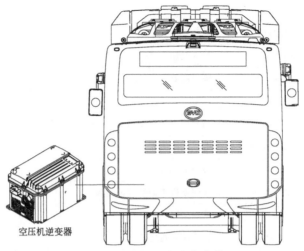

图 8-24 空压机逆变器安装位置

表 8-3 空压机系统故障代码与排除

故障名称	操作面板显示	故障原因排查	故障处理对策
加速过电流	Er002	①电机控制器输出回路存在接地或短路 ②控制方式为矢量且没有进行参数辨识 ③加速时间太短 ④母线电压偏低 ⑤加速过程中突加负载 ⑥电机控制器选型偏小	①排除外围故障 ②进行电机参数辨识 ③增大加速时间 ④将电压调至正常范围 ⑤取消突加负载 ⑥选用功率等级更大的电机控制器
减速过电流	Er003	①电机控制器输出回路存在接地或短路 ②控制方式为矢量且没有进行参数辨识 ③减速时间太短 ④母线电压偏低 ⑤减速过程中突加负载	①排除外围故障 ②进行电机参数辨识 ③延长减速时间 ④将电压调至正常范围 ⑤取消突加负载 ⑥加装制动单元及电阻
恒速过电流	Er004	①电机控制器输出回路存在接地或短路 ②控制方式为矢量且没有进行参数辨识 ③母线电压偏低 ④运行中突加负载 ⑤电机控制器选型偏小	①排除外围故障 ②进行电机参数辨识 ③将电压调至正常范围 ④取消突加负载 ⑤选用功率等级更大的电机控制器
加速过电压	Er005	①母线电压偏高 ②加速过程中使用外力拖动电机运行 ③加速时间过短	①将电压调至正常范围 ②取消此外动力或加装制动电阻 ③延长加速时间
减速过电压	Er006	①母线电压偏高 ②减速过程中使用外力拖动电机运行 ③减速时间过短	①将电压调至正常范围 ②取消此外动力 ③延长减速时间
恒速过电压	Er007	①母线电压偏高 ②运行过程中使用外力拖动电机运行	①将电压调至正常范围 ②取消此外动力或加装制动电阻
欠压故障	Er009	①电池接触不良 ②母线电压不在规定范围 ③驱动板或控制板异常	①优化电池的安装工艺 ②调整电压到正常范围 ③寻求技术支持
电机控制器过载	Err10	①负载过大或电机堵转 ②电机控制器选型偏小	①减小负载并检查电机及机械情况 ②选用功率等级更大的电机控制器

续表

故障名称	操作面板显示	故障原因排查	故障处理对策
电机过载	Er011	①电机保护参数 BA-04 设定不合适 ②负载过大或电机堵转 ③电机控制器选型偏小	①正确设定此参数 ②减小负载并检查电机及机械情况 ③选用功率等级更大的电机控制器
输出缺相	Er013	①电机控制器到电机的引线不正常 ②电机运行时电机控制器三相输出不平衡 ③驱动板异常 ④模块异常	①排除外围故障 ②检查电机三相绕组是否正常并排除故障 ③寻求技术支持 ④寻求技术支持
模块过热	Er014	①环境温度过高 ②风道堵塞 ③风扇损坏 ④水泵不工作 ⑤模块热敏电阻损坏 ⑥逆变模块损坏	①降低环境温度 ②清理风道 ③更换风扇 ④更换水泵 ⑤更换热敏电阻 ⑥更换逆变模块
接触器故障	Er017	①驱动板和电源不正常 ②接触器不正常	①更换驱动板或电源板 ②更换接触器
电流检测故障	Er018	①霍尔器件异常 ②驱动板异常	①更换霍尔器件 ②更换驱动板
电机调谐故障	Er019	①电机参数未按铭牌设置 ②参数辨识过程超时	①根据铭牌正确设定电机参数 ②检查电机控制器到电机引线
EEPROM 读写故障	Er021	EEPROM 芯片损坏	更换主控板
对地短路故障	Er023	电机对地短路	更换电缆或电机
逐波限流故障	Er040	①负载过大或电机堵转 ②电机控制器选型偏小	①减小负载并检查电机及机械情况 ②选用功率等级更大的电机控制器
速度偏差过大故障	Er042	①编码器参数设定不正确 ②没有进行参数辨识 ③速度偏差过大检测参数 BA-39、BA-40 设置不合理	①正确设置编码器参数 ②进行电机参数辨识 ③根据实际情况合理设置检测参数
电机过速度故障	Er043	①编码器参数设定不正确 ②没有进行参数辨识 ③电机过速度检测参数 BA-34、BA-35 设置不合理	①正确设置编码器参数 ②进行电机参数辨识 ③根据实际情况合理设置检测参数
电机过温故障	Er045	①温度传感器接线松动 ②电机温度过高	①检测温度传感器接线并排除故障 ②降低载频或采取其他散热措施对电机进行散热处理
CAN 模块初始化故障	Er116	CAN 模块初始化失败	更换主控板
CAN 发送超时故障	Er117	电机控制器发送的报文超过 1s 没有得到响应	①检查 CAN 接线是否正常 ②通过 USB-CAN 检查电机控制器报文发送是否正常
CAN 接收超时故障	Er118	电机控制器超过 1s 没有接收到新的整车控制器 CAN 指令	①检查 CAN 接线是否正常 ②通过 USB-CAN 检查整车控制器报文发送是否正常

项目 2　气压制动系统

8.2.1　系统结构原理

气压制动系统组成部件如图 8-25 所示，气压控制原理见图 8-26。

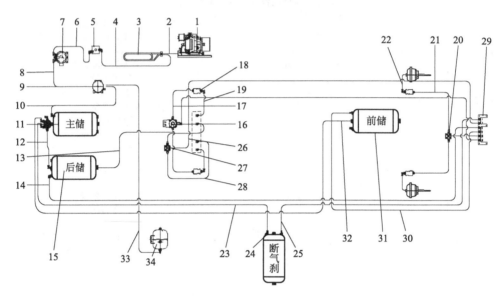

图 8-25　气压制动系统组成

1—电动空压机总成；2,4,6,8—白色编织软管；3—铜弯管；5—冷凝器；7—冷凝罐；9—干燥器带卸载阀总成；10,12~14,23,25,26,30,32,33—尼龙管总成；11—主储气筒总成；15—后储气筒总成；16—继动阀带支架总成；17,19,21,22,28—制动软管；18—ABS 阀总成；20,27—快放阀带接头总成；24—断气刹储气筒总成；29—E 字板；31—前储气筒总成；34—再生筒

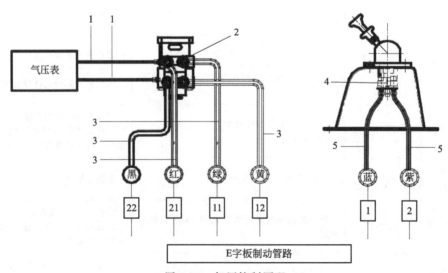

图 8-26　气压控制原理

1—尼龙管（接气压表）；2—制动总泵；3—尼龙管（接总泵）；4—手控阀；5—尼龙管（接手控阀）

制动说明：

① 对于行车制动（制动总泵）：红色接 21，黑色接 22，黄色接 12，绿色接 11。其中个位数 1 代表后刹，2 代表前刹；十位数 1 代表制动总泵进气，2 代表制动总泵出气。例如 21 接口代表后刹在总泵的出气口。

② 对于驻车制动（手控阀）：蓝色接 1，紫色接 2。其中蓝色为手控阀进气，紫色为手控阀出气。

手控阀用于操纵具有弹簧制动器的车辆紧急制动和驻车制动，通过向弹簧制动器的弹簧气室充气和放气来实现，内部结构见图 8-27。手柄处于 0°～10°时进气阀门 d 打开，排气阀门 c 关闭，压缩空气从 1 口输入，从 2 口输出，汽车处于完全解除制动状态；当手柄处于 10°～55°时，在平衡活塞和平衡弹簧的作用下，2 口压力随手柄转角的增加而呈线性下降至零，当手柄处在紧急制动止推点时，整个汽车处在完全制动状态。

在双回路主制动系统的制动实施和释放过程中实现灵敏的随动控制。该阀为双腔串联活塞式结构，分上下两腔分别向后制动室和前制动室提供基本相同的控制气压，由驾驶员直接控制，用作行车制动。当一腔的供气源被切断或其控制的工作管路损坏时，另一腔仍能照常工作，且输出特性不变，因此大大提高了行车的安全性。

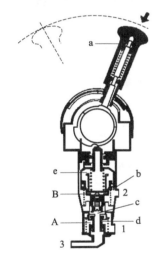

图 8-27 手控阀内部结构
A—A 腔；B—B 腔；a—操作手柄；
b—平衡活塞；c—排气阀门；
d—进气阀门；e—平衡弹簧；
1—进气口；2—出气口；
3—排气口

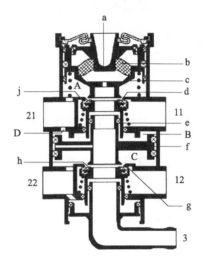

图 8-28 制动踏板内部结构
A—A 腔；B—B 腔；C—C 腔；D—D 腔；a—挺杆；b—平衡弹簧；
c—活塞；d,h—排气间隙；e,j—上阀门；f—中活塞；
g—下阀门；3—排气口；11—从左后储气筒来的压缩空气；
12—从右后储气筒来的压缩空气；21—接后继动阀
（后制动气路）；22—接前快放阀（前制动气路）

8.2.2 制动踏板

（1）制动踏板工作原理

内部结构见图 8-28。

① 踩下制动踏板时，压下挺杆 a，使橡胶平衡弹簧 b 及活塞 c 向下移动，消除排气间隙 d 后推开上阀门 j，此时从后储气筒来的压缩空气经上阀门 j 进入 A 腔，从 21 口输出，使后轮制动。同时，A 腔压缩空气通过小孔 D 进入 B 腔，作用在中活塞 f 上方，使中活塞下移，

消除排气间隙 h 后将下阀门 g 打开，此时从前储气筒来的压缩空气经下阀门 g 进入 C 腔，从 22 口输出，使前轮制动。

② 松开制动踏板时，受平衡弹簧、A 腔气压的作用，活塞 c 向上移动，形成排气间隙 d，压缩空气经 A 腔及排气间隙 d，从排气口排出。同时，中活塞 f 受 C 腔压缩空气的作用上移，形成排气间隙 h，压缩空气经 C 腔及排气间隙 h，从排气口排出。

（2）拆卸步骤

① 拧出制动总泵各处气管。

② 拧出固定在安装底板处的螺栓，见图 8-29。

③ 取出制动踏板总成。

（3）安装步骤

① 将制动踏板总成按照对应孔位用螺栓安装在底板处。

② 将气管从底板对应的孔位穿过去。

③ 轻踩踏板，看踏板的自由行程是否满足要求。

注意：管路螺纹接头必须涂密封胶；管路下垂≤15mm，活动余量 50mm；管路弯曲度符合要求，有相对运动时不能和尖角棱边干涉。

（4）故障判断

图 8-29 拧出底板螺栓

① 漏气：在排除管接头漏气后，确认是总泵漏气，直接更换总成。

② 制动无信号：在排除非线束接插件接触不良的故障后，确认是内部电路损坏，直接更换总成。

③ 信号高：没踩踏板时，仪表显示踏板就有开度，直接更换总成。

（5）制动踏板使用注意事项

① 安装制动踏板时，由于安装空间狭小，接插件部位经常容易碰坏，由于接插件直接和内部电路板焊接在一起，接插件向内碰撞时，会把内部电路板撞裂，出现无信号的现象。

② 制动踏板正常工作电压在 5V 左右，当电压超过 10V 时会烧毁内部元件。因此，电压不能过高。

③ 制动踏板供电电源不能接反。

④ 进气孔和出气孔在阀体上都有标号，按照标号的定义去接，接错后踏板不能正常工作。阀体气孔不能进脏物，否则影响使用，有时还会漏气。

8.2.3 前制动器

8.2.3.1 部件检测

（1）间隙自调机构

① 间隙检查　安全停稳车辆，取下轮胎，向车轮外侧方向拉动卡钳体至不能移动为止，利用塞尺检测外摩擦片与制动盘之间的间隙值，正常的间隙值为 0.7~1.2mm。如果实际检测的间隙值超出该区间，则需要维护调整间隙调整机构。

② 间隙自调机构检测

a. 取下销子 2，移开压板 3 和报警线定位架，移动卡钳体，取下内摩擦片 4，见图 8-30。

b. 取下制动器头部堵盖 5。

c. 利用棘轮扳手顺时针拧调整间隙的 M8 六方头，推板 1 能伸出；逆时针拧 M8 六方头，推板 1 能收回，证明自调机构传递链正常。如果推板根本就不能伸出或收回，则自调机构失效，更换自调机构或更换制动器。

d. 在上一步的基础上，推动压力臂 6，见图 8-31，观察 M8 六方头运动情况：

- 六方头根本就不转动。
- 六方头的旋转量不能随压力臂 6 的旋转角度增加而增加；自调机构部分零部件失效，更换自调机构或更换部分零部件。检测维护完毕后重新装配制动器，保证初始装配状态。

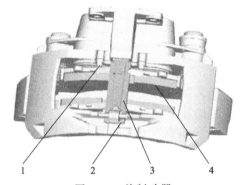

图 8-30 前制动器

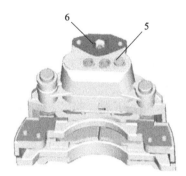

图 8-31 堵盖 5 与压力臂 6 位置

注意：

a. 取下内摩擦片是为检测自调机构留出空间；

b. 只能使用棘轮扳手调节 M8 六方头，不能强行拧六方头。

（2）制动器磨损检测

① 摩擦片

a. 图 8-32 中 1 为摩擦材料，2 为钢背。允许磨损极限＝钢背厚度＋剩余摩擦材料厚度（最小 2mm），新摩擦片厚度 30mm 允许磨损极限 12mm。

b. 对摩擦片使用的相关要求：

- 当摩擦片摩擦材料一面烧焦、磨光、开裂或被污染时一定要立即更换；
- 摩擦片和摩擦片压簧要同时更换；
- 同一车桥上的摩擦片要同时更换。

② 制动盘

a. 要求取下内外摩擦片后，再测量盘的厚度。制动盘初始厚度 $A=45mm$，极限厚度 $B=37mm$，跳动量 0.15mm，最大厚度差 1mm。制动盘数据标识位置见图 8-33。

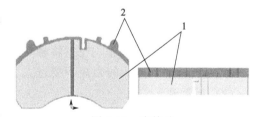

图 8-32 摩擦片

b. 制动盘裂纹检测：A1 裂纹，正常允许范围；B1 放射状裂纹，最大 0.5mm 宽为正常允许范围；C1 不均匀度小于 1.5mm 为正常允许范围；D1 表面径向贯通裂纹表面，不允许存在，如有更换。工作摩擦表面具体见图 8-33。

注意： a. 制动盘、摩擦片过量磨损会导致制动失效；b. 同一车桥上的制动盘要同时更换，更换新的制动盘后，建议安装新的摩擦片。

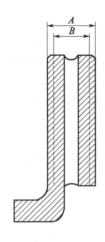
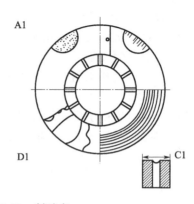

图 8-33 制动盘

8.2.3.2 易损件的拆装更换

（1）摩擦片

① 按要求拆下压板、报警线。注意：取下摩擦片上报警线传感器。

② 利用棘轮扳手拧动六方头部位调整间隙，使推板回到初始位置，移动卡钳体，取下已经磨损的摩擦片。

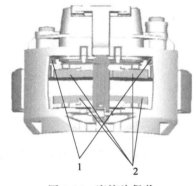

图 8-34 摩擦片保养

③ 使用线刷清理支架开口摩擦片定位面 2 的污渍。注意不要伤害导销防尘罩 1，见图 8-34。

④ 根据以上内容检测制动盘，如果有必要，更换制动盘。

⑤ 在支架开档上装入新的摩擦片，摩擦材料侧朝向制动盘。

⑥ 旋转调整六方头，直到内外摩擦片贴紧制动盘，然后反向旋转调整六方头 50°±10°。

⑦ 按照拆装前状态，装入报警线、压板、报警线固定架、销子和开口销。

注意：

① 摩擦片表面不允许有矿物性油脂；

② 安装报警线传感器，注意将触点朝向制动盘并安装到位，注意保护导线，防止摩擦；

③ 旋转调整六方头的力矩不要过大。

（2）制动盘

① 按要求取下摩擦片，然后拆掉气室，把制动器总成从车桥上拆下；

② 根据车桥厂说明书取下轮毂和制动盘；

③ 更换制动盘后按照说明书安装轮毂和制动盘；

④ 根据车桥厂说明书调整 ABS 传感器；

⑤ 按要求安装制动器、摩擦片和气室。

注意：制动盘安装前应清除表面油污和其他防锈剂。

（3）间隙自调机构

如果间隙自调机构失效，则需要更换。

① 拆除压板、摩擦片；

② 利用专用工具取下导销盖帽，使用内六角扳手取下导销螺栓，从支架上拆下制动钳，清理卡钳支架的结合面；
③ 利用卡簧钳拆除推板卡簧，取下推板，见图 8-35，利用内六角扳手拆除底盖螺栓；
④ 取出卡钳腔体内基准座总成。

安装：
① 清除卡钳内腔污渍；
② 在卡钳内腔衬套涂润滑油放入回位弹簧，按照原状态装入基准座总成；
③ 在基准座 1 上装入滚针副总成 2、压力臂 3 等零部件，见图 8-36；

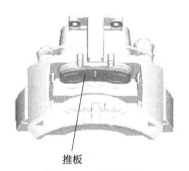
图 8-35 推板位置

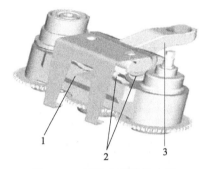
图 8-36 间隙自调机构安装

④ 在底盖密封槽上涂平面密封胶，然后按对角原则用定力矩扳手拧紧螺栓。

注意：
① 不要破坏螺杆防尘罩；
② 确保螺栓拧紧力矩。

（4）导销防尘罩和衬套

导销防尘罩如果破裂，将影响卡钳体的滑动，导致拖滞力矩偏大，衬套磨损，造成摩擦片异常磨损，需要及时更换。
① 拆下卡钳体；
② 取下支撑销和导向销，见图 8-37，从卡钳环形槽上取下导销防尘罩；
③ 利用专用芯轴从卡钳支耳孔内压出衬套，清理导销孔。

安装：
① 利用专用压装工具压衬套，支撑销孔压入 1 个，导向销压入 2 个衬套，内孔涂润滑油；
② 如图 8-38 所示，在支耳孔安装新的导销防尘罩，确保防尘罩无折痕地安装在孔内环形槽内；

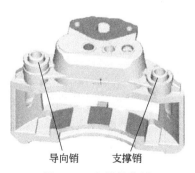
图 8-37 支撑销位置

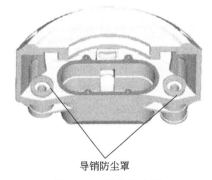
图 8-38 导销防尘罩

③ 将支撑销、导向销分别装入销孔中，并将防尘罩上部套在导销的环形槽中；
④ 通过导销螺栓把卡钳体通过销杆与支架连接起来，在销杆上来回移动制动钳，检查滑动是否正常；
⑤ 在卡钳支耳孔上安装新的盖帽，并用合适的工具压入；
⑥ 按照规定安装摩擦片总成、压板和报警线压板。

注意：
① 装配时要注意不要碰伤导销防尘罩；
② 拆装过程中不要伤害加工表面。

(5) 气室
① 释放气室内压缩空气，拆除制动气室进气管；
② 拆下气室与卡钳的连接螺栓，取下气室。

安装：
① 安装气室之前，清理压力臂球窝和卡钳连接气室密封面，在压力臂球窝上涂润滑油；
② 根据气室说明书规定的扭矩值连接气室与制动钳；
③ 连接制动气室气管，避免气管与其他零件磨损，不要与制动钳干涉；
④ 进行制动器功能检查，如果漏气，查找原因并进行维护或更换，再进行检测。

注意：只能使用汽车厂家指定的气室！

(6) 制动器总成
在售后维护过程中，如果有必要，制动器可以作为总成进行更换：
① 拆下摩擦片；
② 拆卸制动气室；
③ 利用套筒扳手松开支架与安装板连接螺栓，取下制动器总成；
④ 检查制动盘和摩擦片。

安装：
① 从制动器总成上取下摩擦片总成；
② 在桥上跨过制动盘安装制动器，用扳手按规定拧紧螺栓；
③ 安装摩擦片和压板等部件；
④ 安装气室。

注意：
① 左右制动器总成不要互换；
② 制动器上的箭头方向与对应车轮旋转方向应一致；
③ 支架与安装板之间的连接螺栓应注意拧紧力矩和安装顺序；
④ 气室安装后，确保朝向地面的放水口打开，其他口堵塞。

8.2.3.3 常见故障分析与排除

气压制动系统常见故障排除见表 8-4。

表 8-4 气压制动系统故障排除

故障现象	原因分析	排除方法
制动噪声震动	盘式制动器及其部件没有按规定要求固定在车桥上	按车辆使用说明书
	制动盘上存在裂纹或沟槽	更换制动盘或修正
	制动盘的跳动不符合要求	更换摩擦片压簧

续表

故障现象	原因分析	排除方法
制动噪声震动	摩擦片压簧产生永久变形,摩擦片不能在支架上自由滑动	拆下摩擦片、推动板,清洁摩擦片、推动板和支架
	没有使用配套厂商指定的摩擦片	更换成具有原厂标识的摩擦片
制动跑偏	摩擦片一侧磨完	更换摩擦片
	摩擦片和制动盘的间隙异常	进行初始间隙调整和功能检查
	摩擦片不能在支架上自由滑动	进行初始间隙调整和功能检查
制动拖磨或不能完全解除制动	车桥两侧气室的气压不一致	拆下摩擦片、推动板,清洁摩擦片、推动板和支架
	制动气室的放气塞没有去掉	参照整车使用说明书去掉制动气室的放气塞
	没有使用配套厂商指定的摩擦片	更换成具有原厂标识的摩擦片
	制动解除时,制动气室存在压缩空气	参考车辆制造商的说明书
	驻车制动解除时,所有制动气室的弹簧制动没能解除	解除弹簧制动
	摩擦片与制动盘的间隙异常	进行初始间隙调整
	摩擦片不能在支架上自由滑动	拆下摩擦片、推动板,清洁摩擦片、推动板和支架
无制动或制动效果差	制动钳的滑动功能异常	更换导套或衬套
	制动气室的放气塞没有去掉	参考车辆制造商的说明书去掉制动气室的放气塞
	没有使用配套厂商指定的摩擦片	更换成具有原厂标识的摩擦片
	摩擦片磨光	更换摩擦片
	摩擦片与制动盘的间隙过大	进行间隙调整
	制动盘异常磨损	更换或修正制动盘
	制动气室的气压异常	根据车辆制造商的说明书要求实施补救措施
	制动气室的放气塞没有去掉	去掉制动气室的放气塞
制动冒烟	半轴油封损坏	更换半轴油封
	摩擦片与制动盘的间隙过小	进行初始间隙调整
	桥壳内油过多	调整桥壳内油面高度
	没有使用配套厂商指定的摩擦片	更换成具有原厂标识的摩擦片

8.2.4 后制动器

8.2.4.1 结构分解与总成拆卸

后制动器部件结构分解如图 8-39 所示。

拆卸:

① 在前轮的前后用三角木垫塞住。

② 松开后外轮的车轮螺母。

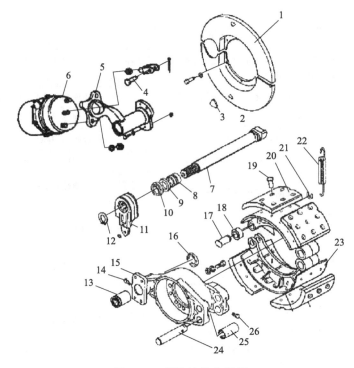

图8-39 部件结构分解图

1—防尘罩；2—螺栓；3—橡胶堵；4—平头销；5—气室支架；6—制动气室；7—凸轮轴；8,10—垫圈；9—防尘圈；11—制动调整臂；12,21—卡环；13—凸轮轴衬套；14—滑脂嘴；15—制动器底板；16—油封；17—滚轮轴；18—滚轮；19—摩擦片铆钉；20—制动摩擦片；22—回位弹簧；23—制动蹄铁；24—蹄片轴；25—制动蹄衬套；26—锁紧螺钉

③ 用千斤顶支撑起后桥，直到车轮离地。为了安全起见，在后桥下方用马凳进行支撑。

④ 拆卸后桥车轮总成。

⑤ 拆下后桥半轴。

⑥ 拆下调整螺母锁片。

⑦ 拆下调整螺母，使用调整螺母进行拆卸。

⑧ 使用轮毂拉力器拆下外轮毂轴承和制动鼓。注意：拆轮毂时，应格外小心，以免损伤半轴套管上的螺纹。

⑨ 如图8-40所示，使用回位弹簧的专用工具拆卸回位弹簧。注意：在拆卸回位弹簧之前，用一个环或钢丝捆住制动蹄。

⑩ 拆下制动蹄。

a.拆除钢丝锁线和定位螺钉，见图8-41。

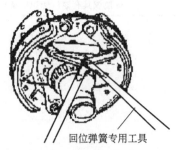

图8-40 回位弹簧专用工具

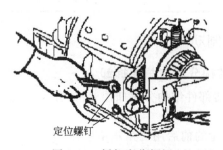

图8-41 拆卸定位螺钉

b. 拆除制动蹄支承销轴和制动蹄，见图 8-42。
⑪ 如图 8-43 所示，拆卸弹性挡圈、滚子销轴和滚子。
⑫ 拆下开口销、平垫圈、垫圈和平头销。

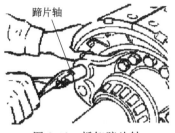
图 8-42 拆卸蹄片轴

图 8-43 拆卸弹性挡圈

⑬ 拆卸螺母和空气管，从气室支架上拆下制动气室，见图 8-44。
⑭ 拆下制动调整臂。如图 8-45 所示，拆卸弹性挡圈和调整臂。

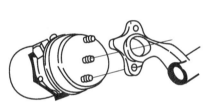
图 8-44 拆卸制动气室

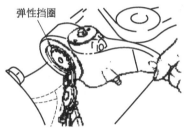
图 8-45 拆卸弹性挡圈

⑮ 拆下凸轮轴，见图 8-46。
⑯ 拆下制动气室支架，见图 8-47。

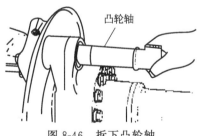
图 8-46 拆下凸轮轴

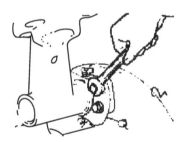
图 8-47 拆下制动气室支架

⑰ 拆卸制动器底板和防尘罩，见图 8-48。
检查：
① 应使用专门的测量仪器或工具来检查零件。根据指定的维修标准表来断定零件是否能继续使用；损坏零件应按要求进行修理或更换。如果在配对零件中有一个被磨损，使间隙超出了所规定的范围，应按有关要求更换此零件以及其配对零件。
② 有时从预防保养的观点出发，某些仍在修理或磨

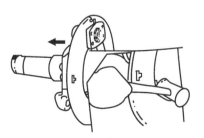
图 8-48 拆卸防尘罩

损极限内的零件,在超出极限之前就应更换。

③ 通过肉眼或红色颜料渗透等指定的方法,仔细检查所有零件的外观。如果零件的外表面有异常现象,应按要求进行修理或更换。

④ 所有的橡胶件,如 O 形圈、油封、垫片等,在拆下来之后应抛弃,不准再使用。

8.2.4.2 部件测量

(1) 制动鼓

测量制动鼓的内径和圆周跳动见图 8-49。制动鼓内径:正常尺寸 410mm 磨损极限为 414mm。圆周跳动:维修标准 0~0.1mm,磨损极限 0.2mm。

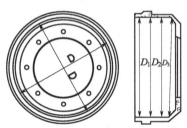

图 8-49 测量内径与圆周跳动

(2) 制动蹄

① 测量制动蹄片的厚度。正常尺寸 15.5mm,修理极限 12~13mm,磨损极限 8.5mm。

② 测量制动蹄衬套的内径和支承销轴的外径,再测量两者之间的间隙。支承销轴外径:正常尺寸 32mm,磨损极限 31.8mm。衬套内径:正常尺寸 32mm,磨损极限 32.2mm。支承销轴与衬套之间的间隙:维修标准 0.16~0.26mm,磨损极限 0.56mm。

③ 测量制动蹄滚轮的内径和滚轮销轴的外径,再计算出两者之间的间隙。滚轮的内径:正常尺寸 26mm,磨损极限 26.4mm。滚轮销轴的外径:正常尺寸 26mm,磨损极限 25.6mm。滚轮与销轴之间的间隙:维修标准 0.09~0.15mm,磨损极限 0.4mm。

④ 测量制动蹄滚轮的外径。正常尺寸 57mm,磨损极限 56.6mm。

(3) 回位弹簧

测量回位弹簧的自由长度,见图 8-50。正常尺寸 229.8mm,损坏极限 234.8mm。

(4) 凸轮轴

测量凸轮轴与衬套啮合部位的外径 A,见图 8-51。正常尺寸 44mm,磨损极限 43.7mm。

(5) 凸轮轴支架

测量凸轮轴衬套的内径 B,再计算凸轮轴与衬套之间的间隙。凸轮轴衬套内径:正常尺寸 44mm,磨损极限 44.3mm。凸轮轴与衬套之间的间隙:维修标准 0.35~0.45mm,磨损极限 0.7mm。

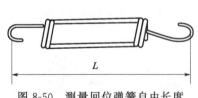

图 8-50 测量回位弹簧自由长度

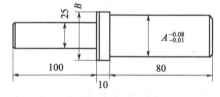

图 8-51 测量凸轮轴

8.2.4.3 修理与更换

(1) 制动器

① 将螺母拧下,从制动蹄上拆下摩擦片和螺栓。

② 将制动蹄与摩擦片接触区的污物和铁锈擦干净。

③ 将新的摩擦片放置在制动蹄上，对准铆接孔。
④ 装上螺栓、弹簧垫圈和螺母，铆紧。

（2）制动蹄衬套
① 利用专用工具将制动蹄衬套压出。
② 除去制动蹄衬套孔中的污物。
③ 将新衬套对准衬套支承孔，压进衬套。注意：装新衬套时，不允许在衬套外表上涂抹润滑脂或润滑油。

8.2.4.4 部件安装

制动器内部结构如图 8-52 所示。

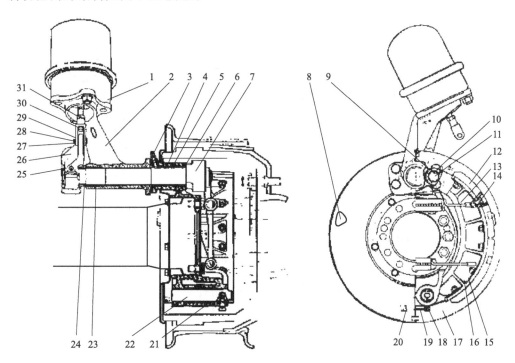

图 8-52 制动器内部结构

1—制动气室（弹簧制动气室）；2—制动气室支架；3—滑脂嘴；4—凸轮轴衬套；5—制动器底板；6—油封；
7—凸轮轴；8—橡胶堵；9—滚轮；10,25—弹性挡圈；11—滚轮销轴；12—制动蹄摩擦片；
13,15—回位弹簧；14—螺栓；16—制动蹄；17,20—防尘罩；18—定位螺钉；19—钢丝锁线；
21—支承销衬套；22—支承销；23—凸轮轴衬套；24—隔套；26—制动调整臂；
27—平头销；28—开口销；29—平整圈；30—U形叉；31—锁紧螺母

① 在后桥半轴套管座上安装制动器底板 A，见图 8-53。
注意：在支承销轴和凸轮轴处的三个螺栓必须为薄头螺栓，防止与回位弹簧干涉。
② 直接装上制动气室支架，见图 8-54。
③ 在凸轮轴衬套内腔涂上润滑脂，再装上凸轮轴，见图 8-55。
④ 调整制动气室支架位置，确保凸轮轴自由转动，再固定支架，见图 8-56。
⑤ 安装凸轮轴隔套，装上调整臂，将弹性挡圈装复到位，见图 8-57。
⑥ 在制动蹄上安装滚轮和滚轮销，用销圈固定，保证滚轮能自由转动，见图 8-58。
注意：不要在滚轮和滚轮销之间涂上润滑脂。

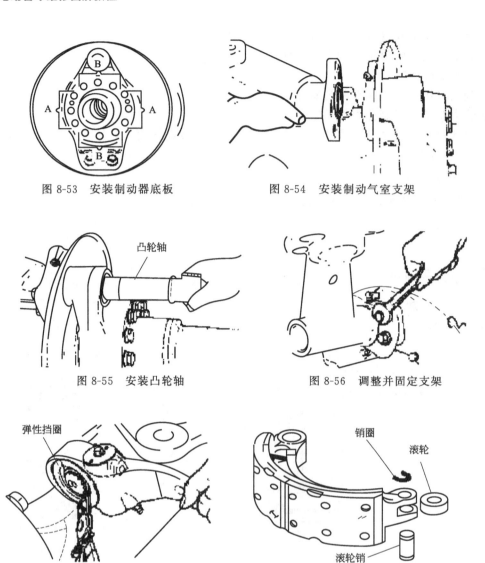

图 8-53 安装制动器底板　　　　图 8-54 安装制动气室支架

图 8-55 安装凸轮轴　　　　图 8-56 调整并固定支架

图 8-57 安装弹性挡圈　　　　图 8-58 安装滚轮与销圈

⑦ 安装制动蹄总成。注意：在衬套内表面的储油槽上涂上润滑脂，见图 8-59。
注意：不要在主承销轴上涂润滑脂。安装蹄片轴见图 8-60。

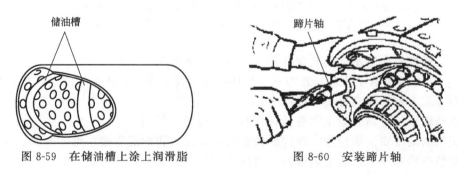

图 8-59 在储油槽上涂上润滑脂　　　　图 8-60 安装蹄片轴

⑧ 如图 8-61 所示，利用回位弹簧拆装工具安装回位弹簧。
注意：弹簧圈数多的一根装在凸轮轴一侧，弹簧圈数少的一根装在支承销一侧。

⑨ 将支承销的定位孔对准制动底板上的定位螺钉孔，装上定位螺钉，并用钢丝锁线将定位螺钉锁紧，见图 8-62。

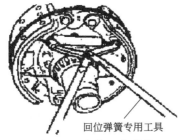

图 8-61 安装回位弹簧

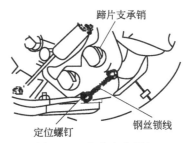

图 8-62 安装定位螺钉

⑩ 安装油封座，见图 8-63。
⑪ 安装轮毂内轴承内圈。
⑫ 安装轮毂和制动鼓总成。
⑬ 装上轮毂外轴承外圈，见图 8-64。

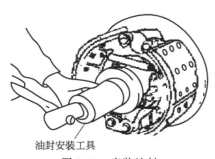

图 8-63 安装油封

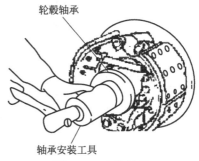

图 8-64 安装轴承

⑭ 拧紧调整螺母。
⑮ 测量轮毂轴承预紧力，要使轮毂转动灵活。
⑯ 在调整螺母上安装锁片，并将轴承外部加满润滑脂。
⑰ 安装后桥半轴。
⑱ 在制动气室推杆上安装锁紧螺母和 U 形叉。
⑲ 装制动气室。
⑳ 连接推杆 U 形叉和制动调整臂。注意：转动调整臂调整螺栓，使调整臂的孔与 U 形叉的孔对齐，见图 8-65，如果需要，在调整臂与 U 形叉两侧用垫片调整，消除推杆的侧向力。
㉑ 转动调整臂调整螺栓，消除制动鼓与制动摩擦片之间的间隙。
㉒ 向左转动调整螺栓，直到推杆行程等于维修标准值。转动制动鼓以保证间隙一致。推杆行程维修标准（25±5）mm 调整完成后，要保证制动气室推杆与调整臂之间的夹角略大于 90°。
㉓ 安装内外车轮总成。

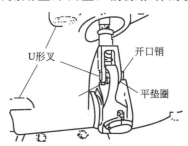

图 8-65 调整 U 形叉

8.2.4.5 故障分析与排除

制动器故障快速排查请参考表 8-5。

表 8-5 制动器故障排查

故障现象	原因分析	排除方法
制动力不足(车轮制动器和制动鼓)	制动蹄片上有润滑脂或油液	更换衬片
	制动鼓与制动蹄衬片接触不良	校正
	衬片材料不合适或衬片表面光滑	校正
	制动鼓变形或硬化	校正或更换
	衬片磨损严重	更换
制动跑偏或不稳定	制动蹄衬片上有润滑脂或油液	更换衬片
	衬片材料有缺陷(混合不良)	更换衬片
	衬片接触区不均匀	校正
	制动蹄调整不当	调整
	制动蹄间隙不均匀	调整间隙
	制动鼓变形	校正或更换
	制动鼓严重磨损	校正或更换
	轮毂轴承松动	调整或更换轴承
制动阻滞或制动不能解除(车轮制动器和制动鼓)	制动蹄间隙调整不当	调整间隙
	制动蹄回位弹簧损坏	更换
制动器发出刺耳声	衬片材料不合适或衬片表面光滑	更换衬片
	衬片铆钉松动	更换或进一步铆紧
	衬片铆钉与制动鼓接触	更换衬片或铆钉
	制动鼓变形或磨损	修理或更换
	在制动鼓和衬片之间有异物	清理衬片表面或更换
	轮毂轴承松动	调整或更换轴承

项目 3 空气悬架系统

8.3.1 系统结构

空气悬架系统性能优异,使用可靠,无故障行驶里程长。万一出现小故障时,如空气管路泄漏或气囊被意外损坏等,气路中的压力保护阀仍可保持车辆有足够的刹车气压,而空气弹簧内的缓冲块形成橡胶支承,车辆仍可在低速下安全行驶到最近的维修服务站。前悬架结构部件如图 8-66 所示,后悬架组成部件如图 8-67 所示。

空气悬架系统气路如图 8-68 所示。

8.3.2 部件拆卸与更换

(1) 更换减震器

① 拆下上、下安装螺栓,取下减震器。

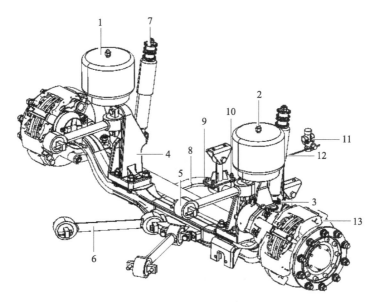

图 8-66 前悬架结构分解

1—气囊总成；2—施必牢螺母；3—左气囊支座；4—右气囊支座；5—扭角推力杆总成；6—等孔距推力杆总成；7—减震器总成；8—横向稳定杆总成；9—稳定杆夹板；10—橡胶支承；11—高度阀总成；12—高度调节杆总成；13—高度调节下支架

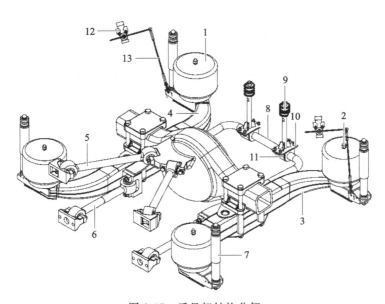

图 8-67 后悬架结构分解

1—气囊总成；2—施必牢螺母；3—左 C 型均衡梁总成；4—右 C 型均衡梁总成；5—等孔距推力杆总成；6—扭角推力杆总成；7—减震器总成；8—横向稳定杆总成；9—吊杆总成；10—稳定杆夹板；11—橡胶支承；12—高度阀总成；13—高度调节杆总成

② 换上新的减震器，按规定的拧紧力矩值紧固。

③ 开车行驶一定里程后检查减震器是否工作正常。注意：减震器与空气弹簧是按悬架型号配对使用的，一定要换装正确型号的减震器，否则会降低空气悬架系统性能和寿命，易使空气弹簧和减震器较快损坏。若自锁螺母失效，应换新螺母（在以下的维修说明中，对紧固件的此项要求均相同，不再复述）。

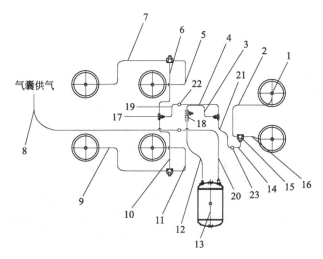

图 8-68 空气悬架系统气路图

1—气囊直接接头；2—尼龙管带护套总成；3～12,14,16,19～21—尼龙管带护套总成；
13—气囊储气筒总成；15—高度阀直角接头；17—三通；18—调压阀；22,23—制动钢管

(2) 更换空气弹簧

① 用千斤顶或支座把车架支承在比正常悬架高度高出约 90mm 的位置。

② 空气弹簧放气：拆开高度阀的柔性连杆下端的接头（不要松开软管夹头，以保持再装时柔性连杆长度不变），将高度阀的控制臂向下转，放出空气弹簧内的空气。

③ 拆下损坏的空气弹簧。

④ 安装新的空气弹簧。空气弹簧上下缘分别套进盖板止口与气囊活塞处，紧贴止口底部。

⑤ 连接高度控制阀柔性连杆下端接头。

⑥ 移去千斤顶或支座。

⑦ 启动点火，使系统气压达到停用压气机的压力级别，检查系统无漏气，空气弹簧充气正常。

(3) 高度控制阀的维护、调节、检查和更换

① 高度控制阀的维护

a. 定期目视检查阀周围是否有足够的间隙，在车桥动行程极限范围内，阀控制臂和连杆都不受任何干涉。

b. 定期维护供气系统，消除空气管路中的脏物，禁用油脂润滑阀。

c. 定期放出储气罐中的水汽。在寒冷气候条件下，建议采用干燥器，以免阀冻结或损坏高度阀。

② 高度控制阀的调节　车辆维护保养中发现悬架高度值超出 $H\pm5$ 时，在排除其他原因后，确认是由高度控制阀调控造成的，应调节高度控制阀，达到正确的悬架高度。

a. 松脱高度阀垂直杆的安装螺栓。

b. 拆开高度阀的柔性连杆下端的接头（若是双阀控制的车桥，两个阀同步进行）。把阀控制臂置于向"上"位置，如供气压力足够，空气弹簧充气会更足，把车辆升起。

c. 在车架下放入适当高度（按正常的悬架高度测算）的承重支座（每边一个），然后把阀控制臂推到向"下"位置，放出空气弹簧中的空气，使车架慢慢落到支座上。

d. 把阀控制臂继续向下推，停留 10～15s，再把控制臂缓慢返回到中间位置，此时检查

悬架高度应符合 $H \pm 1.5$。否则要重复上述操作，用调整承重支座高度或在支座下加垫片的办法，直至调准悬架高度。

e.调整柔性连杆的长度，使柔性连杆下连接端头孔与连杆支架孔对正后连接好，螺母拧紧至 $33 \sim 38 N \cdot m$。

f.以大于 6.0bar（1.0bar＝10^5Pa）的压力向系统供气，卸去车架下的支座，然后检查所有空气弹簧，应充气达到正确的悬架高度和保证系统无漏气。

③ 高度控制阀的检查

a.系统供气压力超过 6.0bar。

b.松开柔性连杆下端的连接。

c.阀控制臂向上，停留 10s，空气弹簧充气，车辆升高。

d.控制臂置于中间位置，阀应能关闭，既不向气囊充气。气囊也不排气。

e.控制臂向下，停留 10s。空气弹簧排气，车辆下降。

f.控制臂又置于中间位置，阀关闭。

g.连接好柔性连杆下端接头（螺母拧紧力矩 $33 \sim 38 N \cdot m$），之后空气弹簧会充气达到正确的悬架高度。如果高度控制阀达不到上述各步要求，表明其已损坏，应更换。

④ 高度控制阀的更换

a.车架下用千斤顶或支座支好，车辆处近似悬架高度状态。

b.拆开柔性连杆下端的接头，阀控制臂向下转，放出气囊中的空气。拆下高度阀上的进、出气管，并卸下安装螺栓，取下高度阀。

c.在新的高度阀上安装进、出气管接头。

d.按原位安装新的高度控制阀（两安装螺栓拧紧力矩按汽车厂使用说明规定）。连接出气管（通气囊），再连接进气管（通压力保护阀和储气罐）。

e.组装柔性连杆。

f.把组装好的柔性连杆安装在阀控制臂和连杆支架上，保持摆杆水平。螺母的拧紧力矩为 $33 \sim 38 N \cdot m$。

g.卸去千斤顶或支座。

h.以大于 6.0bar 的压力供气，系统（尤其是新连接的管路接头）应无漏气，空气弹簧正常充气至正确的悬架高度，若悬架高度正确，拧紧两柔性接头的卡箍。若悬架高度不正确，请调节高度控制阀。

⑤ 柔性连杆的组装

a.确定连杆组件的长度。测量拆下的连杆组件长度，或测量阀控制臂和连杆支架上安装孔中心距 A。保证摆杆长度$\geqslant A+30$、直杆长度$\geqslant 40mm$。注意：必须在正确的悬架高度下测量。

b.修钝、打光连杆端头。

(4) 压力保护阀的维护、检查和更换

① 压力保护阀的维护：定期放出储气罐中的水。

② 压力保护阀的检查

a.在每次检查制动系统时，必须检查压力保护阀是否正常工作。

b.压力保护阀设置的打开压力为 6.0bar，关闭压力为最小 5.3bar。检查时，拆开压力保护阀出口一侧的空气悬架管路的任一接头，当储气罐压力大于 6.0bar 时，压力保护阀应开启工作，有空气流出；而当储气罐压力降至 5.3bar 之前，压力保护阀应自动关闭，没有空气流出，保证充足的制动气压。如果达不到这些功能，又查不出其他故障原因，应更换压力保护阀。

③ 压力保护阀的更换：拆下旧压力保护阀，按阀箭头指明的空气流动方向装上新阀。按上述要求检查阀应工作正常，然后连接好阀进出口接头。在供气压力达到系统允许的最大压力7.0bar条件下，检查系统无漏气。

（5）推力杆的更换

① 车辆处于正确的悬架高度状态。

② 拆下损坏的推力杆。

③ 安装新的推力杆。

a.应测量新推力杆与旧推力杆长度（前后衬套中心距）的差值，确定新推力杆安装时，在推力杆与车架支架间是否要加、减调整垫圈及其厚度。

b.按上步的测算，在车架支架安装面上放置合适厚度的垫圈，安装新的推力杆，紧固件暂先拧至各零件间无间隙，然后检查车桥定位应正确，再把紧固件拧紧至规定力矩。

（6）橡胶衬套的更换

① 拆下旧衬套

a.拆下横向稳定杆销轴螺栓。

b.拆下旧衬套。

c.清除横向稳定杆销轴孔内脏物。

d.检查横向稳定杆有无损坏、裂纹。不要修理有裂纹的横向稳定杆，只能更换。

② 安装新衬套

a.装入新衬套，并使衬套与横向稳定杆吊耳对称。

b.把横向稳定杆重新装在支架上。

③ 最后检查

a.在供气压力大于6.0bar的状况下，检查系统无漏气，空气弹簧正常充气至正确的悬架高度。

b.在车检查车辆行驶是否平衡，轮迹正，不跑偏。

8.3.3 常见故障分析与排除

现将空气悬架系统可能出现的故障现象或状况以及产生的可能原因列举如下：

8.3.3.1 减震器故障

（1）泄漏

① 悬架高度不对，太高或太低。

② 减震器安装不正确，如倒装、减震器上支架安装位置不对。

③ 减震器型号不对。

④ 减震器周围间隙不够。

（2）减震器安装环被拉长或拉开，或减震器被拉开

① 悬架高度太高。

② 减震器安装不正确，如减震器上支架安装位置过高。

③ 减震器型号不对。

（3）减震器衬套损坏

① 悬架高度太高或太低。

② 减震器安装不正确，安装螺栓未拧紧或松动。

③ 减震器型号不对。

④ 正常磨损。
(4) 减震器弯曲
① 减震器型号不对。
② 减震器安装不正确，减震器上支架安装位置过低。
③ 空气弹簧型号不对。

注意：减震器为易损件，质保期为1年或8万千米行程。对查不出原因，又不是短时间内的重复损坏，应视为正常现象。

8.3.3.2 空气弹簧故障

(1) 空气弹簧瘪陷（未充气）
① 储气罐气压太低，不能开启压力保护阀。
② 压力保护阀失效或管路太脏。
③ 空气控制管路泄漏或堵塞。
④ 高度控制阀失效或其柔性连杆松脱。

(2) 气囊磨损
① 空气弹簧周围间隙不够25mm。
② 车架支架上定位调整块开焊或导向杆橡胶衬套损坏造成悬架漂移，以致气囊与轮胎等相摩擦。
③ 减震器损坏、管路松动等造成与气囊干涉摩擦。
④ 空气弹簧底座活塞外粘有砂石、玻璃碴等。

(3) 空气弹簧向上凹陷
① 悬架高度过低，空气弹簧长期在较低气压下工作。
② 高度控制阀失效或其柔性连杆松脱。
③ 空气弹簧型号不对（高度太高）。
④ 供气压力偏低，车辆超载严重。

(4) 空气弹簧上盖板凸起
① 减震器失效、损坏或型号不对。
② 高度控制阀不工作。
③ 悬架高度过高，空气弹簧长期在超正常气压下工作。

(5) 空气弹簧型号不对（高度太矮）
① 气囊与上缘或活塞结合处开裂、漏气，或螺钉、螺柱根部漏气。
② 供气压力过高，超载严重。
③ 减震器失效、损坏或型号不对，气囊拉伸过长。
④ 缓冲垫偏心接触，形成气囊与上盖板或活塞结合处局部磨损。

(6) 空气弹簧歪斜、缓冲垫偏心接触
① 空气弹簧安装不正确，空气弹簧纵向歪斜。
② 悬架安装不正确，空气弹簧横向歪斜。
③ 车架支架上定位调整块开焊或导向杆橡胶衬套损坏，造成悬架漂移。

(7) 气囊皲裂
① 气囊上沾涂了油脂等造成过早老化。
② 正常老化。

(8) 弹性下降，越来越硬
储气罐中水汽没有及时放出，空气弹簧内积聚越来越多的水。

8.3.3.3 高度控制阀故障

(1) 车辆倾斜

① 高度控制阀调整不当,若造成前、后轴悬架高度与设计值 A 相差较大,车辆则纵向倾斜;如双高度阀控制的同轴两侧悬架高度差值过大,车辆则横向倾斜。

② 某个高度控制阀故障或管路不通,造成其控制的气囊瘪陷。

(2) 连杆被拉开,阀控制臂向后翻转

① 阀安装不正确。

② 连杆长度不对。

(3) 阀反应迟缓

① 供气压力太低。

② 高度控制阀脏和/或管路脏、变形。

③ 气罐中水汽未及时放出,在严寒天气时因空气中有水汽,出现阀和/或管路冻结。

④ 管路和/或接头内径太小。

(4) 压力保护阀故障

① 压力保护阀堵塞,悬架的空气控制系统无气压。

a. 阀被脏物堵塞,储气罐内气压达到或超过 6.0bar,阀仍不能开启。

b. 储气罐内有水汽,在严寒时阀被冻结。

② 压力保护阀闭锁不严或完全不能关闭,不能保证充足的制动气压。

a. 阀内有脏物。

b. 空气内有水汽,严寒时结冰卡住阀。

(5) 悬架结构件故障

① 轮迹偏、轮胎超常磨损。

a. 前桥和/或后桥定位不正确。

b. 车架支架上的定位调整块开焊,销轴螺栓松动。

c. 推力杆安装螺栓松动。推力杆的橡胶衬套磨损或损坏。

② 车辆行驶不稳定、操纵困难。

a. 车架螺栓或连接件松动。

b. 车桥的安装紧固螺栓松动。

c. 车架支架上定位调整块开焊或橡胶衬套磨损、损坏(推力杆安装螺栓松动),悬架漂移。

(6) 橡胶衬套碎裂

① 车辆严重超载。

② 橡胶与金属芯粘接不良或橡胶硫化不好(属产品质量问题)。使用润滑油脂造成过早老化。

项目 4 气动门

8.4.1 客车用气动门类型

乘客门是供乘员上下车辆的门,属于车辆的安全部件,一般由门体总成(门体)、门泵总成、门框总成三部分组成,其中门体总成是乘客门的主要部件,门泵总成是乘客门的动力部件,门框总成是乘客门的密封部件。部分乘客门还配有活动踏步总成,是乘客门的附属部件。

根据乘客门开合时运动轨迹的不同,可将乘客门的类型分为外摆式、内摆式、折叠式三大类。公交车通常使用的是内摆门,也可能使用其他两种乘客门;旅游车及城间大中巴车通常使用外摆门;中小巴车一般使用折叠门。三种乘客门的外形有较大的区别,直接通过其外形即可判断该乘客门使用的类型。三种乘客门的外形大致如图 8-69。

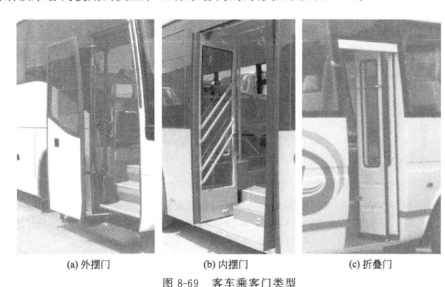

(a) 外摆门　　　　(b) 内摆门　　　　(c) 折叠门

图 8-69　客车乘客门类型

乘客门的维修比较简单,主要有如下维修项目:调整门体平整度、更换密封条、调整门泵开关速度及缓冲等等,维修时请注意以下事项:

① 乘客门的安装要满足开合灵活、密封良好和锁止牢固等要求,同时还需要保证防夹功能。

② 维修后应对门泵旋转部涂润滑脂减轻磨损。

③ 门体、门框上主要密封胶条设计为紧配合。为了便于安装,可安装前在其嵌入槽(可能在门骨架、铝型材或密封胶条上)中涂抹中性润滑剂临时增加润滑,如洗洁精或肥皂水等。

④ 在维修乘客门时要注意防止损伤油漆涂层,可在部分有尖锐棱角的工具上包扎胶带,如螺丝刀的头部。

8.4.2　气动外摆门

8.4.2.1　总成部件结构分解

气动外摆门的主要结构为门框、门体、门泵门柱回转轴三部分,部分外摆门还配有活动踏步总成。图 8-70 为一般气动外摆门组件的整体结构布置图。

根据车门的位置不同可以分为前乘客门和中间乘客门,这两种乘客门的拆解、安装基本相同。根据踏步台阶和整车内饰设计不同,连接门体和泵体的门柱回转轴可分为长轴式和短轴式,短轴式回转轴由于长度比较短,故将其上下转臂通过一个短柱焊接在一起。在装配、维修上两种回转轴没有大的差异。门体与回转轴的搭配通常为前乘客门配长轴式回转轴,中间乘客门配短轴式回转轴。

根据开门时车门的移动方向不同可以分为前摆外摆门和后摆外摆门。它们只在门泵的旋转方向等方面有微小的差别,在装配、维修上没有大的差异。

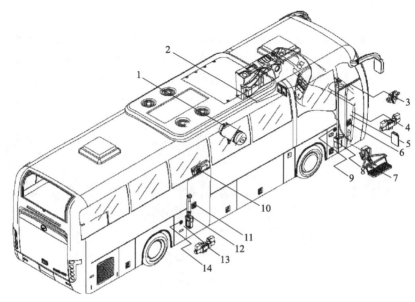

图 8-70 气动外摆门总成分解

1—储气筒；2—车门开关；3,10—车内应急阀；4,13—电磁阀；5—遥控主机；6,11—机械门锁；7—踏步；8,12—门泵；9,14—车外应急阀

根据门的密封形式不同分为外密封外摆门和内密封外摆门，它们在门框、门体的密封胶条形式上有差别，同时在装配顺序上有一定的差异。

图 8-71 为典型的前乘客门结构示意图。

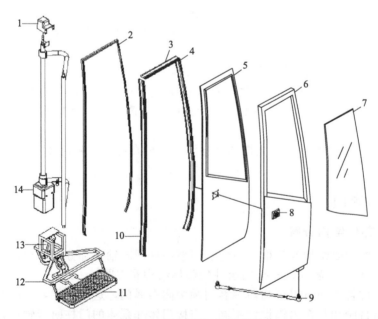

图 8-71 前乘客门部件分解

1—门轴装饰罩；2—门框橡胶密封条；3—上门框铝型材；4—前门框铝型材；5—乘客门门板内装饰件；6—乘客门门板及骨架总成；7—乘客门玻璃；8—外摆门锁；9—平衡杆；10—后门框铝型材；11—气动伸缩踏板总成；12—气动伸缩踏板骨架总成；13—气动伸缩踏板气缸；14—前乘客门运动机构及门泵总成

前乘客门门体主要部件的系统结构图见图 8-72。

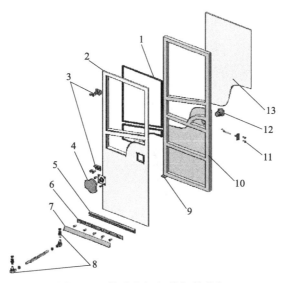

图 8-72 前乘客门门体部件分解

1—装饰胶条；2—门内饰板；3—车门上、下固定支座；4—门锁的车内旋转把手；5—下外密封胶条；6—压紧板；7—内密封胶条；8—平衡杆；9—平衡杆安装座（门体）；10—门体骨架；11—锁体；12—锁芯；13—门玻璃

外摆门门泵由驱动部分和传动部分组成，驱动部分为一直线运动"$\phi 100 \times 100$ 气缸"，传动部分为一对螺旋传动副，可将活塞的直线运动转换为旋转运动，通过顺时针和逆时针旋转带动主动杆转臂实现乘客门的启闭。外摆门门泵在门关闭时具有提升门体的功能，以增加门的密封能力。同时外摆门门泵还具有防夹功能。图 8-73 为门泵运动机构的结构示意图。

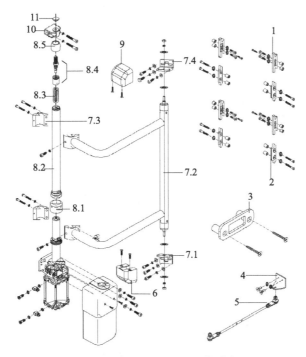

图 8-73 门泵运动机构部件分解

1,2—锁止块；3—门锁孔板焊合；4—平衡杆安装座；5—平衡杆；6—上弯臂总成；7—转臂总成；7.1,7.4—门板座；7.2—转臂焊合；7.3—齿形压盖；8—转轴总成；8.1—锁紧螺母；8.2—转轴焊合；8.3—弹簧；8.4—滑动套总成；8.5—防尘套；9—塑料盖；10—转轴座；11—橡胶盖

门泵机械部分的系统结构见图 8-74。

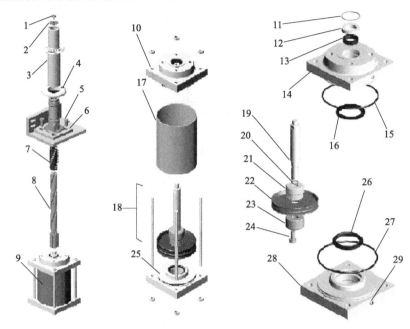

图 8-74 门泵机械部件分解
1—内六角螺钉 M6×12；2—挡片；3—传动套；4—防夹环；5—内六角螺钉 M8×35；6—紧固凸缘；
7—滚珠架及滚珠；8—螺旋轴；9—气缸；10—上盖总成；11—孔挡；12—密封挡圈；13—轴密封圈；
14—上盖；15,27—O 形密封圈；16,26—缓冲密封圈；17—缸筒；18—活塞组件；19—活塞杆；
20—活塞杆密封圈；21—缓冲塞；22—活塞；23—缓冲柱；24—内六角螺钉 M10×30；
25—端盖总成；28—端盖；29—缓冲调节阀

外摆门门泵附件部分包含防夹开关、转向调速阀（气管接头）、缓冲调节阀及控制电磁阀等组件，见图 8-75。

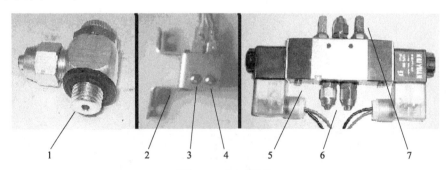

图 8-75 门泵附件
1—转向调速阀（气管接头）；2—防夹开关总成；3—踏步灯开关；
4—防夹开关；5—控制电磁阀；6—气管接头；7—消声器

其中防夹开关总成固定在门泵机械部分的紧固凸缘上，上面的两个微动开关与凸轮接触。调整凸轮的位置，使在乘客门并未关上时，门泵转动遇阻提升，推起防夹环压住防夹开关，接通防夹开关，使电磁阀接到信号做出开门的动作，执行防夹功能。

另外可调整转向调速阀和缓冲调节阀的开度，从而分别调整乘客门开关时的平均速度和瞬间速度。

8.4.2.2 气路与防夹功能原理

图 8-76 为外摆乘客门气路原理图及防夹组件局部放大图。连接着外摆门的门泵推杆的旋转门轴，把推杆的升降运动转换为门轴的旋转运动；防夹开关是固定不动的，防夹环安装在旋转门轴上随门轴一起运动。防夹环上有一个凹槽，当门轴旋转运动受阻，变为上升运动时，如果防夹开关能够通过防夹环上的凹槽，则门可以正常关闭；若门轴旋转运动受阻时门并没有关到位，则防夹开关无法通过防夹环上的凹槽，防夹开关的侧端面触碰到防夹环，防夹开关向控制盒发出信号，防夹功能被启用，乘客门将重新开启。

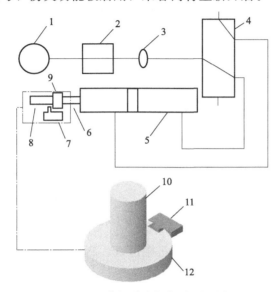

图 8-76 外摆乘客门气路原理图
1—储气罐；2—手动阀；3—空气过滤器；4—控制电磁阀；5—门泵；6—推杆；7,11—防夹开关；
8,10—旋转门轴；9,12—防夹环

下面对门运动的各个状态进行分析。

控制电磁阀收到开门指令，切换气路到开门状态，门柱下降并向开门方向旋转，见图 8-77。

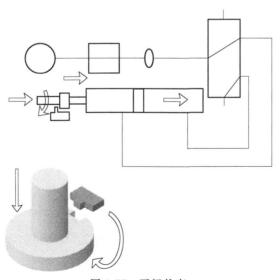

图 8-77 开门状态

控制电磁阀收到关门指令，切换气路到关门状态，门柱向关门方向旋转，见图 8-78。

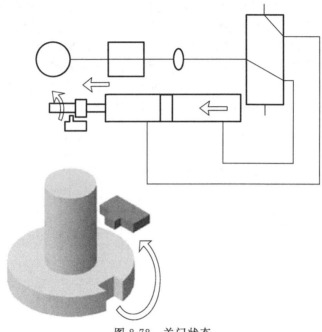

图 8-78 关门状态

在正常状态下，门轴旋转到门关闭的极限位置，旋转运动结束变为上升运动，使门可以正常关闭，见图 8-79。

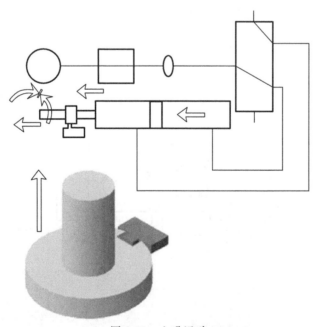

图 8-79 上升运动

当外摆门在关闭过程中受阻，门轴旋转运动结束变为上升运动时，因门轴旋转不到位，防夹开关的侧端面将触碰到防夹环，防夹功能开启，见图 8-80。

控制电磁阀收到开门指令，切换气路到开门状态，防夹功能实现，见图 8-81。

模块 8　气压系统原理与维修

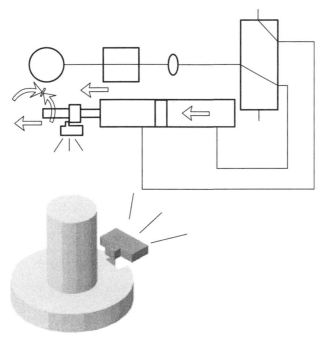

图 8-80　防夹功能开启

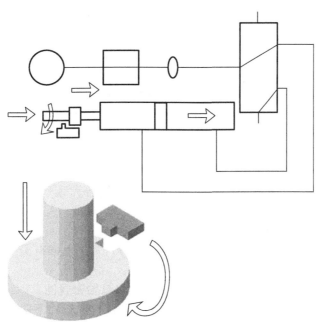

图 8-81　防夹功能转换为开门状态

将手动阀旋至切断气路状态，门泵功能失效，门轴在门的重力影响下下降，此时车门可以手动开启或关闭，见图 8-82。

8.4.2.3　常见故障分析与排除

（1）乘客门自动打开

原因：凸轮上的紧固螺钉松动，凸轮位置变化。

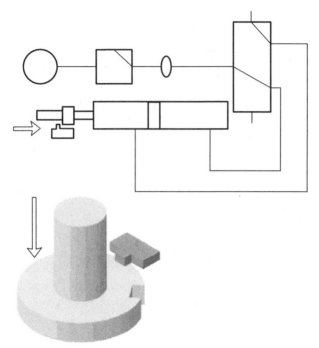

图 8-82 手动功能

排除方法：
① 调整凸轮位置，使防夹行程开关对正凸轮缺槽；
② 旋紧紧固螺钉，螺钉位置如图 8-83 所示。

(2) 关门时门泵提升不到位或提升无力

原因 1：活塞初始位置（开门状态时活塞的位置）偏上；门板贴到门框时，气缸活塞杆正处在缓冲区，上移缓慢。

排除方法：松开夹板，门泵上腔通气，将活塞下调适当距离，重新紧固夹板。

原因 2：回转轴内的弹簧压缩过多。

排除方法：逆时针旋转大顶丝，将压缩弹簧的连接体调至合理位置，旋紧大顶丝螺母，见图 8-84。

(3) 泵体或电磁阀处漏气

现象 1：开门无力，气缸上部有漏气声。

原因：门泵漏气。

排除方法：更换门泵轴密封圈。

现象 2：开关门正常，但缓冲不明显。

图 8-83 螺钉位置
1,5—内六角螺钉；2—挡片；3—传动套；
4—防夹环；6—紧固凸缘；7—滚珠架
及滚珠；8—螺旋轴；9—气缸

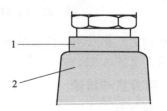

图 8-84 调整位置
1—螺旋轴；2—传动套

原因：门泵漏气。

排除方法：更换缓冲密封圈，密封圈位置见图 8-85。

现象 3：电磁阀消声器处漏气，旋紧转向调速阀后正常，并且关门提升无力。

原因：门泵漏气。

排除方法：更换活塞与活塞杆密封圈。

(4) 外摆门漏水

原因 1：门体顶部短密封胶条、门体下部密封胶条或门框主密封胶条老化、受损。

排除方法：更换相应胶条。

原因 2：门框、门体锁止块错位、松动。

排除方法：调整锁块。

(5) 关门缓冲不明显

原因 1：泵体缓冲调节阀旋位不正确。

排除方法：调节泵体缓冲调节阀旋位，恢复关门缓冲。

原因 2：活塞初始位置（指在开门状态时活塞的位置）偏下。

排除方法：松开夹板，门泵下腔通气，将活塞上调 6mm 左右（此时回转轴转动 10°左右），重新紧固夹板。

(6) 开启、关闭乘客门时门板抖动

原因 1：平衡杆弯曲或断裂。

排除方法：检查更换。

原因 2：各转动点有卡滞。

排除方法：松开螺纹，重新紧固，消除卡滞。

原因 3：平衡杆长短不合适。

排除方法：调整平衡杆长短。

原因 4：平衡杆在车身的铰接位置不合适。

排除方法：调整平衡杆在底座的位置。

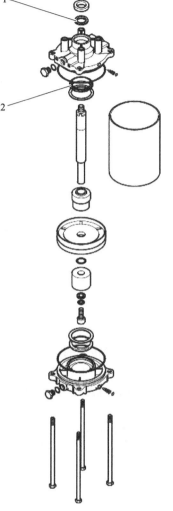

图 8-85 密封圈位置
1—门泵轴密封圈；2—缓冲密封圈

(7) 三通阀（应急阀）关闭后，门不下落、打不开、关不上、有异常响声

原因：大顶丝、连接体、回转轴及传动套装配时，没有调整在同一轴线上，造成回转轴不正。

排除方法：

① 取下门板，从连接体中旋出顶丝，释放回转轴内部所有应力。

② 观察顶丝与回转轴的中心是否垂直对正，如不对正，注意中心偏离的程度，按装配说明中提到的方法调整至中心垂直对正。

8.4.3 气动内摆门

(1) 部件结构及分解

气动内摆门的主要结构为门框、门体、门泵门柱回转轴三部分。图 8-86 为典型的气动内摆门组件的整体结构布置图。

根据门的移动方向不同可以分为前摆内摆门和后摆内摆门。它们只在门泵的旋转方向等

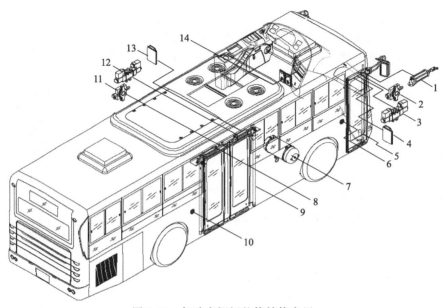

图 8-86 气动内摆门整体结构布置

1—前门门泵；2,11—车内应急阀；3,12—电磁阀；4,13—防夹控制器；5—传动轴；6,10—车外应急阀；7—储气筒；8—中门门泵；9—传动轴；14—车门开关

方面有微小的差别，在装配、维修上没有大的差异。

根据门转臂的形式不同分为外转臂式内摆门和内转臂式内摆门，它们在门体旋转轨迹和转臂安装方式上有差别。

根据门框密封胶条和铝型材相互嵌入的关系不同，可分为铝型材嵌入式和宽密封胶条嵌入式。

内摆门门体的系统结构见图 8-87。

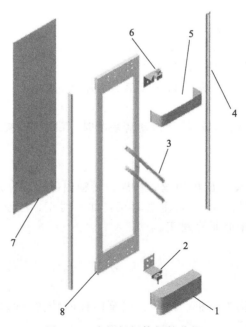

图 8-87 内摆门门体部件分解

1—扫灰软刷；2—下限位销支架；3—扶手；4—密封胶条；5—装饰板；6—上滚动轴承支架；7—玻璃；8—门体骨架

典型的门泵布置见图8-88。

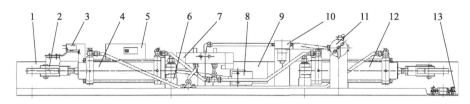

图 8-88 门泵内部结构

1—托板；2—连接臂；3—微动开关（防夹开关）；4—左气缸；5—电控盒；6—气缸转座；7—电磁阀；
8—压力传感器；9—接线盒；10—空气过滤器；11—应急阀；12—右气缸；13—定位座

内摆门门泵由机械气缸部分和电控部分组成。

机械气缸部分主要由活塞杆总成、进出气气嘴接头（转向调速阀）、上盖、缸筒、底盖、尾架和紧固标准件组成，其通过活塞杆总成的伸缩控制车门的启闭。同时气缸部分还有调整门开关时速度的转向调速阀，和调整门开关时缓冲力的节流阀，进一步对气缸工作参数进行调整。

门泵机械部分的系统结构见图8-89。

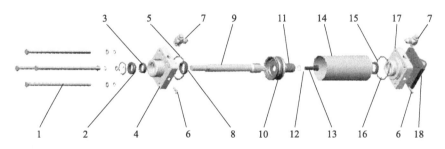

图 8-89 门泵机械部件结构

1，13—紧固标准件；2—密封挡圈；3—轴密封挡圈；4—上盖；5，16—O形密封圈；6—节流阀；7—气嘴接头；
8，15—缓冲密封圈；9—活塞杆；10—橡胶活塞；11—缓冲垫；12—锁紧垫圈；
14—缸筒；17—端盖；18—尾架

（2）气路原理与防夹功能

门泵电器部分包含电磁阀、防夹开关等部件。当车门发出开关信号时，电控单元收到信号并发出控制指令，通过电磁阀控制门泵机械部分工作。关门过程中如果车门遇到阻碍，微动开关（防夹开关）将收到信号，通知电控单元；电控单元收到信号，将发出指令，通过电磁阀控制门泵机械部分打开车门，实现防夹功能。

图 8-90 是内摆门气动回路。

下面分析门的运动状态。

控制电磁阀收到开门指令，使气动回路处于打开状态，见图 8-91。

控制电磁阀接收到关门指令，使气动回路处于关门的状态，见图 8-92。

正常状态下，门泵的推杆会持续向外推，当门关到一定程度时，防夹开关接收到推杆的指令，撤销防夹功能，因此门就可以正常关上，见图 8-93。

如果防夹开关没有接收到来自推杆的信号，门就会被卡住。在此情况下，气缸内的空气压力会逐渐升高。当达到一定压力时，压力开关会发送信号到防夹装置控制盒，从而使电磁阀能切换门泵气路使门处于开的状态，见图 8-94。

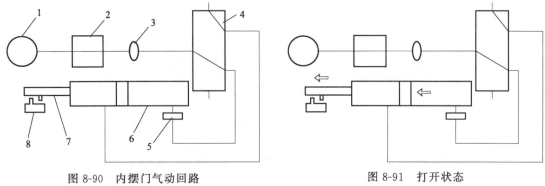

图 8-90 内摆门气动回路 图 8-91 打开状态
1—储气筒；2—应急阀；3—空气滤清器；4—电磁阀；5—压力开关；6—门泵；7—推杆；8—防夹开关

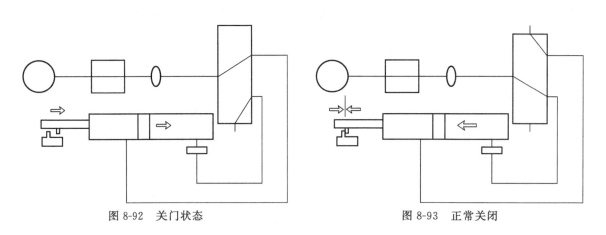

图 8-92 关门状态 图 8-93 正常关闭

电磁阀接收到开门指令，控制气路到开门的状态，同时防夹功能开启，见图 8-95。

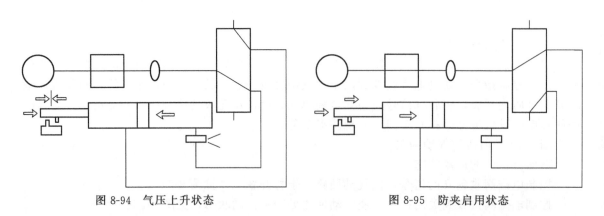

图 8-94 气压上升状态 图 8-95 防夹启用状态

手动旋转应急阀，关闭系统各气路，门泵各功能也被解除。门可以手动被打开或关闭，见图 8-96。

(3) 故障分析与排除

气动内摆门的故障排除请参考表 8-6。

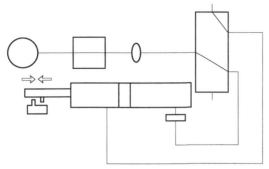

图 8-96 手动功能

表 8-6 内摆门故障快速排除

故障现象		原因分析	排除方法
内摆门防夹功能失效		防夹功能开关关闭	打开防夹开关
		门泵推臂错位	调整门泵推臂位置
		防夹控制盒故障	维修或更换防夹控制盒
车门打开或关闭无力		车体气压偏低	打开发动机,增压
		门泵推臂伸出过多或过少	调整门泵推臂位置
		门泵漏气	维修门泵
车门打开时门体不竖直		上下转臂不平行	调整上下转臂位置
		上轴承偏心	调整上轴承
气缸漏气窜气	开门无力,气缸上部有漏气声	门泵漏气	更换门泵轴密封圈
	开关门正常,但缓冲不明显	门泵漏气	更换缓冲密封圈

8.4.4 电动或气动折叠门

折叠门的主要结构为门框、门体、门泵及推杆四部分。

根据门的助力方式不同可分为手动折叠门、气动折叠门和电动折叠门。它们只在门泵结构和装配形式上有差别,而在门体、门框的安装上没有大的区别。折叠门门体的系统结构如图 8-97。

(1) 电动折叠门

电动折叠门门泵由支座、减速机构、四杆机构、车门连接板等部件组成。电源通过继电器控制电机的正反转,电机旋转时通过蜗轮、行星齿轮减速,当手柄处于"电动"位置(此时齿条与外齿轮啮合)时,曲柄带动四连杆机构控制门的开关。当开关到位时,开关挡片触动行程开关,使继电器失电,电机停止运动。

电动门泵内部和底部结构见图 8-98。

其中减速箱是电动门泵中减速和换向的重要部件,在使用 5 万次后需要拆开减速箱清洗,并涂加 2 号锂基润滑脂。减速箱的内部结构见图 8-99。

(2) 气动折叠门

气动折叠门门泵由常通型电磁阀、差动式气缸以及支座三部分构成。电气系统的开关向门泵的控制元件(电磁阀)发出信号,使电磁阀铁芯工作,推动阀芯移动,使电磁阀气管接头输入的压缩空气向气缸前腔送气,从而使活塞杆收缩,将门打开。当电磁阀断电时前、后腔气压相等，利用活塞的截面积不同形成的差动将门关紧。

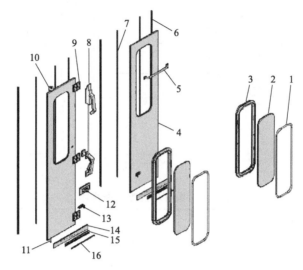

图 8-97　折叠门门体部件分解

1—小胶条；2—玻璃；3—玻璃密封胶条；4—门板骨架；5—扶手；6—门体密封胶条；7—薄钢条；8—锁组件；9—合页；10—上轴承；11—下转轴；12—门泵推杆座；13—车门防开卡；14—下密封橡胶片；15—压板；16—装饰胶条

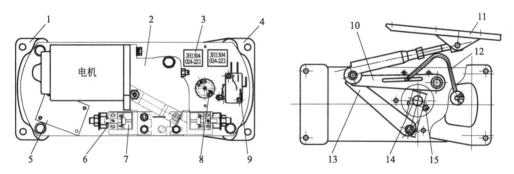

图 8-98　电动门泵内部与底部结构

1—副底座；2—减速箱；3—继电器；4—主底座；5—控制器；6—弹簧；7—行程开关；8—自停轴；9—微动开关；10—连杆Ⅱ；11—车门连接板；12—自停拐臂；13—连杆Ⅰ；14—曲柄；15—曲柄盘

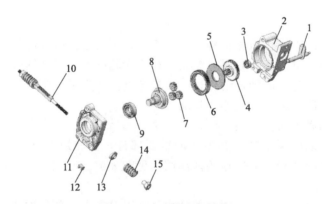

图 8-99　减速箱内部结构

1—凸轮轴；2—减速箱上体；3,9—深沟球轴承；4—铜齿轮；5—隔板；6—内外齿轮；7—行星齿轮；8—主轴；10—齿条；11—减速箱下体；12—小方块；13—滑块；14—压簧；15—螺母气缸的前盖上设有关门速度调节阀,可根据需要进行调节以达到理想的关门速度;螺钉往内旋为放慢,螺钉往外旋为加快。

气缸的后盖上设有开门速度调节阀,可根据需要进行调节以达到理想的开门速度;螺钉往内旋为放慢,螺钉往外旋为加快。

电磁阀上有气隙调节阀。门泵在使用一段时间之后,可能会发现电磁吸力不够或吸后排气孔出现漏气现象,可将气隙调整螺钉进行微量调节;吸力不够时往上旋,排气孔漏气时往下旋。在旋到适当位置后,用六角固定螺母固定。

电磁阀的连续通电时间不可超过1h,气动门泵在使用过一段时间后,应打开气缸进行必要的去污、润滑保养:加机油8mL并更换易损件,如密封圈。

气动门泵的结构见图8-100。

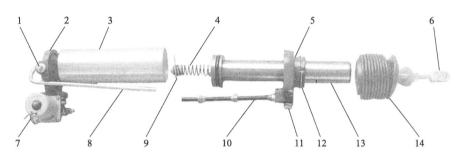

图8-100 气动门泵结构

1—开门速度调节阀;2—后盖;3—气缸体;4—缓冲弹簧;5—前盖;6—叉接头;7—电磁阀;8—U形螺栓;9—缓冲片;10—气管;11—关门速度调节阀;12—防尘套卡箍;13—活塞;14—防尘套

后盖、前盖、活塞组件分解见图8-101。

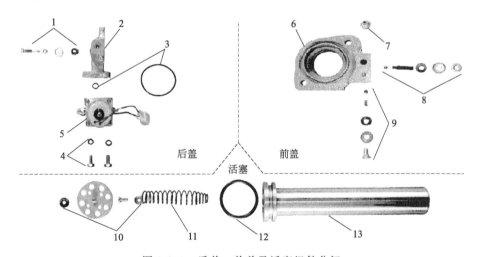

图8-101 后盖、前盖及活塞组件分解

1—开门速度调整组件;2—后盖;3—后盖密封件;4—电磁阀紧固螺钉及垫圈;5—电磁阀;6—前盖;7—气管接头;8—关门速度调节阀组件;9—单向阀组件;10—缓冲片组件;11—缓冲弹簧;12—活塞密封圈;13—活塞

(3)常见故障分析与排除

气动折叠门故障排除请参考表8-7。

表 8-7 气动折叠门故障排除

故障现象	原因分析	排除方法
开、关门无反应	主电源电压不足	调整电源达到要求
	(电动折叠门门泵)电机烧坏	检查电机,如烧坏,更换电机
	(气动折叠门门泵)电磁阀损坏	检查电磁阀,如损坏立即更换
电机工作而车门无反应	手柄位置没到位	调整手柄位置
	齿条打滑	检查齿条、凸轮轴、小方块是否磨损
	曲柄销松动	将曲柄销装紧
门能开不能关	行程开关失灵或限位挡片位置不准	检查行程开关,如损坏则更换;调整限位挡片板
	电机炭刷磨损严重,换向器部分短路	更换炭刷并将换向器用砂纸磨光,清除灰尘
开、关门无力	电磁阀泄漏	调节电磁阀气隙调整螺钉
	气缸内活塞处泄漏	更换气缸内活塞密封圈或活塞

模块 9　电动空调与暖风系统

项目 1　电动空调

9.1.1　结构功能与原理

（1）系统介绍

纯电动汽车的空调系统多采用电动压缩机制冷。由空调控制器把车载高压直流电源逆变成交流电源，用来驱动电动机使空调压缩机旋转，达到制冷目的。然后，再由空调系统的其他辅助元件调节车内温度，使温度相对恒定。空调系统主要由控制器、电动机、压缩机、蒸发器、冷凝器及鼓风机组成，见图 9-1。

（2）系统结构与电路

以厦门金龙电动客车为例，其所搭载的电动空调总成内部构造如图 9-2 所示，空调控制系统电路见图 9-3。

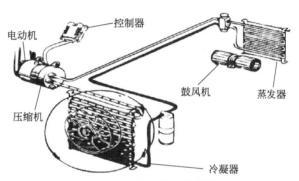

图 9-1　空调系统组成部件

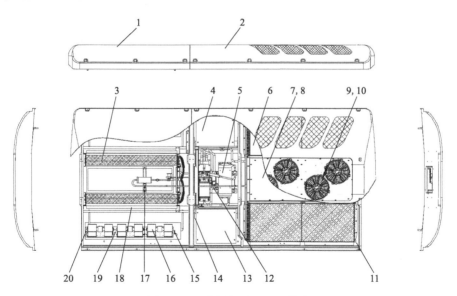

图 9-2　电动客车顶置空调总成

1—蒸发器盖板；2—冷凝器盖板；3—蒸发器芯体总成；4—电气板 2 布置；5—压缩机总成；6—冷凝器芯体总成；7—冷凝风机板支架；8—冷凝风机板组件；9—冷凝风机网罩；10—冷凝风机；11—玻璃钢底座；12—冷凝器-蒸发器高压液管组件；13—电气板 1 布置；14—散热风机固定板；15—小风机压板；16—蒸发风机；17—干燥瓶支架；18—PTC 加热器；19—蒸发风机中间压板；20—蒸发风机压板

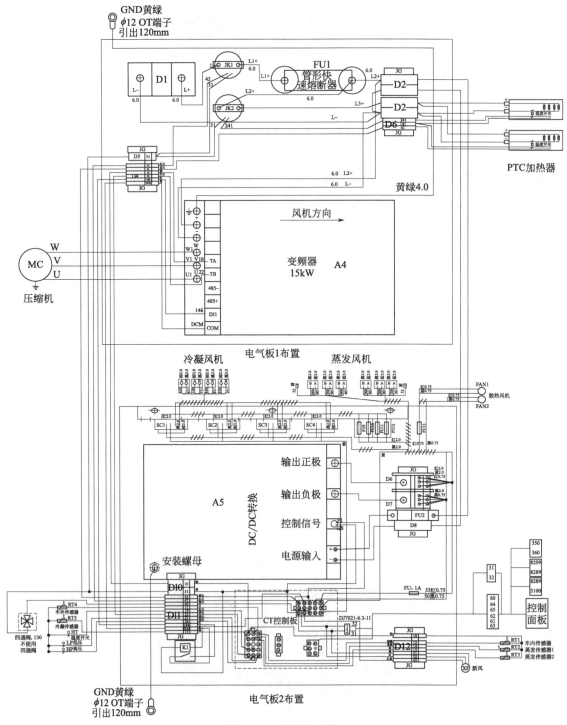

图 9-3 空调系统电路

(3) 电动空调压缩机

如果说发动机是汽车的心脏,那么压缩机就是整个制冷系统的心脏,是制冷系统中最重要也最复杂的一个总成部件。它的主要作用是将常温低压气态制冷剂压缩成高温高压气态制冷剂，为整个制冷系统提供源动力。压缩机外观如图 9-4 所示。基本结构由涡旋结构泵体、永磁同步电机和变频器控制器三部分组成。

图 9-4　电动空调压缩机

电动空调压缩机总成技术参数见表 9-1。

表 9-1　电动空调压缩机技术参数

项目	技术参数
压缩机型号	E66A380B-0045H
压缩机方式	全封闭卧式涡旋压缩机
制冷剂	R134a
排气容积/(cm³/r)	66
常用转速范围/(r/min)	1000～4500
额定电压最高转速/(r/min)	4500
蒸发温度范围/℃	－10～12.5
冷凝温度范围/℃	26.7～68
压缩机冷却方式	吸气冷却
制冷剂泄漏量/(g/a)	＜14
冷冻油/油量	POE 润滑油 RL68H/120mL（出厂注油量）
外观	铸铝表面喷砂
总质量/kg	11.5
安装方式	通过螺栓安装在空调底板上
安装尺寸($L \times W \times H$)/mm	295.5×176×176.5
吸气管接口内径/mm	ϕ21.3
排气管接口内径/mm	ϕ15.5

（4）空调系统工作原理

系统在制冷时，低压气态制冷剂经变频压缩机压缩后形成高温高压气体，经排气管、止逆阀进入四通换向阀的 D 端，此时四通换向阀线圈不工作，气体经四通换向阀的 C 端出口进入冷凝器。在冷凝风机强制冷凝器与空气热交换的情况下，高温高压气体在冷凝器内被冷却成中温高压的液体，液体经干燥器后到达双向膨胀阀，经双向膨胀阀节流后进入蒸发器，在蒸发风机作用下与车内空气进行热交换下（实现制冷），低温低压的液体在蒸发器内膨胀吸收热量后变成低温低压气体，低温低压气体从四通换向阀的 E 端进入，S 端输出后进入气液分离器，气体经气液分离（如果有液体）后经回气管进入压缩机，实现制冷循环。系统工作流程原理图如图 9-5 所示。

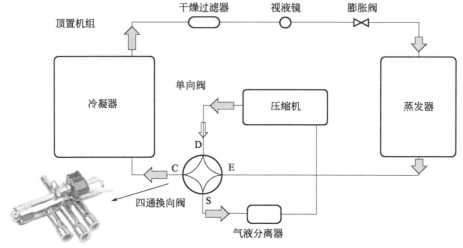

图 9-5　空调制冷原理

在系统制热时，低压气态制冷剂经变频压缩机压缩后形成高温高压气体，经排气管、止逆阀进入四通换向阀的 D 端，此时四通换向阀线圈通电工作，气体经四通换向阀的 E 端输出进入蒸发器。在蒸发风机将蒸发器与车内空气热交换的情况下（实现制热），高温高压气体在蒸发器内被冷却成中温高压的液体，汇集管到达双向膨胀阀，经双向膨胀阀节流后变成低温低压液体，经干燥器进入冷凝器，制冷剂在冷凝器内膨胀吸收外界热量后变成低温低压气体，低温低压气体经四通换向阀的 C 端进入，S 端输出后进入气液分离器，气体经气液分离（如果有液体）后经回气管进入压缩机，实现制热循环。

当外界环境温度低于－5℃时，空调启动 PTC 电加热器，蒸发风机工作，压缩机和冷凝风机停止工作。系统工作原理流程如图 9-6 所示。

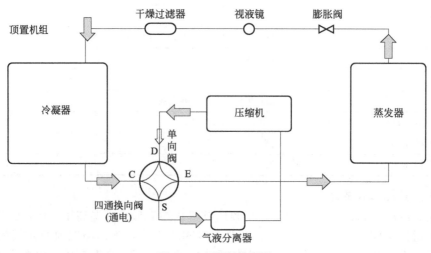

图 9-6　空调制热原理

(5) 空调控制面板与空调主板端子定义

空调控制面板如图 9-7 所示，端子分布如图 9-8 所示，端子定义见表 9-2、表 9-3。CN1 连接器端子 P10～P14 针脚为空置端。

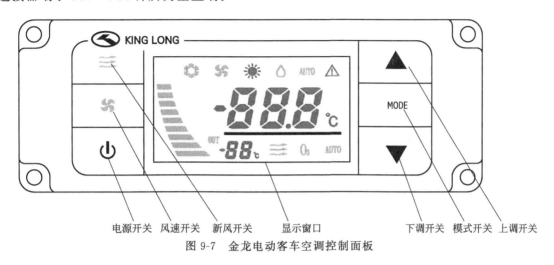

图 9-7 金龙电动客车空调控制面板

图 9-8 空调控制面板端子分布

表 9-2 CN1 连接器端子定义

针脚号	定义	备注
P1	电源	
P2	风机调速	开:风机低速;关:风机高速
P3	空调启动	开:启动压缩机;关:停止压缩机
P4	风机启动	风机及高压电源开启
P5	除霜电阻 1	代表蒸发器 1 表面温度
P6	除霜电阻 2	代表蒸发器 2 表面温度
P7	车身地	搭铁
P8	空调变频	空调频率调节
P9	变频器故障	断开:变频器故障,所有输出无效

表 9-3 CN2 连接器端子定义

针脚号	定义	备注
P1	新风输出	限流保护
P2	空调变频	空调频率调节
P3	模式选择	开:制热模式 断开:制冷模式
P4	压力故障	断开:停止"空调启动"输出
P5	数字地	3 个热敏电阻地、2 个高/低压地

续表

针脚号	定义	备注
P6	温控电阻	代表回风温度
P7	杀菌输出	空调臭氧控制信号,低电平有效
P8	数字地	同 P5

空调控制主板实物如图 9-9 所示,端子分布及功能定义见图 9-10。

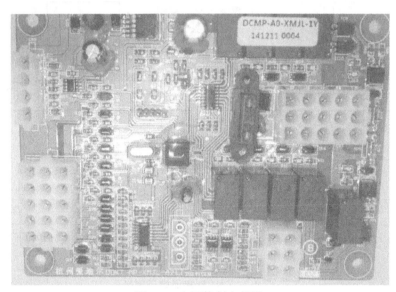

图 9-9 空调控制主板图

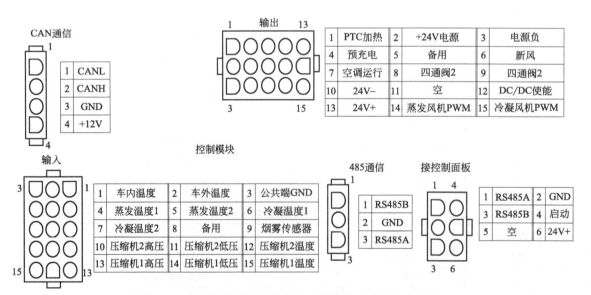

图 9-10 主板连接器端子分布与功能定义(直流电动空调)

9.1.2 常见故障分析与排除

空调系统常见故障快速排除参见表 9-4。

表 9-4 空调系统常见故障排除

故障现象	原因分析	处理方法
压缩机工作,但停不下来	除霜热敏电阻故障,前控制器故障	更换除霜热敏电阻,修理或更换前控制器
后蒸发器风机一~三挡不工作	后蒸发器风机调速电阻失灵	更换调速电阻
后蒸发器风机不工作	继电器及保险丝故障,电气线路故障,后控制器故障,前控制器故障	更换继电器、保险丝,检修电气线路
		更换后控制器,修理或更换前控制器
鼓风机一~三挡不工作	鼓风机调速电阻失灵	更换调速电阻
鼓风机不工作	继电器或接插件、电气线路故障,鼓风机坏,前控制器故障	修理继电器或接插件、电气线路,更换鼓风机,修理或更换前控制器
冷凝风机不工作	继电器或接插件、电气线路、风机故障	修理继电器、接插件、电气线路及检修风机
主冷凝器风机高速挡不工作	冷凝风机坏,中压压力开关故障	更换冷凝风机,修理或更换压力开关
空调不工作,压缩机无响应	没有高压输入;空调 AC 低压控制回路或保险故障	检查空调高压保险及其线路(插件);检查确认低压回路及低压保险
		更换保险、恢复线路
压缩机工作异常,冷凝器风扇无响应	空调 AC 低压控制回路插件接触不良或电器损坏;冷凝器风扇或控制继电器故障	检查确认低压回路插件及电器是否正常;更换修复故障电器、插件;更换风扇或继电器
冷凝器风扇工作正常,压缩机间歇性工作	制冷剂加注过多(少);压缩机故障	检查确认制冷剂压力,检查压缩机
压缩机工作噪声大,制冷效果差	压缩机内部机械磨损导致压力不足	检查压缩机
空调压缩机间歇性工作,制冷效果差	空调管路不密封	检查确认压力值,查出漏点

9.1.3 电动空调系统故障代码

表 9-5 为厦门金龙现有各种机型故障码汇总表。

表 9-5 厦门金龙新能源客车电动空调系统故障码

序号	故障内容	显示代码	空调运行
1	车内温度传感器短路	SHr.1	空调运行 30min 停止 5min
2	车内温度传感器开路	OPE.1	空调运行 30min 停止 5min
3	车外温度传感器短路	SHr.4	空调运行 30min 停止 5min
4	车外温度传感器开路	OPE.4	空调运行 30min 停止 5min
5	除霜温度传感器 1 短路	SHr.2	空调运行 30min 停止 5min
6	除霜温度传感器 1 开路	OPE.2	空调运行 30min 停止 5min
7	除霜温度传感器 2 短路	SHr.3	空调运行 30min 停止 5min
8	除霜温度传感器 2 开路	OPE.3	空调运行 30min 停止 5min
9	冷凝温度传感器 1 短路	SHr.5	空调运行 30min 停止 5min
10	冷凝温度传感器 1 开路	OPE.5	空调运行 30min 停止 5min

续表

序号	故障内容	显示代码	空调运行
11	冷凝温度传感器2短路	SHr.6	空调运行30min停止5min
12	冷凝温度传感器2开路	OPE.6	空调运行30min停止5min
13	压缩机1高压保护故障	HPE.1	停止压缩机1运行,故障修复后恢复运行
14	压缩机1低压保护故障	LPE.1	停止压缩机1运行,故障修复后恢复运行
15	压缩机1通信故障	CoE.1	停止压缩机1运行,故障修复后恢复运行
16	压缩机1温度过高故障	HtE.1	停止压缩机1运行,故障修复后恢复运行
17	压缩机2高压保护故障	HPE.2	停止压缩机2运行,故障修复后恢复运行
18	压缩机2低压保护故障	LPE.2	停止压缩机2运行,故障修复后恢复运行
19	压缩机2通信故障	CoE.2	停止压缩机2运行,故障修复后恢复运行
20	压缩机2温度过高故障	HtE.2	停止压缩机2运行,故障修复后恢复运行
21	车外温度过低保护	Ot.Lo	停止压缩机运行
22	制冷时1h 3次除霜	DEF.E	停止压缩机运行,并锁定,关机后清除
23	电源电压过低保护	L-E.r	停止系统运行,电压恢复后,恢复运行
24	电源电压过高保护	H-E.r	停止系统运行,电压恢复后,恢复运行
25	制热时内盘温度过低保护	IP.Lo	停止系统运行,并锁定,关机后清除
26	没有检测到DC转换电压	no.dc	停止系统运行,并锁定,关机后清除
27	烟雾传感器开关故障	Snn.E	停止系统运行,并锁定,关机后清除
28	压缩机1故障停机	CP1.E	恢复后运行
29	压缩机2故障停机	CP2.E	恢复后运行
30	面板与主板通信故障	nb.Er	恢复后运行
31	压缩机高压保护1故障	HP1.r	停止压缩机运行,故障修复后恢复运行
32	压缩机低压保护1故障	LP1.r	停止压缩机运行,故障修复后恢复运行
33	压缩机高压保护2故障	HP2.r	停止压缩机运行,故障修复后恢复运行
34	压缩机低压保护2故障	LP2.r	停止压缩机运行,故障修复后恢复运行
35	压缩机高压保护故障	HPE.r	停止压缩机运行,故障修复后恢复运行
36	压缩机低压保护故障	LPE.r	停止压缩机运行,故障修复后恢复运行
37	压缩机排气温度过高故障	CPt.E	停止系统运行,故障修复后恢复运行
38	压缩机变频器通信故障	CoP.E	停止压缩机运行,并锁定,关机后清除
39	冷凝温度传感器1故障	Ln1.r	空调运行30min停止5min
40	冷凝温度传感器2故障	Ln2.r	空调运行30min停止5min
41	压缩机1压力保护故障	PP1.r	停止压缩机运行,故障修复后恢复运行
42	压缩机1排气温度故障	CP1.t	停止压缩机运行,故障修复后恢复运行
43	压缩机1变频器通信故障	Co1.E	停止压缩机运行,并锁定,关机后清除
44	压缩机1变频器故障	bP1.E	停止压缩机运行,并锁定,关机后清除
45	压缩机2压力保护故障	PP2.r	停止压缩机运行,故障修复后恢复运行
46	压缩机2排气温度故障	CP2.t	停止压缩机运行,故障修复后恢复运行
47	压缩机2变频器通信故障	Co2.E	停止压缩机运行,并锁定,关机后清除
48	压缩机2变频器故障	bP2.E	停止压缩机运行,并锁定,关机后清除

续表

序号	故障内容	显示代码	空调运行
49	压缩机变频器通信故障	CoP.E	停止压缩机运行,并锁定,关机后清除
50	冷凝风机变频器通信故障	CoL.E	停止压缩机运行,并锁定,关机后清除
51	蒸发风机变频器通信故障	CoF.E	停止系统运行,并锁定,关机后清除
52	压缩机变频器故障	bPP.E	停止系统运行,并锁定,关机后清除
53	冷凝风机变频器故障	bPL.E	停止系统运行,并锁定,关机后清除
54	蒸发风机变频器故障	bPF.E	停止系统运行,并锁定,关机后清除
55	压缩机1温度过高故障	HtE.1	停止系统运行,故障修复后恢复运行
56	压缩机2温度过高故障	HtE.2	停止压缩机2运行,故障修复后恢复运行
57	整车限制空调运行	SP.Lo	空调最低挡运行
58	电量过低,空调关闭	Uo.Lo	整车电量过低,空调关机
59	整车限制空调运行	FAN.r	空调通风运行

项目 2 暖风系统

9.2.1 暖风系统类型

汽车暖风系统是将冷空气吹到热交换器表面,吸收其热量并导入车内,从而提高车内温度的整套装置。独立燃烧式暖风系统热量来自专用燃料燃烧放出的热。独立燃烧式暖风系统多用于大客车上。

新能源客车用燃油驻车加热器系统可实现纯电动公交客车的整车取暖、除霜需求,燃油驻车加热器系统包含燃油液体加热器、水暖式散热器、水暖式除霜器、热流量分配器及其他管路附件,通过具有 CAN 通信功能的控制系统可实现公交客车除霜、取暖等多功能热流量分配,实现整车室内温度智能控制。其系统组成如图 9-11 所示。

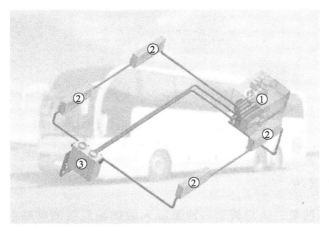

图 9-11 燃油驻车加热器系统部件分布
1—燃油液体加热器及热流量分配器;2—水暖式散热器;3—水暖式除霜器

新能源客车 PTC 高压电空气加热系统由高压电电控盒、乘客区的 PTC 高压电散热器、驾驶区的 PTC 高压电散热器以及挡风玻璃 PTC 高压电除霜器组成,通过具有 CAN 通信功能的控制系统可实现公交客车除霜、取暖需求，实现整车室内温度智能控制，其系统组成如图 9-12 所示。

图 9-12　PTC 高压电空气加热系统
1—电控盒；2—PTC 高压电散热器；3—PTC 高压电除霜器；4—PTC 高压电盒式散热器

新能源公交客车 PTC 高压电液体加热系统由高压电电控盒、乘客区的 PTC 高压电散热器、驾驶区的 PTC 高压电散热器以及挡风玻璃 PTC 高压电除霜器组成，通过具有 CAN 通信功能的控制系统可实现公交客车除霜、取暖需求，实现整车室内温度智能控制，系统组成如图 9-13 所示。

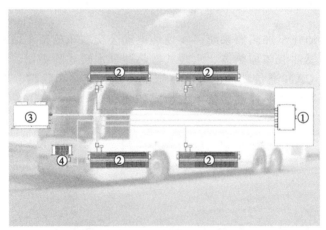

图 9-13　PTC 高压电液体加热系统
1—膨胀水箱；2—PTC 高压电液体加热器；3—PTC 高压电散热器；4—PTC 高压电除霜器

9.2.2　燃油加热系统

主电机带动高压油泵、风扇转动，油泵吸入的燃油经喷油嘴喷射雾化后与助燃空气混合，在点火线圈作用下被电极点燃，在燃烧室内充分燃烧后折返，经过水套内壁的散热片，将热量传给水套夹层中的冷却液介质，被加热的冷却液介质在水泵的作用下，在整个系统中循环，达到加热的目的。燃烧的废气由排烟口排出。总成构造与系统原理如图 9-14 所示。

模块 9 电动空调与暖风系统

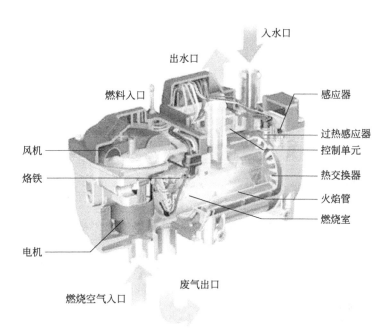

图 9-14 燃油水暖加热器系统结构与原理

水泵由单独的电机驱动，冷却液介质由水泵进口吸入，经水泵出水口进入加热器的进水口，见图 9-15，经加热器加热后进入车辆主循环系统，见图 9-16、图 9-17。

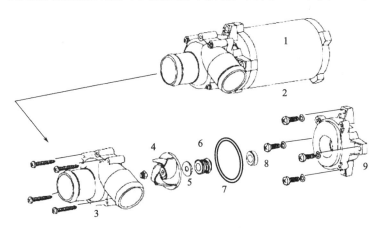

图 9-15 强制循环水泵部件分解

1—电机；2—水泵；3—泵体；4—叶轮；5—摩擦垫片；6—机械密封件；7—O形圈；8—环；9—泵盖

如果水管不是以水平或倾斜向上的趋势进入加热器，并由加热器连接到车辆散热器或膨胀水箱，则应在管路最高点加装放气阀。

水循环系统的安装必须保证加热器进出口水温温差不超过 10℃。在新机安装或更换冷却液后，第一次使用前，应先打开水泵循环系统内冷却液，以清除气泡。

在以下两种水循环系统中，加热器和水泵应安装得尽可能低，以利于液体的循环。一般地，加热器水平中心线必须低于发动机水平中心线。

① 加热器与发动机组成整体循环系统：加热器及散热系统一定要与发动机小循环连接，见图 9-18。

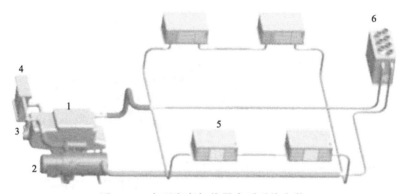

图 9-16 大型客车加热器水暖系统安装
1—发动机；2—加热器；3—节温器；4—散热水箱；5—散热器；6—除霜器

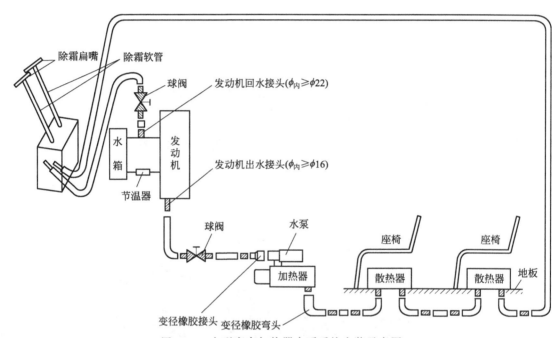

图 9-17 中型客车加热器水暖系统安装示意图

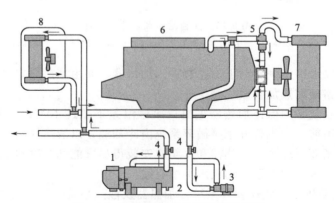

图 9-18 加热器与发动机连接示意图
1—加热器；2—放水螺塞；3—水泵组；4—截止阀；5—节温器；6—发动机；7—水箱；8—散热器

② 自成循环系统：在系统中，必须安装膨胀水箱，并在其上加装 $0.4\sim2\text{kgf/cm}^2$（$1\text{kgf/cm}^2=98.0665\text{kPa}$）放气阀，见图 9-19。

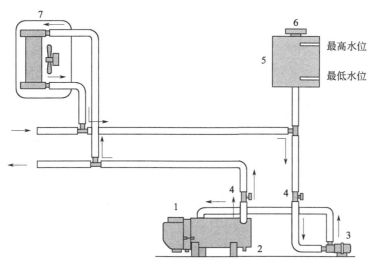

图 9-19 加热器自成循环系统示意图

1—加热器；2—放水螺塞；3—水泵组；4—截止阀；5—膨胀水箱；6—放气阀；7—散热器

加热器电气接线如图 9-20 所示。

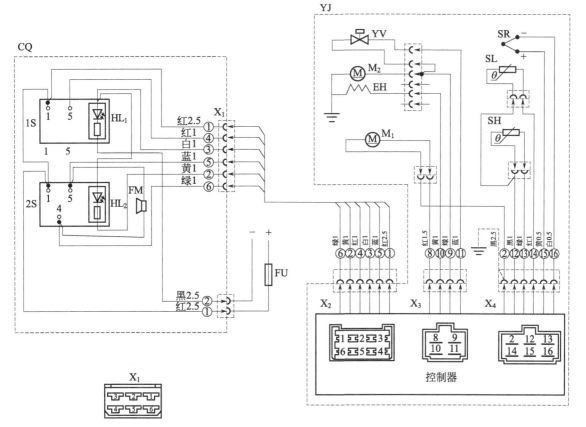

图 9-20

代号	名称	规格或型号	数量	备注
1S, 2S	揿动开关	JK931-001 JK931-002	2	1S开关只控制水泵工作
HL_1, HL_2	指示灯		2	
EH	点火线圈		1	20000V
YV	电磁阀	ZCT-3	1	
M_1	水泵电机	75W	1	
M_2	主电机	90W	1	4500r/min
SR	点火传感器		1	
SH	过热保护		1	95℃：1.108kΩ
SL	水温传感器		1	65℃：3.021kΩ 78℃：1.577kΩ
FM	蜂鸣器	6～30V	1	
FU	熔断器	BX2011	1	20A

图 9-20 加热器电气接线

如果加热器出现故障，首先应检查：
① 线路故障（短路或断路）；
② 接头是否锈蚀；
③ 检查保险；
④ 检查油箱是否充足；
⑤ 检查供油情况；
⑥ 冬季使用时，检查油管中是否存有夏季柴油（结蜡堵死）；
⑦ 检查助燃风管及排烟管是否畅通。
其他故障情况快速排除指引请参考表 9-6。

表 9-6 加热器故障排除

故障	原因	排除措施
1S 或 2S 开关打开，主电机、水泵不工作	主保险丝断	换保险丝
	线路故障	检查导线
加热器不着火	喷油嘴堵	检查疏通
	油管、滤清器密封处漏气	检查密封处
	电磁阀打不开	修复或更换
	点火线圈不引弧	更换
	点火电极松动，电极间距过大、过小	重新调整、紧固
	助燃风口堵塞	清除
	点火传感器故障或正负极接反	更换或调整

续表

故障	原因	排除措施
加热器着火,冒黑烟	助燃风量小	增大助燃风量
	油泵上油量大	调整油泵压力为 $10\text{kgf}/\text{cm}^2$
着火后,绿色指示灯不亮	点火传感器故障	更换
	指示灯故障	更换
加热器声音异常	电机轴承损坏,水泵叶轮扫膛	检查更换
	助燃风量大	调小助燃风量
加热器过热	水温传感器故障,缺水(<10L)或水泵故障	更换水温传感器,加满防冻液或修复水泵
加热器自动控制:75℃,不灭火;65℃,不点火	水温传感器故障	更换
	控制器故障	修复或更换
	水套内冷却液不循环,过热	放气,加满冷却液
加热器高原地区开机冒黑烟	高原地区助燃风量小	调整进风口风量(增大进风量)
加热器能够着火,但冒白烟	助燃风量大	调整进风口风量(减小进风量)

带有故障指示的加热器,开机后指示灯 HL_2 亮,控制器检测各元件,有故障则指示灯闪烁,无故障则指示灯一直亮,按标准加热器控制程序执行。

表 9-7 为 YJP 加热器故障灯闪烁信号表。

表 9-7 YJP 加热器故障灯闪烁信号表

F01	无法启动,一长五短循环频闪
F02	火焰熄灭(至少重复 5 次),二长五短循环频闪
F03	电源的欠压或过压报警,三长五短循环频闪
F04	工作过程中过热传感器过热报警,四长五短循环频闪
F05	点火传感器开路报警,五长五短循环频闪
F06	水温传感器开路或短路报警,六长五短循环频闪
F07	电磁阀开路或短路报警,七长五短循环频闪
F08	电机开路或短路报警,八长五短循环频闪
F09	水泵短路报警,九长五短循环频闪
F10	过热传感器开路或短路报警,十长五短循环频闪
F11	点火线圈开路或短路报警,十一长五短循环频闪
F12	自动停机延时后,加热器没灭火报警,十二长五短循环频闪

注:指示灯闪短脉冲 0.2s,指示灯闪长脉冲 0.5s,长脉冲循环与短脉冲循环之间的间隔为 1s。

带故障指示器的加热器电路如图 9-21 所示。

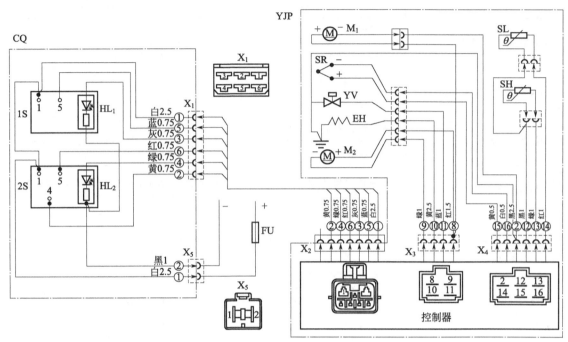

图 9-21 带故障指示的加热器接线图

模块 10 车载网络系统原理与维修

项目 1 CAN 总线

10.1.1 总线概念

CAN 全称为 "Controller Area Network",即控制器局域网,CAN 最初是由德国 BOSCH 公司专为汽车而设计的通信规范,是目前国际上应用最广泛的现场总线之一。CAN 总线是为解决现代汽车中众多电控模块(ECU)之间的数据交换而开发的一种串行数据总线。

1939 年由 SAE(美国汽车工程师协会)针对商用车而制定的网络通信协议,为国际主流发动机、变速器、ABS 等汽车零部件厂商所广泛采纳,特点是高效、可靠、开放。

CAN 是由通信线与一系列电控模块(ECU)组成的网络系统。

电控模块(ECU)是特定的数据采集、显示、控制单元,如发动机电控模块(ECM)、自动变速箱电控模块(TCM)、前控模块。数据总线连接的主要电控部件如图 10-1 所示。

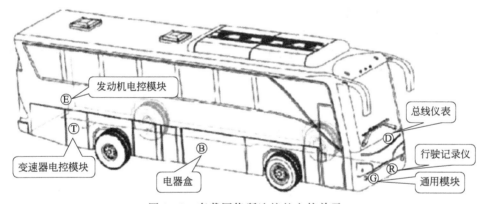

图 10-1 车载网络所连接的电控单元

通信线:双绞线,这两条信号线被称为 CAN-H 和 CAN-L。断电情况下测 CAN-H 和 CAN-L 间的电阻,阻值应当是 60Ω。

信号电平和位表示:用 CAN-H(3.5V)比 CAN-L(1.5V)高表示的逻辑 0 称为显性位,而用 CAN-H(2.5V)等于 CAN-L(2.5V)表示的逻辑 1 叫作隐性位。带电情况下测 CAN-H 和 CAN-L 的电压,CAN-H 的电压在 3V 左右,CAN-L 的电压在 2V 左右。

10.1.2 总线信号分类与传输

(1) 总线系统信号分类

总线系统信号分为输入与输出两种。

① 输入信号包括:开关量,只有通/断两种状态,如小灯开关、油压报警、ABS 故障等;开关量极性,如正、负、悬空;模拟量,即用数值表示的量,如水温、油量、车速等;

脉冲量，如车速、转速。

② 输出信号包括：执行特定功能的信号，如点火、车身提升等；输出极性，如正、负、脉冲；相关元素，比如前雾灯和后雾灯开关、小灯等。

(2) CAN 数据的产生、传输

① 数据的产生 CAN 总线的数据分为模拟量和数字量（开关量）。模拟量信号由相应的传感器产生，信号经过预处理后，再通过 AID 转换成单字节或多字节数据，最后由 MCU 将数据打包成 CAN 报文并发送到总线上。模拟量最终数据可由仪表的指针表指示或在液晶屏上显示。车速、转速、水温及气压等都是模拟量。

数字量只有开关两种状态，信号可直接通过处理传送到 MCU，然后 MCU 将数据打包并最终传送到 CAN 网络。

数字量最终由仪表上的灯指示或在液晶屏上显示。发动机温度、机油压力等报警数据都是数字量信号。车速、转速等脉冲信号是以信号频率或周期表征其特性，MCU 测量出其频率或周期后，换算成实际数据打包发送到总线上。

② 数据的传输 CAN 总线上的数据是以 CAN 报文的格式在网络上进行广播式的传送。CAN 报文主要由 ID 场和数据场组成。ID 用于区分每个报文，并包含了此报文相关信息，例如，报文的编号、报文的优先级以及发送该报文模块的地址等等（报文：以一定格式组织起来的数据）。数据场用于存放数据，最多可以容纳 8B 的数据。所有的模拟量与信号存放在其相应报文的数据场中。

10.1.3　总线电路检测与故障分析

(1) 线路和模块的基本检查

① 线路的基本检查分为输入和输出线路的检查。

a. 对输入线路的检查。首先，要找到输入的管脚；然后将输入的管脚与模块断开；最后对线路是否有信号输入进行检查。

b. 对输出线路的检查。首先，确定输出的线路是否断线或搭铁，将管脚与模块断开后测量；然后测量线路是否有输出，将模块和管脚连接后检查。

② 模块的基本检查包括对电源线、地线、唤醒线、CAN 线的检查。

a. 电源线的检查：模块上一般有 4 根左右电源线，在模块正常工作时，每个电源都应该有 24V 的电压。

b. 地线的检查：模块上一般都有 2~3 根地线，在模块工作时，这些地线都要和全车的地线接触良好。

c. 唤醒线的检查：每个模块都要有 1 根唤醒线，在模块工作时有 24V 的电压。

d. CAN 线的检查：CAN 线在工作时都是 2.4V 左右的电压。

(2) 多路信息传输系统故障产生原因

CAN 线路实际上就是汽车多路信息传输系统。实际上车载网络系统的数据信息是依次分时分段传输的。但是，由于传输的速度很快，感觉好像是同时传输的。其产生故障的原因一般有以下三种：

① 电源故障产生机理：如果汽车电源系统提供的工作电压低于规定值，就会造成一些电控模块短暂性地停止工作，从而使整个汽车多路信息传输系统短暂性地无法通信。

② 链路故障产生机理：通信线路的短路、断路以及线路物理性质引起的通信信号衰减或失真，都会引起多个电控单元无法工作或电控系统错误动作使多路信息传输系统无法工作。

③ 节点故障形成机理：节点是汽车多路信息传输系统中的电控模块，因此节点故障就是电控模块故障。它包括软件故障（即传输协议或软件程序有缺陷或冲突，从而使汽车多路信息传输系统通信出现混乱或无法工作，这一故障一般成批出现，现场无法维修）和硬件故障（一般由于通信芯片或集成电路故障，造成汽车多路信息传输系统无法正常工作）。

（3）电控模块检修注意事项

① 模块进水后，要用吹风机吹干。

② 触针被电解氧化后，要用酒精擦洗。

③ 接口插件及地线的电阻≤0.2Ω。

④ CAN 总线用绞合线（这样可以防干扰），受干扰后两条线产生的影响相同，互相抵消，使差值保持不变。

⑤ 不能随便分开绞合线，破结长度不能＞0.5m。

⑥ 屏蔽线要接地良好。

⑦ 模块内部芯片一定要防止静电击穿。

⑧ 模块内的自恢复保险是根据每个接口的负载功率，设置不同的电流；所以不能随便增加某个输出接口的负载。

⑨ 不能将负载导线长时间接地。

⑩ 需要电焊时把 ECU 的插件脱开。

⑪ 拆卸插件时应该先关断电源。

10.1.4 威帝总线仪表故障排除

如果钥匙打在 ON 挡，可能出现的故障现象及检查方法见表 10-1。

表 10-1 故障现象及检查方法

故障现象	可能存在的问题	对应的检查方法
仪表无反应,全车总线控制设备无动作	钥匙 ON 挡接入到前控模块的线路出现故障；前控模块与各模块连接的 WAKE_UP 唤醒线路故障；未打开总电源开关	检查是否 ON 挡到前控模块的输入断路；检查前控模块 WAKE_UP 唤醒线输出到各模块是否有 24V,同时检查线路是否接通；检查手动电源总开关是否打开
仪表点亮,但全车总线控制无动作	CANL 和 CANH 线路故障	检测 CANH 和 CANL 之间的电压(2V)和电阻(60Ω)
仪表上电能够点亮,但各表针均无反应,全车其他正常	仪表的 CANL 和 CANH 线路故障	检测 CANH 和 CANL 之间的电压(2V)和电阻(60Ω)
仪表不亮,其他控制模块正常	与仪表连接的 WAKE_UP 唤醒线路故障	检查仪表处 WAKE_UP 唤醒线是否有 24V
里程表指针无反应	如果信号从 CAN 得到,则可能是 CANL 和 CANH 线路故障；如果信号从传感器得到,仪表未指示传感器掉线,则可能是传感器故障或传感器到后控模块的线束短路	检查桥模块与变速箱 ECU 之间的 CAN 线是否松动或断路；检查后控模块与传感器之间的线束,或者更换一只传感器
转速表指针无反应		
水温表指针无反应		
油压表指针无反应		
气压表无指示	如果仪表未指示气压传感器掉线,则可能是传感器故障或传感器到后控模块的线束短路	检查中控模块与传感器之间的线束,或者更换一只传感器

续表

故障现象	可能存在的问题	对应的检查方法
仪表显示模块掉线(前控、后控、中控、顶控、前灯、后灯、桥、胎压)	在仪表菜单中"模块温度"选项中,如果发现某个已经安装的模块显示掉线,则表明该模块没有通信	检查该模块的电源线是否断路,或者检查CAN通信线和WAKE_UP唤醒线是否断路
仪表显示某传感器掉线	搭铁不良或信号线接触不好	如果是外壳搭铁的传感器,将传感器拧下重新拧紧,可解决外壳搭铁不良问题;如果是通过线路搭铁的传感器,可通过万用表测量线路是否断路;也可通过万用表检测信号线的通断
远光灯(左、右)	打开远光灯时,仪表液晶屏显示相应的远光灯故障	检查远光灯丝是否断开,或者远光灯线束是否断路
近光灯(左、右)	打开近光灯时,仪表液晶屏显示相应的近光灯故障	检查近光灯丝是否断开,或者近光灯线束是否断路
转向灯(左前、右前、左后、右后)	打开转向灯时,仪表液晶屏显示相应的转向灯故障	检查转向灯丝是否断开,或者转向灯线束是否断路
倒车灯(左、右)	挂入倒挡时,仪表液晶屏显示相应的倒车灯故障	检查倒车灯丝是否断开,或者倒车灯线束是否断路
小灯(左前、右前、左后、右后)	打开小灯开关,仪表液晶屏显示相应的小灯故障	检查小灯灯丝是否断开,或者小灯线束是否断路
制动灯(左、右)	踩下制动踏板时,仪表液晶屏显示相应的制动灯故障	检查制动灯丝是否断开,或者制动灯线束是否断路
前雾灯(左、右)	打开前雾灯开关,仪表液晶屏显示相应的前雾灯故障	检查前雾灯丝是否断开,或者前雾灯线束是否断路
后雾灯(左、右)	打开后雾灯开关,仪表液晶屏显示相应的后雾灯故障	检查后雾灯丝是否断开,或者后雾灯线束是否断路

注:在检修线路时,请不要带电插拔仪表和各模块的接插件。

10.1.5 汉纳森总线仪表故障排除

10.1.5.1 仪表介绍

汉纳森彩屏总线仪表(HNS-ZB209)是基于J1939通信协议的新一代智能总线仪表,配备驱动模块可构成全车CAN总线系统,实现全车电气负载的智能控制和诊断功能。型号划分为A和B两款,其中HNS-ZB209A主要用于传统车型,HNS-ZB209B主要用于纯电动车型。仪表外观如图10-2所示,功能操作键布置如图10-3所示。

功能键:在主界面下,按键进入主菜单模式;在子菜单下,按键可返回上一级菜单;在图像设置、诊断信息查询、时间设置菜单中,作移位键用。

上移键:在主菜单下,向上改变选定项;数据输入时,数据向上增加。

下移键:在主菜单下,向下改变选定项;数据输入时,数据向下减少。

确认键:在主菜单下,按键进入子菜单模式;设置功能、确定数据时,按键确定并返回上一级菜单;连续按两次"确认"键,可消除小计里程。

消音键:在系统出现故障,报警蜂鸣器常响时,按此按键消除蜂鸣器鸣叫声。

视频切换键:按此键,可以进行主界面模式与视频图像的切换。

模块 10 车载网络系统原理与维修

图 10-2 HNS-ZB209 外观

图 10-3 功能键说明

10.1.5.2 端子定义

仪表各连接端子分布如图 10-4 所示,端子定义见表 10-2～表 10-4。

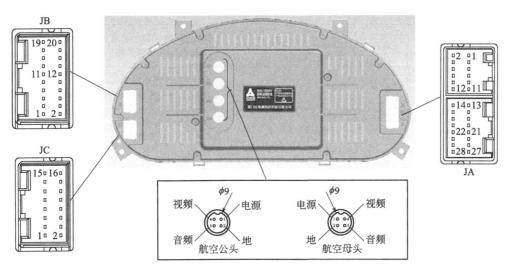

图 10-4 总线仪表端子分布

表 10-2 JA 端子定义与信号说明

端子	功能定义	端子特性	推荐线径/mm	端子电压范围/V	说明
JA1	高端功率输出	输出	0.5～0.75	0～32	推荐负载电流≤3A,最大输出电流≤4A,带短路检测
JA2	高端功率输出	输出	0.5～0.75	0～32	推荐负载电流≤3A,最大输出电流≤4A,带短路检测
JA3	电源正极	输入	0.75～1.0	0～32	模块自身工作电压范围(10～32V)

215

续表

端子	功能定义	端子特性	推荐线径/mm	端子电压范围/V	说明
JA4	电源正极	输入	0.75~1.0	0~32	模块自身工作电压范围(10~32V)
JA5	内部CAN低	双向	0.5~0.75	0~5	CAN1_L、CAN1_H、ESD12KV短路到地有保护,短路到24V无保护(器件损坏)。为了保证系统可靠性必须使用屏蔽双绞线,所有模块屏蔽层相连,屏蔽层通过模块内部接地,无需外部另外接地
JA6	外部CAN低	双向	0.5~0.75	0~5	
JA7	内部CAN高	双向	0.5~0.75	0~5	
JA8	外部CAN高	双向	0.5~0.75	0~5	
JA9	内部CAN线屏蔽线	双向	0.5~0.75	0~5	
JA10	外部CAN线屏蔽线	双向	0.5~0.75	0~5	
JA11	终端电阻选择脚		0.5~0.75	0~5	当该模块需要终端电阻时把该脚和JA7内部CAN高并联
JA12	电源负极	GND	0.75~1.0		
JA13	高端功率输出	输出	0.5~0.75	0~32	脉冲低电平0V,高电平24V,具有短路保护
JA14	开关输入	输入	0.5~0.75	0~32	弱上拉,带弱驱动电流,可正控也可负控(需实现低功耗时上拉电源可关断)
JA15	开关输入	输入	0.5~0.75	0~32	弱上拉,带弱驱动电流,可正控也可负控(需实现低功耗时上拉电源可关断)
JA16	开关输入	输入	0.5~0.75	0~32	弱上拉,带弱驱动电流,可正控也可负控(需实现低功耗时上拉电源可关断)
JA17	开关输入	输入	0.5~0.75	0~32	弱上拉,带弱驱动电流,可正控也可负控(需实现低功耗时上拉电源可关断)
JA18	开关输入	输入	0.5~0.75	0~32	弱上拉,带弱驱动电流,可正控也可负控
JA19	终端电阻选择脚		0.5~0.75	0~5	当该模块需要终端电阻时把该脚和JA8外部CAN高并联
JA20	开关输入	输入	0.5~0.75	0~32	弱上拉,带弱驱动电流,可正控也可负控
JA21	电源负极	GND	0.75~1.0		
JA22	开关输入	输入	0.5~0.75	0~32	弱上拉,带弱驱动电流,可正控也可负控
JA23	脉冲输出1	输出	0.5~0.75	0~12	脉冲低电平0V,高电平12V,具有短路保护
JA24	开关输入	输入	0.5~0.75	0~32	弱上拉,带弱驱动电流,可正控也可负控
JA25	开关输入	输入	0.5~0.75	0~32	弱上拉,带弱驱动电流,可正控也可负控(需实现低功耗时上拉电源可关断)
JA26	开关输入	输入	0.5~0.75	0~32	弱上拉,带弱驱动电流,可正控也可负控(需实现低功耗时上拉电源可关断)
JA27	开关输入	输入	0.5~0.75	0~32	弱上拉,带弱驱动电流,可正控也可负控(需实现低功耗时上拉电源可关断)
JA28	开关输入	输入	0.5~0.75	0~32	弱上拉,带弱驱动电流,可正控也可负控(需实现低功耗时上拉电源可关断)

表 10-3　JB 端子定义与信号说明

端子	功能定义	端子特性	推荐线径 /mm	端子电压 范围/V	说明
JB1	开关输入	输入	0.5～0.75	0～32	只能负控,带上拉 50mA 驱动电流(休眠时上拉电源可关断)
JB2	电源负极	GND	0.75～1.0	0～32	
JB3	开关输入	输入	0.5～0.75	0～32	只能负控,带上拉 50mA 驱动电流(休眠时上拉电源可关断)
JB4	开关输入	输入	0.5～0.75	0～32	只能负控,带上拉 10mA 驱动电流(休眠时上拉电源可关断)
JB5	开关输入	输入	0.5～0.75	0～32	弱上拉,带弱驱动电流,可正控也可负控(需实现低功耗时上拉电源可关断)
JB6	开关输入	输入	0.5～0.75	0～32	只能正控,不带驱动电流的开关
JB7	开关输入	输入	0.5～0.75	0～32	弱上拉,弱驱动电流,可正控也可负控(需实现低功耗时上拉电源可关断)
JB8	开关输入	输入	0.5～0.75	0～32	弱上拉,带弱驱动电流,可正控也可负控(需实现低功耗时上拉电源可关断)
JB9	开关输入	输入	0.5～0.75	0～32	弱上拉,带弱驱动电流,可正控也可负控(需实现低功耗时上拉电源可关断)
JB10	开关输入	输入	0.5～0.75	0～32	弱上拉,带弱驱动电流,可正控也可负控(需实现低功耗时上拉电源可关断)
JB11	开关输入	输入	0.5～0.75	0～32	只能正控,不带驱动电流的开关
JB12	开关输入	输入	0.5～0.75	0～32	弱上拉,带弱驱动电流,可正控也可负控(需实现低功耗时上拉电源可关断)
JB13	开关输入	输入	0.5～0.75	0～32	弱上拉,带弱驱动电流,可正控也可负控(需实现低功耗时上拉电源可关断)
JB14	开关输入	输入	0.5～0.75	0～32	弱上拉,带弱驱动电流,可正控也可负控(需实现低功耗时上拉电源可关断)
JB15	开关输入	输入	0.5～0.75	0～32	弱上拉,带弱驱动电流,可正控也可负控(需实现低功耗时上拉电源可关断)
JB16	开关输入	输入	0.5～0.75	0～32	弱上拉,带弱驱动电流,可正控也可负控(需实现低功耗时上拉电源可关断)
JB17	开关输入	输入	0.5～0.75	0～32	弱上拉,带弱驱动电流,可正控也可负控(需实现低功耗时上拉电源可关断)
JB18	开关输入	输入	0.5～0.75	0～32	弱上拉,带弱驱动电流,可正控也可负控(需实现低功耗时上拉电源可关断)
JB19	开关输入	输入	0.5～0.75	0～32	弱上拉,带弱驱动电流,可正控也可负控(需实现低功耗时上拉电源可关断)
JB20	开关输入	输入	0.5～0.75	0～32	只能正控,不带驱动电流的开关

表 10-4　JC 端子定义与信号说明

端子	功能定义	端子特性	推荐线径/mm	端子电压范围/V	说明
JC1	车速传感器电源输出	输出	0.5~0.75	12	车速传感器电源供电,输出功率 12V/300mA,具有短路保护(休眠时,该电源可关断)
JC2	开关输入(D+专用)	输入	0.5~0.75	0~32	带上拉 120mA 驱动电流,D+专用开关输入,不可作其他开关输入(休眠时上拉电源可关断)
JC3	脉冲信号输入 1	输入	0.5~0.75	0~32	带下拉电阻,脉冲输入幅度高电平不低于 5V,输入频率 0~1000Hz
JC4	开关输入	输入	0.5~0.75	0~32	弱上拉,带弱驱动电流,可正控也可负控(休眠时上拉电源可关断)
JC5	脉冲信号输入 2	输入	0.5~0.75	0~32	带上拉电阻,脉冲输入幅度高电平不低于 5V,输入频率 0~500Hz(休眠时上拉电源可关断)
JC6	开关输入	输入	0.5~0.75	0~32	弱上拉,带弱驱动电流,可正控也可负控(休眠时上拉电源可关断)
JC7	模拟量输入 1	输入	0.5~0.75	0~5	传感器模拟量输入,传感器阻值范围 0~500Ω
JC8	开关输入	输入	0.5~0.75	0~32	弱上拉,带弱驱动电流,可正控也可负控(休眠时上拉电源可关断)
JC9	模拟量输入 2	输入	0.5~0.75	0~5	传感器模拟量输入,传感器阻值范围 0~500Ω
JC10	开关输入	输入	0.5~0.75	0~32	只能负控,带上拉 10mA 驱动电流(休眠时上拉电源可关断)
JC11	模拟量输入 3	输入	0.5~0.75	0~5	传感器模拟量输入,传感器阻值范围 0~500Ω
JC12	开关输入	输入	0.5~0.75	0~32	只能正控,带上拉 10mA 驱动电流
JC13	模拟量输入 4	输入	0.5~0.75	0~5	传感器模拟量输入,传感器阻值范围 0~500Ω
JC14	开关输入	输入	0.5~0.75	0~32	只能正控,带上拉 10mA 驱动电流
JC15	模拟量输入 5	输入	0.5~0.75	0~5	传感器模拟量输入,传感器阻值范围 0~500Ω
JC16	开关输入	输入	0.5~0.75	0~32	弱上拉,带弱驱动电流,可正控也可负控(需实现低功耗时上拉电源可关断)

注：1.该仪表所用端子型号全部为 173716-1,所能承受电流≤5A。
2.线束端连接器引脚顺序均为顺着线束方向往里看,卡口朝上。
3.所有输入输出引脚（除 CAN 外）8kV,开关输入要标明高低有效的电平范围。如在 24V 电源输入时,高电平输入有效范围 18~32V；低电平输入有效范围 0~3V。

10.1.5.3　故障排除

（1）故障现象：仪表表盘指针工作不正常
转速、水温通过采集发动机 ECU 信号工作；车速、油表、气压表通过采集传感器工作。

① 表盘指针不走：可查看采集信号或传感器是否正常。

② 转速、水温表指针不走时,查看仪表"故障查询"菜单是否报警"发动机 ECU 通讯故障"。

③ 表盘指针不归零或超出卡住：重新关断电源总闸,给模块重新上电,或是表盘指针

松动。

（2）故障现象：打开钥匙开关仪表不工作、负载灯光不亮

仪表的供电及地线是否正常；钥匙开到 ON 挡用万用表测仪表供电，检测 JA3、JA4（常火）、JB18（ON 挡火）脚电压（要求 24V）；JA12、JB2 接地线是否正常接地。

（3）故障现象：仪表开关输入无反应

① 查看仪表的"诊断查询"内容，查看对应开关状态；

② 开关接触不良；或输入线路断路、漏接。

（4）故障现象：仪表的指示灯不亮

① 查看指示灯工作逻辑开关是否正常有效；

② 开关或输入线路不良造成仪表检测有误。

（5）故障现象：仪表无视频信号显示

倒车视频信号受倒挡开关控制；中门视频信号受中门开信号开关控制。

① 通过仪表子菜单"通道查询"查看信号通道是否选择正确。出厂设置：中门视频信号"2"通道；倒车视频信号"1"通道，查询及设置详看"仪表功能设置操作说明"。

② 检查仪表背面的视频连接线是否接好。

③ 检查控制逻辑开关是否正常；摄像头是否损坏，连接线是否损坏、断路。

注：以上所有维修检测工作所用工具为万用表及螺丝刀。

10.1.5.4 注意事项

① 仪表模块不得带电插拔护套，如需更换请先将总电源断开后再进行；

② 如有电焊作业，请先断开总电源并拔掉所有连接器；

③ 车辆在断开总电源、重新上电或更新程序时，请先将点火钥匙关到 OFF 挡；

④ 保证总线阻抗（CAN_H 和 CAN_L 之间电阻值）为 60Ω，如果匹配电阻不符合该要求，会造成总线干扰太多，总线数据（转速、水温、机油压力等）时断时续，严重时造成总线通信失败，进而导致总线仪表工作异常；

⑤ 仪表护套 JA2 与 JC 引脚数相同，但不能接错，否则可能导致模块损坏，特别是JC7、JC9、JC11、JC13、JC15 只能接模拟量输入，不能接外部电压输入，否则可能导致模块损坏；

⑥ 本模块处于休眠状态下的自身功耗为≤1.9W，模块正常工作时自身的额定功耗约为3.6W，自身功耗指模块自身系统的耗电量，不包括输出负载的功耗；

⑦ 仪表模块供电保险丝建议规格为 10A。

项目 2　网关

10.2.1　功能与原理

以比亚迪 K9F 新能源客车为例，网关连接线路与端子定义见图 10-5。充电网关控制器端子定义见图 10-6。

由于车载总线中存在几个网络，这些网络之间需要进行通信，网关正是一个维系这些网络联系的一个中间体。网关控制器主要有以下 3 个功能：

① 报文路由：网关具有转发报文的功能，并对总线报文状态进行诊断；

② 信号路由：实现信号在不同报文间的映射；

③ 网络管理：网络状态监测与统计，错误处理、休眠唤醒等。

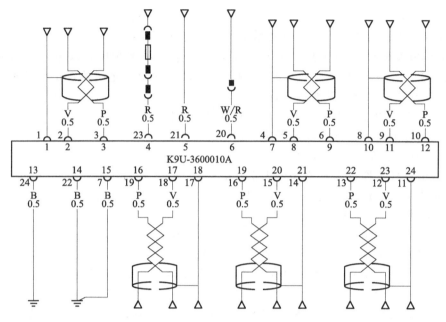

图 10-5 网关控制器端子定义

1—制动网屏蔽地；2—制动网 CAN-L；3—制动网 CAN-H；4—常电；5—预留；6—双路电；7—车载终端网屏蔽地；8—车载终端网 CAN-L；9—车载终端网 CAN-H；10—J1939 网屏蔽地；11—J1939 网 CAN-L；12—J1939 网 CAN-H；13—信号地；14,15—电源地；16—动力网 CAN-H；17—动力网 CAN-L；18—动力网 CAN 屏蔽地；19—启动网 CAN-H；20—启动网 CAN-L；21—启动网 CAN 屏蔽；22—舒适网 CAN-H；23—舒适网 CAN-L；24—舒适网 CAN 屏蔽地

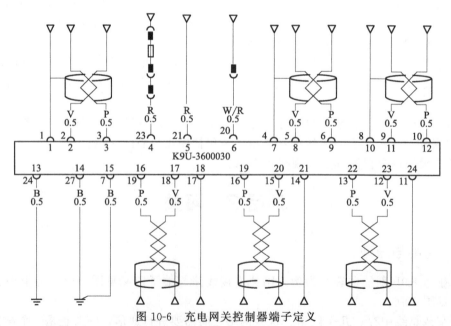

图 10-6 充电网关控制器端子定义

1—预留 CAN 网屏蔽地；2—预留网 CAN-L；3—预留网 CAN-H；4—常电；5—双路电；6—ON 挡电；7—充电子网 2 屏蔽地；8—充电子网 2 CAN2-L；9—充电子网 2 CAN2-H；10—充电主网屏蔽地；11—充电主网 CAN-L；12—充电主网 CAN1-H；13—信号地；14,15—电源地；16—动力网 CAN3-H；17—动力网 CAN-L；18—动力网 CAN 屏蔽地；19—电机子网 CAN-H；20—电机子网 CAN-L；21—电机子网 CAN 屏蔽；22—充电子网 1 CAN-H；23—充电子网 1 CAN-L；24—充电子网 1 CAN 屏蔽地

10.2.2 控制器检测

(1) 主网关 ECU 端子

① 断开 G113 连接器。连接器各端子分布如图 10-7 所示。

② 测量线束端连接器各端子间电压或电阻，检测参考值如表 10-5 所示。

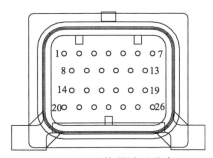

图 10-7 连接器端子分布

表 10-5 网关端子检测数据

端子号	线色	端子描述	正常值
G113-23—车身地	红	常电	23～27V
G113-7—车身地	蓝	接地	小于 1V
G113-10—车身地	粉	J1939 CANH	2.5～3.5V
G113-9—车身地	紫	J1939 CANL	1.5～2.5V
G113-6—车身地	粉	车载终端 CANH	2.5～3.5V
G113-5—车身地	紫	车载终端 CANL	1.5～2.5V
G113-19—车身地	粉	动力网-CANH	2.5～3.5V
G113-18—车身地	紫	动力网-CANL	1.5～2.5V
G113-22—车身地	蓝	接地	小于 1V
G113-20—车身地	白/红	双路电	23～27V
G113-16—车身地	粉	启动 CANH	2.5～3.5V
G113-15—车身地	紫	启动 CANL	1.5～2.5V
G113-13—车身地	粉	车身 CANH	2.5～3.5V
G113-12—车身地	紫	车身 CANL	1.5～2.5V
G113-3—车身地	粉	制动 CANH	2.5～3.5V
G113-2—车身地	紫	制动 CANL	1.5～2.5V

(2) 充电网关

① 断开 K300 连接器。连接器端子分布如图 10-8 所示。

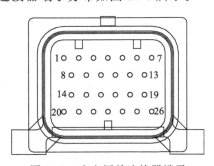

图 10-8 充电网关连接器端子

② 测量线束端连接器各端子间电压或电阻，端子检测参考值如表10-6所示。

表10-6 充电网关端子检测值

端子号	线色	端子描述	正常值
K300-5—车身地	粉	充电子网2CANL	2.5~3.5V
K300-6—车身地	紫	充电子网2 CANH	1.5~2.5V
K300-7—车身地	蓝	电源地	2.5~3.5V
K300-9—车身地	粉	充电主网CANL	2.5~3.5V
K300-10—车身地	紫	充电主网CANH	1.5~2.5V
K300-12—车身地	粉	充电子网1CANL	23~27V
K300-13—车身地	紫	充电子网1CANH	小于1V
K300-15—车身地	粉	电机子网CANH	2.5~3.5V
K300-16—车身地	紫	电机子网CANL	1.5~2.5V
K300-18—车身地	粉	动力网CANH	2.5~3.5V
K300-19—车身地	紫	动力网CANL	1.5~2.5V
K300-20—车身地	白/红	ON-IN双路电	23~27V
K300-22—车身地	蓝	接地	小于1V

10.2.3 网关故障快速排查步骤

网关故障快速排查步骤见表10-7。

表10-7 网关故障快速排查

编号	步骤	详细处理说明
1	检查网关软件版本号	首先用诊断仪读取网关控制器的软件版本号，并与车辆所属项目的软件版本状态表进行对比 若网关控制器的软件版本号与车辆所属项目的软件版本状态表上网关控制器软件版本号不同,则需更新网关控制器的程序
2	检查故障网络的CAN-H、CAN-L是否存在断路、短路、反接的情况	在车辆上"N"挡电或"OK"挡电的情况下,分别用万用表测量故障网络CAN-H和CAN-L对地的电压值;在车辆上"N"挡电或"OK"挡电的情况下,用"ZLG"CAN盒反接诊断口上CAN-H和CAN-L的引脚,看是否能够读取报文;在车辆断电和断负极的情况下,用万用表测量CAN-H和CAN-L之间的阻值 若CAN-H和CAN-L对地的电压值分别为2.5~3.5V与1.5~2.5V,则故障网络的CAN-H与CAN-L不存在断路、短路的情况,若CAN-H和CAN-L对地的电压值为0,则说明CAN-H或CAN-L断路。用"ZLG"CAN盒反接诊断口上CAN-H和CAN-L的引脚并能读到故障网络的报文则说明故障网络的CAN-H、CAN-L反接。在车辆断电和断负极的情况下,用万用表测量CAN-H和CAN-L之间的阻值趋于0,则说明故障网络的CAN-H、CAN-L短路 若CAN-H与CAN-L反接,则需挑出网关控制器的接插件并改正过来;若CAN-H或CAN-L断路,则需找出断路的节点并接好;若CAN-H和CAN-L短路,则需排查导致CAN-H和CAN-L短路的节点并改正过来。导致CAN-H和CAN-L短路的原因可能有两点:线束出错;并联到网络上的控制器内部的CAN-H和CAN-L导通 根据故障网络拓扑以及故障网络各控制器的引脚定义排查故障网络各控制器的引脚是否存在断路、短路、反接的情况

续表

编号	步骤	详细处理说明
3	检查故障网络的终端电阻是否为要求的(60±6)Ω	在车辆断电和断负极的情况下,用万用表在故障网络的诊断口上测量故障网络的终端电阻是否为(60±6)Ω 网络的终端电阻阻值不满足要求,一般是终端电阻的个数多了或少了。参照故障车辆所属项目的拓扑图,排查终端电阻的个数多了或少了的原因是线束漏做了还是多做了终端电阻,还是控制器漏做还是多做了终端电阻,并进行整改
4	检查故障网络是否存在错误帧	可用"ZLG"CAN 盒与 CANTest 软件判断故障网络上是否存在错误帧,在车辆上"N"挡电或"OK"挡电的情况下用"ZLG"CAN 盒连接故障网络的诊断口,若"ZLG"CAN 盒闪红灯,则说明故障网络上存在错误帧。红灯闪烁的频率可以说明错误帧的多少,频率越慢,错误帧越少,频率越快,错误帧越多。网络上存在错误帧则需要参照故障车辆所属项目的拓扑图,排查导致故障网络上产生错误帧的控制器并参照该控制器的维修方法进行整改 也可用"CANalyzer""CANoe"等工具直接读取故障网络上是否存在错误帧和错误帧的数量,并参照上述方法进行整改
5	检测故障网络的负载是否为要求的≤30%	在车辆上"N"挡电或"OK"挡电的情况下用"CANalyzer""CANoe"等工具连接故障网络的诊断口,直接读取故障网络的负载率。如果故障网络的负载>30%,则需返回上一流程判断故障网络的负载率偏高是否是错误帧导致的 若故障网络负载偏高的原因不是错误帧导致的,可查阅下一流程截载的报文,根据报文判断该网络上控制器报文的发送周期是否按照要求进行发送,是否发送周期加快把负载拉高了,以及判断网关转发其他网络的报文,是否也把发送周期加快把负载拉高

项目3 故障诊断与排除案例

10.3.1 新能源客车仪表显示 CAN 通信故障

(1) 故障现象

车辆打开钥匙开关,等待仪表自检结束,顺时针旋转钥匙开关上高压,但是上不了高压(无 READY 出现),仪表右显示动力 CAN 通信故障,仪表左显示 BMS/CAN 通信故障,如图 10-9 所示。

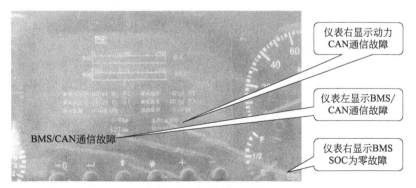

图 10-9 仪表故障提示

(2) 维修过程

① 该车高压控制系统,采用的是外部 CAN 总线系统,它由一个仪表模块、整车控制器

模块、一体化控制柜（绝缘检测仪）、电机控制器模块、三合一变频器以及 BMS 电池管理主控模块构成整个 CAN 高压系统，它们通过 CAN 总线来相互传递和交换信息。如图 10-10 所示，用诊断系统连接电脑高度平台。CAN 通信错误，仪表右显示动力 CAN 通信故障，仪表左显示 BMS/CAN 通信故障，上不了高压（无 READY 出现），主要检查以下项目：

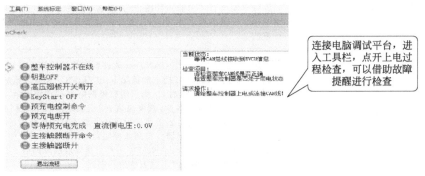

图 10-10　利用诊断系统检查故障

a. CAN-H 和 CAN-L 之间的通信电阻及电压是否正常；
b. 仪表上显示 24V 低压电压表和 24V 蓄电池是否大于 18V；
c. 所有高压系统控制部件功能模块的供电（常电）是否正常；
d. 高压系统控制部件功能模块是否损坏。

重点排查模块的供电线及 CAN-H 和 CAN-L 的接插件是否存在松动或脱落及保险丝熔断的情况（CAN-H 为 2.5V，CAN-L 为 2.3V，之间电阻为 60Ω）。

② 检查高压控制系统中 CAN-H 和 CAN-L 之间的通信电阻是否正常，关掉钥匙开关，用万用表电阻挡测量线号 33CAN-H 和线号 34CAN-L 之间电阻为 60Ω，检测结果正常。

③ 检查高压控制系统中 CAN-H 和 CAN-L 之间的通信电压是否正常，打开钥匙开关，用万用表电压挡（20V 量程）测量线号 33CAN-H 的电压为 0 和线号 34CAN-L 的电压为 0。如图 10-11 所示，检测结果不正常。

图 10-11　测量电压为 0

④ 打开钥匙开关，等待仪表自检结束后，仪表上显示 24V 低压电压表为 23V 左右，用万用表电压挡（200V 量程）测量 24V 蓄电池电压大于 22V，说明满足要求。

⑤ 紧接着检查所有高压系统控制部件功能模块的供电（常电）是否正常。用万用表电压挡（200V 量程）分别测量整车控制器模块、一体化控制柜（绝缘检测仪）、电机控制器模块、三合一变频器以及 BMS 电池管理主控模块等高压系统部件的供电，结果都是 0。根据该检测情况对以上高压部件供电源头进行排查。钥匙开关 ON 挡控制给高压部件供电的 2 号大继电器线圈（线号为 284RB，位于低压电池舱里）的通断，继续用万用表电压挡（200V 量程）测量该线圈电压是否正常，结果电压为 0，不正常。

⑥ 接下来检查从钥匙开关 ON 挡到前仪表台右侧检修口处配电板线路的保险丝是否正

常，结果正常。因此故障点确定为配电板输出端线号为284RB至控制高压部件供电2号大继电器线圈之间。经过很长时间排查后找到故障点为前仪表台右侧检修口里底盘线束插件里284RB端子脱落断路，使控制高压部件供电2号大继电器线圈无电流通过，该继电器也不能吸合，导致高压系统控制部件功能模块的供电没有电压，系统不能工作，高压上不了（无READY出现），仪表右显示动力CAN通信故障，仪表左显示BMS/CAN通信故障。

⑦ 将前仪表台右侧检修口里底盘线束插件里284RB端子脱落修复。顺时针旋转钥匙开关上高压后观察仪表显示屏下方出现绿色READY高压已完成。高压系统工作正常，同时使用检测电脑检测，所有功能及参数正常，故障排查完毕。

（3）故障排除

修复脱落的线束端子。

10.3.2 新能源客车仪表提示CAN通信干扰严重

（1）故障现象

车辆在运行时经常跳高压（跳READY），大约2～3s自动恢复，非常频繁，车辆不能正常运行。同时仪表和电脑调试平台都出现"CAN通信总线干扰严重"故障。

（2）维修过程

① 该车高压控制系统，采用的是外部CAN总线系统，它由一个仪表模块、整车控制器模块、一体化控制柜（绝缘检测仪）、电机控制器模块、三合一变频器以及BMS电池管理主控模块构成整个CAN高压系统，它们通过CAN总线来相互传递和交换信息。

CAN通信干扰重点排查高压控制系统的CAN-H和CAN-L之间的通信电阻和电压是否正常（CAN-H为2.5V，CAN-L为2.3V，之间电阻为60Ω），以及通信线本身和线束走向是否产生干扰源。

② 首先对上述高压系统部件一一排除，无干扰源。

③ 紧接着检查高压控制系统中CAN-H和CAN-L之间的通信电阻是否正常，线号33和线号34之间电阻为40Ω，检测结果不正常。

④ 检查高压控制系统中CAN-H和CAN-L之间的通信电压是否正常，线号33CAN-H的电压为3.1V，线号34CAN-L的电压为2.9V，检测结果不正常。

⑤ 经过测量，高压控制系统中CAN总线共计3个120Ω电阻，分别是仪表模块里面的120Ω电阻，电机控制器模块里面的120Ω电阻，还有BMS电池主控管理模块的120Ω电阻，见图10-12，所以三个120Ω电阻并联后，最终CAN总线之间电阻为40Ω，而标准的CAN总线通信电阻值应该为60Ω左右。

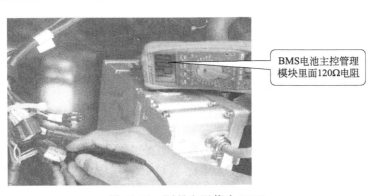

图10-12 测量电阻值为120Ω

⑥ 采取措施：因此只能将 BNS 电池管理系统主控模块 120Ω 电阻通信去掉，将 BMS 电池管理系统主控模块的 CAN 跳线剪掉，见图 10-13。然后测量 BMS 电池管理系统主控模块 CAN-H 和 CAN-L 之间的通信电阻为无穷大。最后测量高压控制系统中 CAN-H 和 CAN-L 之间的通信电阻就正常了，线号 33CAN-H 和线号 34CAN-L 之间电阻为 60Ω，检测正常。CAN-H 和 CAN-L 之间的通信电压也正常，线号 33CAN-H 的电压为 2.3V，线号 34CAN-L 的电压为 2.4V，之间电阻为 60Ω，检测结果正常。

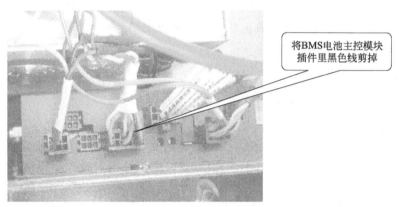

图 10-13　BMS 控制模块连接线束

⑦ 顺时针旋转钥匙开关上高压，然后观察仪表显示屏下方是否干扰，高压 READY 图标是否跳动。高压系统工作正常，同时用检测电脑观察跟踪检测软件错误帧界面，修复后，通信正常，错误帧为零（用字母 Errors 代表）。

（3）故障排除

剪除跳线。

10.3.3　新能源客车行驶中跳高压频繁

（1）故障现象

新能源客车行驶时跳高压比较频繁，车辆无法正常行驶。

（2）维修过程

① 纯电动车辆行驶时出现跳高压的现象，属于系统性故障，原因查找比较烦琐。在排除硬件设备本身原因前提下，首先检查是否是控制线束通信干扰或通信存在故障造成车辆跳高压，主要有下几点：

a. CAN-H 及 CAN-L 通信电压是否正常；

b. CAN-H 及 CAN-L 通信电阻是否正常；

c. CAN-H 及 CAN-L 对地线是否短路或有阻值；

d. CAN 通信线是否断路；

e. 用 BUSMASTER 软件检查通信是否有干扰现象。

② 打开点火开关至 ON 挡，用万用表检查 CAN-H 的电压为 2.6V，CAN-L 的电压为 2.3V（正常）。

③ 关闭车辆电源，用万用表检查 CAN-H 及 CAN-L 之间的电阻为 59Ω（正常）。

④ 关闭车辆电源，用万用表检查 CAN-H 及 CAN-L 对地线的电阻为无穷大（正常）。

⑤ 关闭车辆电源，用万用表检查 CAN 通信线与各个设备之间没有存在断路的现象。

⑥ 用整车调试平台软件检查整车控制器、电机控制器、BMS 各部件信息显示正常。

⑦ 跟车动态检测，车辆在出现跳高压故障时，整车调试平台上的信息全部丢失，平台最下方显示"重度总线负载故障"，立即用万用表检查 CAN-H 及 CAN-L 的电压均为 2.6V，见图 10-14，没有压差，关闭电源，检测 CAN-H 及 CAN-L 之间的电阻为 3.6Ω，见图 10-15。说明 CAN 通信线短路，最后利用原车的备用 CAN 线进行更换，故障排除。

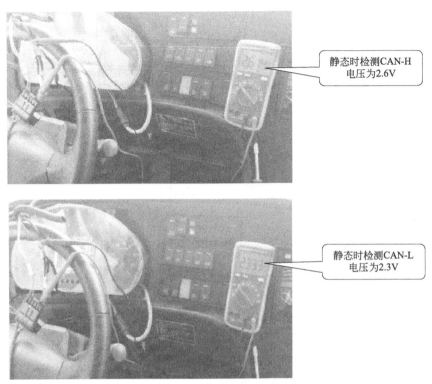

图 10-14 检测 CAN 信号线电压

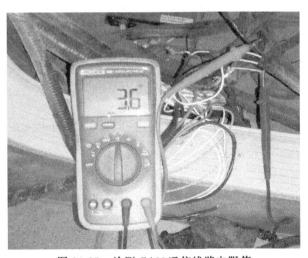

图 10-15 检测 CAN 通信线路电阻值

(3) 故障排除

更换 CAN 线束。

10.3.4 仪表数值显示异常

（1）故障现象

车辆仪表中电池电压、电池温度和 SOC 经常跳零，重启车辆后，故障在一段时间后继续发生。

（2）维修过程

① 整车 CAN 线通信干扰，导致通信不畅，仪表显示数据有误和跳零，见图 10-16。主要检查 CAN 线电阻是否正常，CAN 线电压是否正常。检查车辆所有连接整车 CAN 线的终端设备有无故障（烟雾报警器、整车控制器、BMS 主板、绝缘检测仪、仪表及模块、ECU、电机控制器）。由于该故障是软性故障，故障发生不明显。

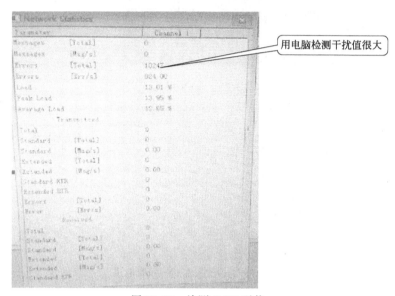

图 10-16　检测 CAN 干扰

② 检查整车 CAN 线电阻。如图 10-17 所示，检测结果正常。

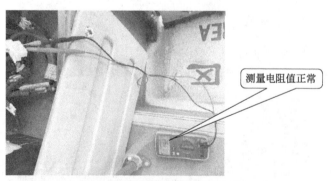

图 10-17　检测 CAN 线电阻值

③ 检查整车 CAN 线电压，检查结果正常。

④ 检查车辆所有连接 CAN 线的终端设备。检查时用排除法，连接整车 CAN 线的终端设备一一拔除所连接端，用电脑实时检测。拔除某一个设备后，电脑检测出干扰值变小或消失，就应该是这一设备导致的 CAN 线干扰，如图 10-18 所示。

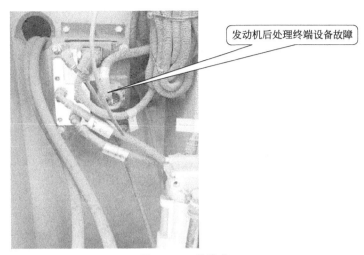

图 10-18　故障点

（3）故障排除

更换发动机后处理终端设备。